検証
行政改革

―― 行革の過去・現在・未来 ――

編著　並河信乃
（行革国民会議）

はしがき
土光臨調から小泉構造改革へ

　いまから20年前の1981年3月に第2次臨時行政調査会が発足した。この調査会は会長の土光敏夫経団連名誉会長の名をとって「土光臨調」と一般に言われているが、当時の財政危機に対処するため「増税なき財政再建」の旗を掲げ、歳出全般の見直しを行い、また、国鉄・電電公社などの民営化策を提案した。そのほか、規制緩和や地方分権、情報公開などの課題にも一応の検討を加えている。行政改革の歴史は戦前にも遡るものであるが、今日の行政改革の流れは、この土光臨調を源泉としていることは間違いない。

　土光臨調がそれまでの行政改革の議論を一新したのは、行政改革の議論において「官民の役割分担論」を正面に強く押し出したことによる。それまでの行革論が役所の機構・定員の合理化・効率化など狭い範囲の議論にとどまっていたものを、そもそも政府とはどこまでの仕事をするべきものなのかという観点から、一挙に議論の土俵を広げたのである。それまでは行革の議論の対象となっていなかった社会保障政策や農業政策等々の制度・政策そのものが、議論の対象となったのである。これは土光臨調が財政再建を課題としたことの必然的な結果であった。

　では、その土光臨調の成果はいかなるものであったか。これについてはさまざまな評価が出来よう。まず、それまでは地味な課題であった行政改革を一般国民の関心の的とし、歴代の内閣にとっての最重要課題のひとつにしたという功績は大きい。また、具体的な成果としては、国鉄の分割民営化を提言し実現させたことが挙げられる。しかし、肝心の財政再建については、必ずしも十分な成果があがったとはいえない。確かに90年には赤字国債の発行はゼロとなったが、これはバブル経済による税収増の結果であって、バブル経済がはじけたあとは元の木阿弥となった。つまり、財政構造の改革には手がつけられていなかったことになる。なぜこういう結果となったのかについては十分な検証がおこなわれなければならない。

　90年代に入って行政改革は新たな局面を迎えた。行政手続法、情報公開法制定の動きが強まり、それぞれ実現した。それまでの効率

化という目標以外に、透明な政府をつくろうという流れが加わったのである。その背後には、80年代後半からはじまった政治改革の動き、90年代前半のめまぐるしい与野党の交代がある。また、地方分権や規制緩和・規制改革の動きも本格化し、それぞれある程度の成果を挙げることができた。規制緩和の問題は、景気対策というやや変則的な発想も含まれていたが、地方分権や情報公開などについては市民による行政の監視・行政への参加という発想が強く含まれるものであり、ここにおいて、行政改革にはそれまでの官民の役割分担論に加えて市民参加論が登場したといえよう。言葉を変えれば、行政の改革だけでなく政治の改革をも包含した「政府の改革」に一歩踏み込んだということになる。もちろん、まだ、それが十分に展開されているわけではない。

96年末から始まった「橋本行革」はそれまでの流れとやや様相を異にする。看板に掲げられた省庁半減や内閣機能強化は、土光臨調前の古典的な行政改革論の再現である。また、行政改革と財政構造改革とを切り離して別々に論じたことも、土光臨調的な取り組みではない。そのためかどうかはともかくとして、政府機構の改革は実現したが、財政構造改革は挫折した。こうして橋本行革は中途半端なものとなったが、内閣機能の強化として提案され実現したものは、かつての行政の総合調整機能を強化するという発想よりは、行政に対し政治のリーダーシップを発揮させることに力点がおかれるものとなった。つまり、橋本行革は古典的な発想にもとづくものであったが、時代の変化を反映して、政と官の関係を見直すという内容のものになったのである。土光臨調では官と民の間の関係に手をつけ、80年代後半から90年代初頭の政治改革では、選挙制度改革など政と民との間の関係が問題となり、そして橋本行革で政と官の関係が取り上げられたことになる。そのいずれの改革は不徹底で、まだまだ改革が必要な部分が多いが、この20年間を総括すれば、改革は次第にその範囲と深さを広げてきたことになる。さらに、これに2001年6月の司法改革委員会の最終意見を踏まえて始まった司法改革の動きも付け加えるべきであろう。

21世紀の幕が開いて4ヵ月後、「聖域なき構造改革」を旗印として掲げる小泉内閣が誕生し、新たな改革の動きが始まった。現在の

閉塞状態を抜け出すために大胆な改革が必要だという認識は国民の間に広がっており、これは小泉内閣に対する驚異的な支持率となって現れている。この小泉改革では、再び財政構造改革が正面に据えられ、また、特殊法人の改革や郵政事業の見直しなどもメニューにあがっている。その経過を見ると、20年前の土光臨調の時ときわめてよく似たプロセスを辿っているように思われる。それだけに、今度の改革において、土光臨調以降20年間の成果と経験を生かし、同じ失敗を繰り返さないことが肝心である。とくに、財政構造改革については、これまで十分な成果があげられなかっただけに、念を押しておきたい。

しかし、土光臨調以降の20年を振り返るのは、単に失敗を繰り返さないというだけではない。これまでの20年間の成果の上に、さらに新たなページを開いてもらいたいと思うからである。そのためには、この20年間の歩みをきちんと総括し、これまでの到達点とその意味をしっかりと認識する作業が不可欠である。

本書は、そうした問題意識のもとに、編纂されたものである。第1部は、2001年8月に行革国民会議が開催した「土光臨調20周年記念講演会」において、土光臨調以来の改革で責任ある立場で活躍された方々に、それぞれのご経験と今後への思いを簡潔に語っていただいた記録である。簡潔なだけに、これまでの歩みと今後の課題を鳥瞰するには絶好のものとなった。また、第2部と第3部は、研究者・実務家の立場から、行革を取り巻く環境や個別の項目について、詳しく分析していただいた。これは「記念講演会」の席上、参加者に配布したものであるが、今回の出版にあたり手直しをしたところもある。第1部から第3部まで通読していただければ、これまでの行革の流れとこれからの進路についての包括的な判断材料を得ることが出来ると思う。ご多忙中にもかかわらず、今回の企画に賛同いただきご協力いただいた方々には心からお礼を申し上げたい。

なお、図表の中で【参考図表】として掲げられているものがあるが、これは編者が読者の理解に便利なように挿入したものであって、その責任は全て編者にあることをここでお断りしておきたい。

　　　2001年12月　　　　　　　　　　　　　　　　　　　　編者

目　　次

はしがき―土光臨調から小泉構造改革へ　　並河　信乃 …………… 3

第1部　これからの改革を考える―土光臨調20周年記念講演より― …… 13
- Ⅰ　改革は成就させたい　　　　　　　　　亀井　正夫 …………… 15
- Ⅱ　新たな公務員制度をつくることが次の課題　橋本龍太郎 …………… 18
- Ⅲ　これからの構造改革　　　　　　　　　加藤　寛 …………… 22
- Ⅳ　やらざるをえない地方分権　　　　　　諸井　虔 …………… 29
- Ⅴ　遅々とした歩みの規制改革　　　　　　宮内　義彦 …………… 36
- Ⅵ　民主主義国家の標準装備の整備　　　　塩野　宏 …………… 44
- Ⅶ　土光臨調と小泉改革　　　　　　　　　牛尾　治朗 …………… 51
- Ⅷ　ＪＲ発足後14年　　　　　　　　　　　松田　昌士 …………… 60
- 【パーティでの挨拶】………………………………………………… 65
  - 　　　　　　　　　　　　　　　　　　　中曽根康弘 …………… 65
  - 　　　　　　　　　　　　　　　　　　　石原　伸晃 …………… 69

第2部　総論・行革をめぐる力学 ………………………………… 71
- Ⅰ　行革と政治過程／曽根　泰教 ………………………………… 73
  - 1　行革の政治 ……………………………………………………… 73
  - 2　政治的アジェンダとしての行革（中曽根行革） ………… 75
  - 3　連立政権時代の行革 …………………………………………… 78
  - 4　中央省庁再編（橋本行革） …………………………………… 79
  - 5　内閣機能の強化 ………………………………………………… 82
  - 6　改革の4条件 …………………………………………………… 84
- Ⅱ　土光臨調とグローバル・エコノミー／田中　直毅
  　　―土光臨調以降20年の経済政策― …………………………… 86
  - 1　グローバル・エコノミー成立の日付 ………………………… 86
  - 2　ガバナンスの視点の欠如と一国主義 ………………………… 89
  - 3　「官と民」の関係性の先にあったもの ……………………… 90
  - 　　「国独資」とケインズ ………………………………………… 91
  - 　　価格調整が優位する時代の到来 ……………………………… 93
  - 4　ハーベイ・ロードか、合理的期待形成か …………………… 94
  - 5　政府は賢明か …………………………………………………… 96
  - 6　マイクロ・ストラクチャーの把握に至らなかった臨調路線 … 97

	7	必要だった行政評価と誘因の設計 ……………………………	99
	8	マイクロ・ストラクチャー・レベルでのガバナンス …………	101
Ⅲ	日本の市場開放と外圧／草野　厚 ………………………………………		103
	1	日米経済摩擦の原因 ……………………………………………	103
	2	市場開放にかかわる交渉 ………………………………………	105
	3	日本市場開放（規制緩和）と内圧 ……………………………	108
	4	繰り返される政府の決意表明 …………………………………	109
	5	内圧としての諸要素 ……………………………………………	111
		(1) 細川改革政権の誕生 ………………………………………	111
		(2) 政治の偶然 …………………………………………………	112
		(3) 財政再建と規制緩和 ………………………………………	113
		(4) 行政改革委員会の審議方法 ………………………………	114
		(5) グローバリゼーションと企業 ……………………………	116
	6	結　論 ……………………………………………………………	118

第3部　各論・行政改革の軌跡と今後の課題 ……………………………… 119

Ⅰ	財政改革／宮脇　淳 ………………………………………………………		121
	1	第2次臨時行政調査会以降の財政運営 ………………………	121
		(1) 80年代、財政再建の矮小化とリスク移転構造 …………	121
		(2) 90年代、揺れ続けた財政運営 ……………………………	123
		(3) 有効需要政策の限界とミクロ的対応の必要性 …………	128
	2	財政情報の質と行革理念 ………………………………………	130
		(1) 取引コスト理論とエイジェンシー制度 …………………	130
		(2) ＮＰＭ理論の台頭 …………………………………………	132
	3	地方行財政改革の位置づけ ……………………………………	135
		(1) ストックサイクルの到来 …………………………………	136
		(2) 財政と金融の循環構図 ……………………………………	139
		(3) ローカルスタンダードの重要性と公民関係 ……………	140
		(4) 財政投融資制度改革 ………………………………………	141
	4	財政再建への戦略 ………………………………………………	143
Ⅱ	税制改革／並河　信乃 ……………………………………………………		146
	1	「増税なき財政再建」 …………………………………………	146
		「増税なき財政再建」の役割 …………………………………	146
		「増税なき財政再建」の変質 …………………………………	147
		「増税なき財政再建」の放擲 …………………………………	149

2　消費税の導入と高齢化対策 …………………………………… 150
消費税の導入とゴールドプランの策定 ………………………… 150
国民福祉税と新ゴールドプラン、消費税率の引き上げ ……… 151
3　法人税制、所得税制の改革 …………………………………… 152
法人税の国際水準化 ……………………………………………… 152
所得税減税と税率のフラット化 ………………………………… 154
4　国民負担率の推移 ……………………………………………… 156
真の財政構造改革とは …………………………………………… 157

Ⅲ　規制改革／鈴木　良男 …………………………………………… 160
1　規制緩和のあゆみ ……………………………………………… 160
(1) 第三のステージに入る規制緩和 …………………………… 160
トラホームで始まった規制緩和 …………………………… 160
低調を託った第三次行革審までの流れとようやく訪れた転機 … 160
規制緩和小委員会が火をつけた …………………………… 162
規制改革という発想の台頭 ………………………………… 163
(2) 規制緩和から規制改革へ　—市場と規制のバランスが重要 … 165
(3) 規制緩和の推進母体　—民間委員が中心の異色の審議会 … 166
(4) 規制緩和の経済効果 ………………………………………… 167
(5) 規制緩和に反対する3つの間違った議論 ………………… 169
規制緩和は雇用を奪うのか ………………………………… 169
国内産業の高コスト構造は当然なのか …………………… 172
社会的規制に名を借りた経済的規制 ……………………… 172
2　個別規制緩和の進捗状況と今後の課題 ……………………… 175
(1) 先行した経済的規制の規制緩和 …………………………… 175
①情報通信分野 ……………………………………………… 175
②エネルギー分野 …………………………………………… 178
③金融分野 …………………………………………………… 181
④流通分野 …………………………………………………… 182
⑤運輸分野 …………………………………………………… 184
⑥雇用労働分野 ……………………………………………… 184
(2) これから改革が必要な社会的規制 ………………………… 186
①医療分野 …………………………………………………… 187
②福祉分野 …………………………………………………… 188
③人材（労働）分野 ………………………………………… 189
④教育分野 …………………………………………………… 189

　　　　⑤環境分野 ……………………………………………………… 189
Ⅳ　3公社の民営化と特殊法人改革／松原　聡 ……………………… 192
　1　臨調と民営化 …………………………………………………… 192
　　(1)　そもそも民営化とは ………………………………………… 192
　　(2)　民営化の取り組み …………………………………………… 193
　　(3)　臨調の取り組み ……………………………………………… 193
　2　3公社改革 ……………………………………………………… 195
　　(1)　公企業の問題を集約していた国鉄 ………………………… 195
　　(2)　国鉄改革 ……………………………………………………… 196
　　(3)　電電公社改革 ………………………………………………… 199
　　(4)　ＮＴＴの分割問題 …………………………………………… 200
　3　ポスト臨調と特殊法人改革 …………………………………… 203
　　(1)　行革審と特殊法人改革 ……………………………………… 203
　　(2)　第3次行革審と特殊法人改革 ……………………………… 206
　　(3)　村山連立内閣の特殊法人改革 ……………………………… 209
　　(4)　数合わせ・名ばかりの改革 ………………………………… 211
　　(5)　特殊法人等の情報公開 ……………………………………… 213
　4　橋本行革と民営化 ……………………………………………… 217
　　(1)　橋本行革 ……………………………………………………… 217
　　(2)　郵政事業改革 ………………………………………………… 221
　　(3)　郵政事業改革と財投改革 …………………………………… 223
　　(4)　独立行政法人 ………………………………………………… 226
　　(5)　独立行政法人と特殊法人改革 ……………………………… 226
　むすび　民営化の課題 ……………………………………………… 227
Ⅴ　地方分権／栗山　和郎 …………………………………………… 230
　1　序　論 …………………………………………………………… 230
　　正念場を迎える地方分権改革 …………………………………… 230
　　「地方分権」という言い方 ……………………………………… 231
　　受皿改革論と制度改革論 ………………………………………… 232
　2　地方分権改革の臨調以来の歩み ……………………………… 233
　　雌伏20年の地方分権 ……………………………………………… 233
　　臨調答申にみる地方分権――優先度低く、未熟な認識 ……… 233
　　第2次行革審の国・地方答申――地方分権推進の端緒 ……… 237
　　豊かなくらし部会の志と挫折――パイロット自治体 ………… 239
　　第3次行革審最終答申――地方分権推進の立法化に道筋 …… 240

　　　　地方分権推進委員会——最大の成果は機関委任事務制度の廃止 … 242
　　　　地方分権推進委員会の成功に学ぶ ……………………………… 245
　　　　地方分権改革会議——弱い法令上の位置づけ ………………… 247
　　3　地方分権の主要課題 ……………………………………………… 248
　　　　国・都道府県・市町村の役割分担の見直し …………………… 248
　　　　税財政改革——税源移譲と新しい財政調整制度 ……………… 251
　　　　地方制度改革——市町村合併と都道府県のあり方 …………… 253
Ⅵ　政府機構と公務員制度改革／田中　一昭 ………………………… 256
　　1　内閣機能の強化と総合調整機能の強化 ………………………… 256
　　　(1)　行政改革のたびごとに取り上げられる課題 ……………… 256
　　　(2)　縦割行政の弊害はなぜ起きるか …………………………… 257
　　　(3)　この点について橋本行革をどう評価するか ……………… 258
　　2　機構の簡素化・弾力化ー中央省庁の再編ー …………………… 263
　　　(1)　省庁再編論議の沿革 ………………………………………… 263
　　　(2)　行革：中央省庁再編の評価 ………………………………… 265
　　3　定員管理の手法と限界 …………………………………………… 269
　　　(1)　国家公務員の定員管理の沿革ー法制と手法ー …………… 269
　　　(2)　これからの定員管理 ………………………………………… 271
　　4　公務員制度の改革 ………………………………………………… 273
　　　(1)　第1臨調及び第2臨調における公務員制度改革 ………… 273
　　　(2)　行革会議最終報告の公務員制度改革 ……………………… 274
Ⅶ　行政手続・情報公開・政策評価／後藤　仁・三宅　弘 ………… 279
　　行政情報へのアクセス権 ……………………………………………… 279
　　1　行政手続 …………………………………………………………… 280
　　　　制定に至るまで ………………………………………………… 280
　　　　行政手続法を出発点に ………………………………………… 281
　　2　規制の設定又は改廃に係る意見提出手続（パブリックコメント）…… 284
　　3　政策評価 …………………………………………………………… 287
　　　　自治体の行政改革 ……………………………………………… 287
　　　　政策評価法へ …………………………………………………… 288
　　　　政策評価法の内容 ……………………………………………… 288
　　4　情報公開 …………………………………………………………… 290
　　　　情報公開法の意義 ……………………………………………… 290
　　　　市民運動と自治体条例 ………………………………………… 291
　　　　国レベルの停滞 ………………………………………………… 293

政党の動き ……………………………………………………… 296
　　　政権交替を機会に ……………………………………………… 298
　　　条例裁判の成果 ………………………………………………… 299
　　　司法改革へ ……………………………………………………… 301
　　　情報公開法の活用 ……………………………………………… 302
　5　**文書管理** ……………………………………………………… 305
　　　文書管理の重要性 ……………………………………………… 305
　　　公文書館制度 …………………………………………………… 306
　　　電子文書 ………………………………………………………… 307

講演者・執筆者略歴 ……………………………………………………… 309

第1部

これからの改革を考える
―― 土光臨調20周年記念講演より ――

検証
行政改革

I 改革は成就させたい

住友電工相談役　亀井　正夫

（並河）まず最初に亀井さんからご挨拶をいただきたいと思います。亀井さんは20年前、土光臨調発足直後、第1特別部会長ということで、翌年の82年度予算編成のための2兆7000億円の要調整額を削減するというための突貫作業に着手されました。そして7月10日に緊急答申ということになったわけですが、今回の経済財政諮問会議とある意味では非常に似たようなプロセスを辿った、あるいはもっと具体的な作業に責任者として参加されたということでございます。その後、夏以降は第3部会の部会長として補助金や許認可や国・地方の関係というややこしい問題をご担当いただきました。臨調が解散した後は、臨調答申に書かれた国鉄の分割民営化の実現のための国鉄再建監理委員会の委員長に就任されて、これまた大変なご苦労をされた上、実現したということでございます。その後、亀井さんは、民間政治臨調を組織されて、政治改革・選挙制度改革に取り組まれ、それも実現され、それが今日でも21世紀臨調として継続しているわけでございます。この20年間、すべての改革の最前線に立ってこられたということで、最初にご挨拶をお願いしたいと思います。

　ご紹介いただきました亀井でございます。ただいま、事務局長の並河さんよりお話がございましたが、土光臨調から現在までちょうど20年が経ったわけです。今から20年前の土光臨調当時のことを思い出してみますと、土光さんが「増税なき財政再建」をやらなければいけない、君ら若い人がしっかりやってくれということで、まず第1特別部会をつくり、大蔵省から来年度の予算が2兆7000億円足りない、なんとかその解決策を示して欲しいということでしたので、2ヵ月の突貫工事で、私どものような素人がああでもない、こうでもないと議論をしたわけでございます。

　今回、小泉内閣の経済財政諮問会議で7つの改革プログラムというのが出ておりますけれども、これはほとんどその時に議論をしたものです。まぁ特急で、とにかく2ヵ月間の議論の末、7月に緊急答申を出したわけですが、この7つのプログラムで示されている課題はほとんど我々の議論でもカバーしていたわけです。もちろん個々の厚さ薄さはございますけれども、20年前に議論したことが、今

になって「骨太の方針」としてまた出てくるというのは、一体どうしたことかということを感じるわけです。

　一般の批評によりますと、土光臨調は大変なブームであったけれども、成果は３公社の民営化ぐらいではないかといわれているわけですが、とにかくあの時に、我々第１特別部会は案をつくって、そして官僚に作文をしてもらい、それを国会にかけるというプロセスにおいて、官僚および政治家から相当ひどい抵抗があったわけでございます。

　考えてみますと、この20年間というのは、日本経済が非常に大きな曲がり角を曲がった時期になります。ひとつは、80年代というのは非常に高成長でしたが、その裏側にバブルがあって、そして91年に今度はがくっと破裂をしました。こういう状況で、政治が、あるいは政府も官僚もみんなが振り回された時期であったのではないだろうかということです。

　私が関係した問題で残念だと思いますのは、たとえば土光臨調当時、瀬戸内海に４つの橋を架けるという案がございました。現地を見に行きましたら、児島から坂出までのルートと、それから鳴門海峡の大橋は６分目ぐらいまでは出来ておりましたので、これは止めるわけにはいかない。あとひとつが明石海峡大橋、そしてもうひとつが尾道から今治までの、今「しまなみ海道」といっておりますが、この２つは当面凍結という案を出したわけです。ところが、この20年間の間にいつの間にかそれが全部出来てしまった。そして、その４つの橋が全部大赤字、こういう状況になっております。

　あるいは整備新幹線という問題も随分陳情がございました。私は整備新幹線は経済がよくなればやったらいいけれども、財政事情の悪いときにはやるべきではないという考えで、暗にこれを防ぐために、投資と収入とのバランスはどうか、また、在来線の収支に及ぼす影響はどうか、それから財政問題、それから技術がこれからどんどん進歩していくわけですからそれによるコスト低減の可能性、こういうものを全部勘案されたらどうかと、暗に自分は止めなさいという提言を出したのですが、これもまた、景気対策とかいろいろ称して全部復活した。こういう状況になっているわけです。

　土光臨調のあと、本当に目の見える形で成果が出たのは、（今日、橋本元総理がお見えですが、）政府機構の改革がなされたということぐらいでしかない。したがって、本当にこれから改革をやっても

らわなくてはいけない。小泉内閣は、7つのプログラムによって構造改革をやる、構造改革をやらずして景気対策はないと、こういう二兎を追う決心で取り組んでおられるわけですが、これを何とかこの機会に、小泉内閣の支持率が非常に高いこの時期に成就させたいということが私の願いでございます。そういう意味で、これからの小泉内閣の行動、あるいは成果というものを本日ご参集の皆さんと共に支援をしていきたいと思っております。どうぞよろしくお願いいたします。

　簡単でございますが、これでご挨拶にかえさせていただきます。どうもありがとうございました。

Ⅱ 新たな公務員制度をつくることが次の課題

元首相　橋本龍太郎

（並河）引き続きまして橋本元首相よりお話をいただきたいと思います。ちょうど土光臨調の時には、自民党の行財政調査会の会長ということで、臨調と官邸そして党との間の調整に非常に汗をかかれたということでございます。その後、主要閣僚を務められた後、96年に首相になられて、その年の暮れから中央省庁再編を中心とするいわゆる橋本行革ということに取り組まれ、それは今年の1月に実現したわけでございます。現在の小泉内閣が政治主導の内閣とするならば、実はその舞台装置は橋本行革で作られたわけでございまして、20年の歩みを振り返りながらこれからの課題ということについて、お話を頂戴したいと思います。

　　今日、お招きいただきまして、本当にありがとうございました。いつの間にか20年経ったのか。そうすると、土光さんが本当に臨調の会長をお受けになる、その前後に瀬島さんと宮崎（輝）さん、亀井さんもおられたかもしれませんが、数人で、この経団連会館に党の責任者としてお招きをいただき、口頭試問を受けてから、もう20年と何ヶ月が過ぎたんだなと、あらためて時間の経過を感じております。

　　そして、今亀井さんからお話がありましたけれども、私は土光臨調というものは、その後のさまざまな分野の基礎を築いたと思っております。それは世間で思っているようなものではなく、はるかに大きな成果をあげたものだったということを冒頭申し上げたいと思います。もちろんすべてが成功ではなかった。それはご指摘のとおりでありました。そしてその一部に、私ども政治に携わる者の責任もありましたし、また官僚の諸君の間違いもありましたし、さらに当時のメディアを含め大方の方々が推進したことがうまくいかなかったものもありました。そして今、そうした教訓がそれぞれに生かされながら、森さんから小泉さんにバトンが引き継がれ、現在の行政改革が動いている。まず私はそう総括をしたいと思います。

　　そして三公社の改革・民営化というものが唯一の業績のように言われるという点は確かにそのとおりであります。それではその当時、本当に電電公社、専売公社の民営化を国民は求めておられただろう

Ⅱ 新たな公務員制度をつくることが次の課題

かと、私は振り返って考えていただきたいと思うのです。国鉄についてはさまざまな問題がありました。ですから、これに対して分割民営という方針に関しては、それほど大きな世間的抵抗はありませんでした。ただし、私はその後運輸大臣に在職中、当時の総理より警備は厚くなりましたし、運輸省にロケット弾を打ち込まれたこともございます。しかし、むしろ電電公社や専売公社の改革の方が難しかったというのが私の記憶の中にございます。なぜなら、電電公社も専売公社も、当時経営状態は良好でありました。赤字があったわけではありません。それだけに、なぜうまくいっているものを民営化しなければならないのかという視点からの抵抗が非常に強く存在いたしました。そして、それだけに逆に私は郵政審議会の会長も兼務されていた土光さんが、電電公社を民営化することの協力を関係者から取り付けられたことには大変なご苦労があったと、今振り返ってもそう思っております。世間から見て問題が出て、批判を浴びているものの改革は楽ですが、その時点において問題が顕在化していない、あるいは認識をされていないものの改革がいかに難しいかを、私は土光臨調の党側の受け皿の責任者としてしみじみ痛感をさせていただきました。

　そしてそうした中で、確かにその時点ではうまくいかなかったといえるかもしれない問題の一つに、地方分権の議論がまだ不十分であったために、国と地方の関係の整序がなかなか進行しなかったということがあります。しかし、おかげさまでその後も引き継がれ、特に諸井さんに大変なご苦労をかけまして、地方分権推進委員会がその火を消さずに保ちつづけていただき、まず機関委任事務を全廃するところから、これは大きく一歩をすでに踏み出しました。そして、その地方分権が進んでいることが、私自身が総理の時に、行革会議をつくり、自分自身が責任者として中央省庁の改革に手をつける決心ができた最大の部分であります。地方分権が進んでいるということは、事実の問題として、これはご認識をいただきたいと思います。

　そして、その中から次に出てきたのが、規制関係の問題でありました。あるいは官と民との関係でありました。ここには、当時の私たちの苦い反省の材料が一つあります。現在、公務員制度改革、特殊法人改革とならんで、公益法人の改革の作業が進められております。この対象となる公益法人の中には、土光臨調の時代までは官が行っていた、それを民間に移したつもりで公益法人にその仕事を委

託した、それがいつの間にか、官僚の天下りポストと言われるような状態を現出した。我々としては、官から民へという移し変えをしたものが、逆にもっと問題を悪くしてしまった、こんな反省もあります。しかし、そうした中で、そうした反省も含めて、今日の行革の中にその精神が生きているということはぜひご理解をいただきたいと思います。

　そして、今、特殊法人改革や公益法人改革の議論が進んでおりますけれども、ここで中々世間にご理解がいただけない、特に今日、ここにはメディアの方々もおられますけれども、メディアの方々にご理解がいただけずに、ややもすると特定の法人の名前だけをあげて、何かそれだけを問題として報道されてしまうことがあります。結果として、そこに作業の相当量をとられて、全体を見渡しながら作業を進めるということに非常に困難を感じるケースがある。これはご理解をいただかなければなりません。公益法人にしましても、特殊法人にしましても、これからの改革を進めていく上で、何か一つだけがシンボリックにとりあげられる、それだけを処理すればいいという時代ではなくなったということは、ぜひここで申し上げたいと思います。

　そして、私どもは、その点で作業に今まで少し手抜かりがあったと思っておりますのは、たとえばその特殊法人の子会社、孫会社の経理状況までを含めて、その特殊法人の存廃を問う、こうした点については今まで手抜かりがありました。現在石原大臣の下で進められている作業は、それぞれの特殊法人およびその特殊法人の関連する子会社、孫会社までも含めて、その存廃を問う作業が続けられている。それだけに、特定の一つだけが、何かクローズアップをされて、そこにだけ関心があつまるという事態は避けたい。今、党側の最高顧問兼常任顧問という役割で引き続き行革に携わっております私の立場からは、この点を是非申し上げたいと思います。

　しかし、そうしたことよりも、一番大事なものは、結局は人です。そして、行政改革における人、それは、公務員制度改革というものに連動いたします。今まで色々ありました議論の中で、外交官試験の廃止だけが決まりました。ここしばらくの間に、さまざまな不祥事が起こり、信頼が低下した公務員、しかし、この国の将来を考えるとき、優秀な人材が集まってもらわなければ、国としてやはり困る、その公務員。その公務員たちがやる気を失ってしまっている萎

縮した状態の中から、もう一度、彼らが自分たちの国の未来というものに夢をかけて仕事の出来る、同時に国民から見て公正といっていただけるような制度を公務員制度においてつくること。そして、そこに優秀な人材を集めうる状況をつくりだすこと。しかも特定のところに偏った人材の集め方ではない、こうした制度を組み立てられるかどうかが、私はこれからの行政改革の最大の課題だと考えております。

　脱線するようでありますが、この公務員制度改革の問題をお引き受けをした時点で、調べて愕然としたことがあります。今、いわゆるキャリアといわれる諸君は、採用の段階では、文系が45％に対し理工系が55％です。しかし、それが本省の審議官に昇格する時には、理工系がしめる割合は19％に過ぎなくなります。そして局長になると、それが13％になり、次官級となると一人になります。しかし、理工系の知識のある方は、それほどその他の分野には使い物にならない人材だけなんでしょうか。同時に、たとえば今の政府、事務局を眺めたとき、次官級に私学の出身者はおりません。というよりも、東京大学法学部出身者以外は、確か1名のはずです。しかし、東京大学には他の学部もあります。私は慶応義塾ですが、慶応義塾にもさまざまな学部があります。東京大学法学部以外の出身者は、国家の体系を組み立てる能力がないのでしょうか。私はそうは思いません。同時に、法学系がすべて中心でなければいけないのでしょうか。わが国の国公私立大学の中で、卒業生の中に占める割合は、法学系は8％です。その8％の中から、中央省庁のトップがほとんど輩出をする。それ以外の人たちは、その地位にはつけない。こんな制度運営はおかしいと、私は思います。こうしたことを考えれば、公務員制度改革は非常に大事な問題なんですけれども、ややもすると、この問題について、世間の目はあまり十分ではありません。関心を十分に注いでいただいているとは言えません。しかし、人を得なければ、どんなに組織を整備し、特殊法人を整備し、公益法人を見直しても結局は、十分なものにならないと私は思います。それだけに、公務員制度改革が本当に思ったようなものができるか、そして国民から信頼される公務員組織が、しかも、優秀な人材の集められる組織が組み立てられるかどうかが、今、一番大切な時期にある。この点を申し上げて、私の役割にかえたいと思います。ご清聴ありがとうございました。

Ⅲ これからの構造改革

千葉商科大学学長　加藤　寛

（並河）引き続きまして、加藤さんからお話をいただきたいと思います。加藤さんは皆さんご承知のように、土光臨調の時の第4部会長として、3公社の民営化、特殊法人改革ということに取り組まれたわけでございますが、その前の緊急答申の時には第2特別部会長、先ほどの亀井さんは第1特別部会長でしたが、加藤さんは今お話のありました公務員の問題とか、特殊法人というようなことにタッチされたわけであります。90年から政府税調の会長もされておられますけれども、そういうこととは別に、この20年間、主な改革問題には必ず関わってこられて、健筆をふるわれ、積極的に発言されてこられました。そういうお立場から総括的なお話をいただければと思います。

　ただいまご紹介をいただきました加藤でございますが、土光臨調発足後もう20年経ったそうでございますから、大変長い歴史でございます。私自身は、その20年の中で、何一つ思うことが出来ずに、大変心が残っているのでございます。しかし、少なくともここで、こういう機会を与えられまして、私が発言をさせていただくことは大変ありがたいことでございまして、厚く感謝を申し上げます。

　同時に、私は、このようなところでお話をするにあたって、一つだけ言っておきたいことがある、ということが私の心から抜けきれません。それは、どういうことかと申しますと、すでに皆様のお手元に一枚の紙をお配りしてございますが、この紙をご覧いただきますと、構造改革が今、日本で行われておりますが、その構造改革が何を意味していて、そしてそれがこれから、どこから手をつけなければならないかを、私はここで申し上げたつもりでございます。このことを細かくお話いたしますことは、すでにもう私の仕事ではございませんから、私は簡単にこれを図解しただけでございますが、日本の今の構造改革は、中央集権を打破すること。つまり、官僚主導で財政硬直化してしまっている今の日本を、これを治さなければならないこと。これが第1であります。

　2番目には、間接金融。これは銀行を中心とした、土地を担保とした間接金融、このようなやり方が行き詰まって、今や直接金融に変えなければいけなくなったこと。そして3番目には、外需依存で、

自由化ということに対してとかく後ろを向きがちな日本に、何とかして自由化の道を進めなければならないこと。私はこれが現在の構造改革だと理解をしております。ただ、ここに出ましたことすべては皆様方がご承知の点でありまして、郵政3事業の民営化とか、あるいは公共事業の見直し、あるいはそのほか道路財源の見直しとか、あるいは株式の問題とか、あるいは規制緩和の問題とか、すべて言われていることでございますから、私がここでとやかく申し上げることは全くございません。

私がここで申し上げたいのは、こういう風に問題が広がってきておりますので、世の中には、誤解が生じております。たとえば、ご承知のように道路財源の見直しをするといえば、それは地方の切り捨てである。あるいは、地方財源が困っている中で地方交付税を縮小せよという考えはあきらかに間違っている、というようなことが誤解でございますけれども、今全体に広がっております。

地方で私も時々頼まれて講演をいたしますと、そこで出る意見のほとんどが、あなたは地方の立場がわかっていない、という議論でございます。しかし、私はそれは誤りだと思っております。現在の日本でやるべきことは、そうした地方を切り捨てていくことではなくて、地方を分権化して、そして、地方がその中で自分たちがやりたいこと、やるべきことを自分たちで決めるような状況にする。これが、私は地方分権の一つの大きな流れだと思っております。この点については、橋本さんのお話にもありましたけれども、諸井さんの非常に大きな努力がございました。こうしたことを通じて、今日本は、新しい方向に進もうとしているわけでございます。

日本の構造 →	構造改革 →	手段 →	結果
①中央集権 官僚主導	地方分権	→ 郵政・特殊法人民営化	→ 官僚主導打破
財政硬直 →	道路財源見直し	→ 公共事業見直し 特別会計見直し	→ 新規国債30兆円以下
②間接金融 →	直接金融	→ 株式優遇 （証券税制見直し、401k） ベンチャー育成 （失業対策）	→ 景気回復
③外需依存 →	自由化	→ 規制緩和 （セーフガード誤り）	→ 国際競争力

ここに書きました3つの構造改革がこれからやるべき改革の大きな3つの点であります。構造改革は財政再建であると思い込んでいる人がいるのです。しかし、これは間違いであります。財政再建は、実は目的ではございません。結果として財政が再建されればいいのでありまして、そのことをやるために何をするかが大切なのでありますが、日本の場合はとかく財政再建だけが大きくクローズアップされて、その財政再建の下でもって日本はどんなことをしなければいけないかが論ぜられております。そうなりますと、構造改革をやろうと思っておりましても、財政縮小のために、あるいは財政が削減されてしまうために日本に不況をもたらします。このような不況をもたらしてしまったならば、とても日本の構造改革はなし得ない、と私は思っております。つまり別の言い方をすれば、構造改革をすることによって財政再建されるのでありまして、財政再建のために構造改革をやるのではありません。このことが明確に今理解されておりませんと、これからの日本は大きな困難にぶつかることになると思います。

瀬島龍三さんがしばしば私どもに教えてくれたことは、こういうように包囲されている時には一点集中突破がいいんだということであります。つまり、敵に包囲されてしまってなかなか動きが取れない、そういう閉塞状況になったときは、一点集中突破が必要なんだということをいつも言われていました。私はそういった中から、国鉄の問題などを中心に取り上げられてきたのは、まさに一点集中突破を実現するためでございまして、その意味では、亀井さんをはじめとして非常に多くの方の努力がなされて、そして今日本ではこの分権、つまり中央集権の道をなくす、あるいは自由化の道を辿る。もっと的確に言えば、民営化の道を辿ることになったのでございます。その意味で、私は小泉さんが提案している構造改革は非常に意味のある提案であると思っております。

今日本の中でもって、間接金融を直接金融に変えるということは、銀行に預貯金を集めるのではなくて、株式に直接投資をする状況にもっていかなければならないということでございます。そのような株式に投資をまわしていくために何が重要かと言えば、株式配当の優遇こそが必要なのであって、預貯金の優遇がそれを上回るというのは間違っていることになります。つまり、今の日本は、明治以来そうでございましたけれども、預貯金を非常に重視するために、預

貯金の優遇政策が常にとられました。その預貯金の優遇政策が、株式に対する消極的な態度を生み出してしまったわけでございますから、私どもはたとえば、企業年金におきましても401kを実現しなければならないということを主張いたしました。そして、私は、その401kの法案が通ると思ったものですから、昨年、税調をやめたのでございますが、その後、401k法案が昨年の通常国会では廃案になりました。これは、誠に私にとって不本意でございました。つまり、401kを通さなければ、日本を直接金融に変えていくことができないのです。それを401kを廃案にしてしまうという、これはもちろんいろいろな労働組合からの力もありましたし、そのほか、政治家の方の言い分もありました。いろいろな言い分がありましたけれども、少なくとも直接金融にお金をまわしていくことを考えることにおいて、この401kはやはり有力な手段でありまして、イギリスでもドイツでもあるいはスウェーデンでも皆同じようなことをやってきております。そういったことをやらずに、日本が株式優遇をやることなどはできません。したがって、株式の配当に優遇を与えない、そして預貯金の方に優遇を強くするということが行われることによって、日本は間接金融中心の経済をつくりあげました。これがすでにご承知のように大きな一つの限界にぶつかっているわけです。このようなことがはっきりしているにも関わらず、いまだにそちらの方向に進むことができないというのは誠に心配なことであります。

　私は、今、日本はある意味では、関東大震災の終わった直後の昭和2年の金融恐慌を思い出さずにはいられません。あの時も、それを解決しようとして登場した浜口雄幸内閣は、ご承知のとおりライオンと呼ばれました。今日、小泉さんがライオンハートと呼ばれています。これはあまりにも言葉が似すぎているので、私は気になってしかたがありません。つまり、浜口さんは失敗をいたしました。その失敗をしたということが、私たちにとって、その後の昭和恐慌へ突入する一つのきっかけになるのでございますが、その同じことを私たちは今繰り返そうとしているのか、と言いたくなるのであります。

　しかし、大変うれしいことがありました。橋本内閣の時に、橋本行革で、ご承知のように省庁再編が行われ、内閣府がつくられました。この意味は皆様方がすでにご承知でございますから、これ以上

私が述べることはないのでありますが、今までだったならば、各省が考えたことがやがて一つの形になって次官会議にあがってきて、その次官会議で反対があれば実現できないということで、総理には実行する力が与えられませんでした。ところが、今度の内閣府はそうではありません。いろいろな意見があっても、多数決でもって物事が決められるようになりました。全員一致である必要はありません。浜口内閣の時には、鉄道大臣であった江木さんが辞めてしまいました。そのために、閣内不一致ということでもって、浜口内閣は省庁改革もできない、行政改革もできない、公務員の給料をカットするという政策もとれない、ということで結局、浜口内閣は追い詰められていったのでございますが、そのようなことが今日の小泉内閣にはないのです。それは、橋本内閣の時に作られた行革によって、つまり行政改革を断行するにあたって総理がこうだと考えた時には断固としてやることができるという権限が与えられたのであります。ということは、次官会議で一致しなくても、あるいはその上の閣議決定がなされなくても、それはできるということになりました。

それはある意味で独裁国家への危険があるという人もおりますけれども、それはある程度総意を前提としながら、世論を背景にしてやっていくのでありますから、私は独裁制の危険はないと思っています。そのように議院内閣制がきちんとできますと、議会でいろいろ議論が出ましても、党がいろいろなことを申しましても、結果的に、総理はこれはやるべきであるという判断があればできることになったのであります。

今、日本で一番やらなければならないことは、何でありましょう。それは景気を失速させないことです。景気を失速させてはなりません。ゼロ成長にしてしまうことはないとおっしゃっておりますけれども、果たしてそれができるかどうか。これは一つは株式の優遇しかありません。つまり株式に力を与えることによって、株式の価格が上がっていけば、それによって銀行の含み益は上昇し、したがって金融機関は安定してまいります。その上で初めて日銀の貨幣量もどんどん使われていくのでありまして、それをやらなければ、おそらく日本は新しい改革に進むことができなくなります。そういうことを私たちは考えますので、何とかして税制改革を行い、その税制改革によってやっていって欲しいのであります。

さて、今年の6月に401k法案は成立いたしました。しかし、401

kでは不十分であります。どうしても証券税制の見直しが必要であります。預貯金よりもはるかに有利な証券があっていいのでありまして、そのような証券税制の見直しは必至であります。

　今朝、私はたまたま新聞を読んでおりましたら、日経新聞に日本をどう変えたらいいのかということに私の言いたいことが書いてありますから、私はもうそれ以上申し上げることはございません。そこで私は、絶対に今やって欲しいのは、税制調査会が断固としてこの税制改革に踏み切ってもらうことでございます。このような証券税制の見直しに踏み切って欲しいのでございますが、つい最近の新聞によりますと、本当かどうかわかりませんが、夏休みだから少し休みたいとか、人が中々集まらないとかいうことでやる気があまりないということが出ておりました。私はそんなことは思っておりません。税調会長の石さんもここにお見えでございますが、石さんは、非常に積極的な方でございます。私と一緒にやって参りまして、非常に石さんは努力をされる方でございますから、決して私はそんな消極的なものではないと思っておりますが、もし本当であるとすれば、石さん、どうしても頑張って下さい。これは、石さんがやってくれなければできない。

　もし、これが出来なければどんなことが起こるか、と私はあえて申し上げるのですが、政府税調あるいは党の税調の一部にやらない意見がございますけれども、もし税調がそれに踏み切ることができなければ、総理としては、断固としてやらなければならないとすれば、税調を無視するしかありません。つまり、税調という審議会の意見をいちいち尊重していては、日本の政策は遅れるばかりであります。したがって、今、私がここでどうしても言っていただきたいのは、石さんに断固としてやるよというお言葉でございますけれども、それは中々、みんなで意見をあわせないといけませんね。一人だけ勝手に言うと、すぐ主税局が飛んできて、そういうことは言わないでください、ということになりますから、問題でございます。しかし、私は、石さんも非常に考えておられると思う。つまり税制全体のバランスが必要でございますから、その事はお考えになっている。私は断固としてぜひよろしくお願いをしたいと思っております。

　そして、同時に私は、土光さんの言葉をいつも思い出すのでございます。正義は必ず勝つんだという土光さんの言葉を私は今まで20

年間心に秘めて常に進んでまいりました。そのお蔭かどうかわかりませんが、土光さんのあとは行政改革がそれで終わるかと思ったら10年間の空白はありましたけれども、橋本行革が続き、小泉行革へ続いて、日本の行革の火は消えない。このともし火を私たちは、この20年を迎えたこの日にあえて強調をして、その心に秘めてこれからも行政改革に専念したい、こういう風に私は思っているわけでございます。ご清聴ありがとうございました。

〈付記〉 8月31日、政府税調の金融部会が開催され、9月7日には石会長私案が発表された。9月4日から自民党税調も動き始めた。10月3日には改革案が固まり、10月30日、証券税制改正法案が閣議決定、11月26日可決成立、11月30日公布、施行された。不十分ながら第一歩が踏み出されたといえよう。（編者）

Ⅳ やらざるをえない地方分権

太平洋セメント相談役　諸井　虔

　（並河）引き続きまして、諸井さんからお話をいただきたいと思いますが、先ほど橋本元総理のお話でも触れられましたし、加藤さんも力説されましたけれども、この20年間の土光臨調発足以来で一番大きな変化は地方分権の推進ということでございます。土光臨調でも触れてはおりますけれども、この10年間第3次行革審以降の進歩というのが大きかった。特にその中でも95年の7月に発足いたしました地方分権推進委員会の役割というものは、これはやはり特筆すべきことであろうと思います。その委員長を一月前まで務められて、散々ご苦労をされた諸井さんからこれまでのことを振り返り、これから何をなすべきかということについてお話をいただきたいと思います。よろしくお願いいたします。

　　　ご紹介いただきました諸井でございます。今お話いただきましたように7月2日まで前の地方分権推進委員会の委員長を勤めておりました。その後、地方分権改革推進会議という新しい組織ができまして、その議長には東芝の西室会長が就任をされております。本当は今日は西室会長がお出になるほうがよろしいんではないかと思うのですが、多分、ご就任早々ということもありまして、私の方にお鉢が回ってきたんだろうと思います。皆さんから、いろいろお褒めのお言葉やら激励のお言葉をいただきまして大変恐縮しておりますが、私ども、6年間の任期を終えて振り返ってみますと、確かに機関委任事務制度の撤廃などいくつかの成果はあると思いますが、我々がやれたことは、いわば国の地方に対する関与をどれだけ緩和撤廃するかということが中心であります。機関委任事務制度というのは、国が都道府県を国の省庁の下請け機関とみなして、その下請け機関に色々な仕事をやらせるという形で、事務事業を行ってきたということであります。これを撤廃をして自治事務と法定受託事務というジャンルをつくったわけでありますけれども、それによって、今まで国の省庁から箸の上げ下ろしまで指揮監督を受けながら、しかし実際の仕事は、全部、都道府県なり市町村が請け負わされてきたという形から、少なくとも自治事務に属する部分に関しては、法律は守らなければなりませんが、法律を守りさえすれば、あとは自

分たちの裁量で、事務事業をやることができるというようになりました。しかし事務事業をやること自体は、今までとあまり変っていないわけです。それの指揮監督が、多少ゆるくなってきたという話であります。

それから必置規制というのがあって、国の省庁が警官を何人置けとか、消防は何ヵ所置けとか、あるいは学校の義務教育の先生は何人置けとか、いうようなことを全部決めておるわけです。地方の公務員の6、7割は国の指定によって置かれている。だから、たとえば地方が行政改革をやろう、人員削減をやろう、あるいは兼務をさせようと考えても自由にできない。こういうようなことを、今回、かなり緩和させたという点はございます。

また、補助金を国が出しているわけですけれども、その補助条件が非常に厳しくて、補助条件どおりでないと補助金が出ない。そのため、その地域にとっては必ずしも必要でない施設も作らなければならないということもあったわけです。その辺もある程度は緩和できた。つまり、国の地方に対する関与の面では若干の進歩があったということが言えると思います。

しかし、肝心の事務事業の権限そのものを地方に下ろすということに関しては、農地転用の一部とか保安林の解除の一部とかその辺は下りたということがありまして、件数では100件程度の権限移譲は行ったわけですけれども、非常に重要な権限が移譲されたわけではありません。そして、第5次勧告を検討しましたときに、直轄事業を地方の方に移そうということを考えたわけですけれども、これは、国の方から非常に強い抵抗がありまして、結局、今後、長期にわたって縮減の方向で検討していくというような所に、留まってしまったわけです。これは、地方の方も必ずしも望んでいない。お金もかかるし、あるいは技術もいる。むしろ国にやってもらった方がいいんだということもありまして、ほとんど進んでおりません。

また税財源の問題も、とりあげはいたしました。現在、地方の歳出規模は地方財政計画によると年間90兆円ぐらいあるわけです。事務事業のほとんどの末端の仕事は地方がやっているわけですから、90兆円ぐらいになるのは当然なんですけれども、その歳出に対して、地方税は35兆ぐらいしかありません。その差額というのは、補助金あるいは地方交付税、あるいは地方債を発行して、先々その地方債の金利や償還について、足りなければ交付税で補填をしてもらう、

という格好で地方は賄ってきているわけです。そういう歳出と税財源の大きな乖離を少しでも縮めていくという仕事があったわけですけれども、これも実際問題としては、全く進んでいないという状態です。

　実は我々は、辞めるにあたって、最終報告というのを総理に提出しましたが、その最終報告の中で、我々が到達できたのは、登山にたとえればベースキャンプをつくったという程度のところではないだろうか、これから山頂まで行くには、まだまだ沢山の仕事が残っているという風に書き置いたわけであります。

　では、我々が6年間怠けていたのかといいますと、我々としては、かなりやれるだけのことはやってきたなぁという感じがします。というのは、開きました会合も大体700回ぐらいになっているわけです。なんでそんなに沢山の会合が必要だったかというと、結局、一つ一つの改正というものに対して、各省庁と委員自身が掛け合いをやったわけです。各省庁と掛け合って、一つ一つ議論をして、OKをとって、それじゃここの所は権限移譲をしよう、ここのところは自治事務にしようということをやってきたわけです。ですから、結局700回の会合をしなければ、あの程度のこともできなかったということです。しかも後半には、監視の業務というのがありまして、我々が提案をし、政府がそれを99年に地方分権一括法ということで475本の法律を一括して改正をするという大作業をやったわけです。そういう作業。そして、それに伴って省令・政令が改正されて事務が実際に動いていく、あるいは予算の措置が行われていくということについて、全部監視を行って、間違いなく行われているか、問題があれば注意をして直していただくという風な作業もやってきたわけです。

　そういうわけですから、委員の方々、特に学者の先生方は、本業を投げうったような格好で、やっていただきました。そういう努力にも関わらず、到達したのはこのような程度だった。この6年間勤めましたので、ここで我々は退いて、後の西室さん以下にお願いをしなければならないわけですが、若干、忸怩たる思いがあります。特に、さっきのようにお褒めをいただきますと、我々としては忸怩たる思いになるわけです。

　しかし、一体、なぜこのようなことになってしまうのか。一つは、今の行政のシステムでは、関連する省庁のOKをとらなければ事は

進まないためです。法律の改正にしても、規則の制定にしても、関連する各省庁がOKと言わなければ実際には実現をされないということがあるわけです。ですから、さっき言ったような700回に及ぶ会合が必要なわけですし、そこで相手がOKと言ってくれなければ、如何にこちらの理屈が正しくて、如何にそれを説いても進まないような場合もあるわけです。それが一つと思います。

　もう一つは、私、地方分権は行政改革の非常に重要な一環でありまして、官から民へ、国から地方へというようなことで、いつも並び称されて、車の両輪のように言われております。しかしその割に、何か行政改革というものの中で、違和感をもたれているのではないか。特に、経済界でお話をしますと、必ずしも地方分権に賛成でない方もおられます。それで、それは一体なぜなんだろうかということを、常々考えてきたわけでありますけれども、結局、いまの地方分権というのが、中央の省庁から都道府県なり市町村なり、地方の公共団体に権限や事務、あるいは財源を移すだけの話ではないか。だから、民間あるいは住民にとっては、いわゆる官官分権に過ぎないと見られているのではないか。官官分権だとすると、そもそも中央の省庁と地方の公共団体とどっちがいいのかねということになる。そこで、地方にはいろいろと問題があるぞというような認識がどこかにあったんではないだろうかという気がします。これは、甚だ残念なことではありますけれども、一部にはそうしたことがないとは言えないわけでありまして、私がよく中央の人たちに、君らが全部権限を取り上げて、何から何まで箸の上げ下ろしまで指図をしながら、地方に対してはお前らちっとも能力がついていないというのはおかしな話だ。人間誰だって、仕事をやらせて、その中で失敗をしたり成功をしたりして成長をしていくわけで、みんな君たちが指示をしていたら伸びるはずがないじゃないか。それを今になって、全然伸びていないというのは、少し酷な話じゃないかという話もするわけです。しかし、今度は地方の方に行くと、やはり意識として中央依存というのでしょうか、中央を頼りにして、何でもかんでも中央省庁に問い合わせをする、中央省庁から言われるとおりにする。責任も中央省庁にあるという風なことで、知事とか住民の方を向くよりは、むしろ中央省庁の方をみている。その方が仕事が楽だし、また、そうしておけば、財源のことも心配ない。もともと税金では足りないわけですから、中央から面倒を見てもらわなければならな

い。そういう中央からの財源の補填も滞りなく行われるということになるわけで、地方の方の中央依存体質が相当強いというのは、どうも否めない。またそういう風に中央が地方をしつけてきた。中央集権で、国全体が一貫してやれるわけですから、そのようにしつけてきたということも言えるわけですね。それですから、いきなり分権で、おまえたち自分の責任でやれと言われても中々すぐには行かないという面があろうかと思います。

　しかし、では一体、今のような地方の中央依存体質のままでいいのか。今の予算のシーリングの過程をご覧になってもわかるように、各省庁は他の省庁と競争をして、１円でも0.1％でも、他の省庁よりも自分の省が予算を余計に取るということにその年の全精力を傾けて頑張るわけです。各省庁、各部局、各課にいたるまで、そういう風に頑張るわけですね。すると地方の中央依存体質と中央の予算膨張体質というものが結びついたら、一体、どこで財政というものが効率化、圧縮できるのだろうか。これは、無限に拡大していくことは間違いないわけです。そういう形で日本の行財政がやっていけるのか。

　かつての高度成長の時のように、毎年相当な自然増収があって、それの配分を考えるのが予算であったという時期ならいいですけれど、今はむしろ、自然減収の時代ですね。実質成長はあっても、名目成長はマイナスになる時代に、そういう時代に今のようなやり方でやっていけるかというと、やっていけるわけがないわけですね。じゃ、どうしたらいいか。今のやり方ですと、中央が指示して色々な仕事を地方にやらせるわけですから、その財源は元々税金では足りないのですから、それを中央がなんらかの格好で面倒をみるのはあたりまえ、ということになるんですね。ですから、今、地方交付税が足りないと、足りなければ地方交付税特会が借り入れをしてやる。その借り入れがすでに42兆円に達しているわけです。地方債、国債のほかにこういう債務があるという状態になっている。こういうことにならざるを得ない、国が命令をして地方にやらせたならば、その結末を国が見ることにならざるを得ない。だから私どもは、やはり今こそ、地方に自分で責任をもってもらうべきではないんですかと思うわけです。地方の行政の優先順位、財政の優先順位、それはやはり地方地方で事情が違う。昔のようにナショナルミニマムを全国に整備をしていくという段階はもうすでに過ぎた。そうなれば、

その地域地域で事情が違うわけだから、行政ニーズが当然違う。その行政ニーズというものを住民の意向でよく確かめながら、それぞれの地域によって優先順位をつけて配分をしていく。それを自分たちの責任でやっていく、住民も含めて自己責任でやっていく。そういう体制をとらないで、一体どうやって財政というものが効率化できるんだろうかと私どもは思うわけです。

　ですから、むしろ税源を地方の方に渡して、そしてこの範囲であなた方がやるべきこと、警察もあれば消防もある、あるいは教育もあれば社会保障もある、そうしたあらゆる事務事業が地方にはあるわけですが、それをちゃんと按分をして滞りなくやっていくことを地方の責任でやりなさい。これだけのお金を渡しますから、その範囲でやってください。そういう風にやらないで、どうやって日本の国の財政が成り立つんだろうかと思うのです。私は財政の面から見たって、地方分権というものはやらざるを得ない段階に来ているんではないかと思うわけであります。

　それで、その点を私どもは一生懸命やろうと思っていろいろ努力をいたしました。最終報告には一部そういうことを書いたわけでありますが、最終報告というのは勧告ではありません。地方分権推進法では、私どもが内閣総理大臣に対して勧告を行うことになっております。勧告を行ったならば、内閣総理大臣はそれを尊重して実現しなければいけません。しかし、報告はそういう義務がないわけで、いわば私どもの提案みたいなものでありますから、やはり最後にそれぐらいのことは言い置いておかなければならないだろうなということで、いろいろと抵抗はありましたけれども、そういうことを書き置いていったわけであります。

　私は地域のこととか生活のこととかいうのは、やはり段々地方の方に責任を負わせるしかない。責任を負わせるということは、権限を持たせることです。権限を持たせるということは逆に、責任を負わせるということですね。そういう風に持っていくしかもう方法はないのではないか。日本はそこまで来ている。地方全体がそういう意識にはっきり目覚めているとは必ずしも言えないんですけれども、日本の実情というのは、そういう風にしない限りは括り直しが利かないところまで来ている。そういうことをやることによって、住民の意向に沿った地方行政、地域行政というものが行われるようになってくる。

私は、ですから、地方分権とは結局は住民自治という問題であり、住民自治とは民主主義の原点ではないのかなという風に考えております。

　土光臨調以来20年ということでありまして、私は本当にびっくりしました。もう20年も経ったのかなということです。20年も経って、こんなことではどうも土光さんに叱られそうな気がするなという気がしながら、今日ここに参ったわけであります。今日はいろいろと勝手なことを申しました。我々がやれないでいながら、いろいろ勝手なことを申しましたけれども、土光さんに対する懺悔のつもりで話をしました。今後も、地方分権についてできることがあれば、一生懸命やりたいと思います。どうも、皆さんご清聴ありがとうございました。

Ⅴ 遅々とした歩みの規制改革

オリックス会長　宮内　義彦

（並河）分権と並んで規制緩和が必ず行革のテーマとなるわけですが、これも20年間通してみますと、規制緩和あるいは規制改革については、最近5～6年間では加速度的に進んでいるというような感じをもつわけであります。94年の11月に行政改革推進本部の中に規制緩和検討委員会というものが発足して、翌年3月に3ヵ年計画が策定されました。それをさらにレビューするために規制緩和小委員会というものが4月に発足いたしまして、最初その委員長はIBMの椎名さんがされたわけですけれども、翌年から宮内さんがそれを引き継がれました。その後委員会の名前は、規制緩和委員会、規制改革委員会、今年からは総合規制改革会議とどんどん変ってまいりましたけど、終始、その委員長として宮内さんはずっとご苦労されて、またこれからもご苦労されるわけですが、その宮内さんにお話をいただきたいと思います。

　ご紹介いただきました、宮内でございます。この20年間、日本を変えていかないといけないということで、ご努力されてまいりました行革国民会議の活動に対して心から敬意を表したいと思います。私どものやっております規制改革ということにつきましても、これまで度々、励ましていただきましたし、叱咤激励をされながらやってまいったという歴史でございます。

　規制改革につきましては、今日頂戴いたしました冊子に、過去20年やってまいりましたことを、その間、ずっと関係しておられました鈴木良男さんが、詳しく書いておられますので、あえて細かいことまでにふれません。

　規制改革というのは実に細かい話でございまして、政府のもっております許認可の中で、経済の活性化、社会のより自由な発想というものを妨げているようなものについて、これを外していくというのが任務でございます。今日、現在でも政府のもっております許認可等の総数は、1万1581件ございます。そのうち1件取り上げましても、それを作った官庁からみますと、これは社会的に必要だからつくったんだ、だからそれを変えてもらっては困るというわけです。もし、それを変えるということをいたしますと、その後ろに、関係する人びと、関係する企業群、関係する諸団体等々がおりまし

て、そんなことをしてもらったら、これまでのやり方が変るということになる。そうなると、自分たちは賛成できない。もっと言いますと、既得権益を持っている方が、必ず一つ一つのこの許認可の後ろにございまして、反対運動が起こるということでございます。

規制改革の仕事をしておりますと、全件、関係する省庁とその後ろにおられる関係団体の大反対の声の中でやることになります。こういうことを廃するのは賛成だといって、デモをしていただいたことはございません。全件反対でございます。そして、その反対を押し切って、そういう許認可等を外して、規制を改革していくということをいたしますと、そのプラス面と思われるものは、一体どこへ行くんだろうといいますと、このプラスの面は、国民全体に広く薄く、誠に広く、誠に薄くですね、はね返っているわけなんですけれども、国民からみますとそんな薄い紙一枚がなんだと言って、大賛成だという声はあげていただけません。したがいまして、この20年の動きというものは、常に大反対の中でやってまいったということでございます。

この１万1581件の中にはいろいろなものが含まれています。これを全部廃止したら、社会は無政府状態になるわけですけれども、その中で不要なもの、いたずらに既得権益が大きくなっているものも大変沢山含まれております。この反対の中で、引き続き、仕事をさせていただくというのが我々の任務でございます。

それはさておきまして、ちょっと私なりの駄弁を申させていただきますと、私どものやってまいりましたことは、社会を変えようということよりも、その内の経済活動の部分について、より経済が活性化し、世の中に多様な選択肢が生まれ、そしてコストが下がる、そういう競争的な経済活動をすることによりまして、社会を活性化していこうという部分が多く含まれているわけです。一つの流れとして言いますと、民間経済活動の中で、統制色の非常に強い1940年体制といわれております日本の統制経済的なものを市場経済にもっていくという流れです。自由かつ創意工夫をもって切磋琢磨しているのが民間経済活動という思いがございますが、実は、日本の民間経済活動というのは決してそうではございません。行政の制約の中で業界というものが生まれ、業界全体が保護されてきました。その背景には業界全体のプラスが日本経済全体のプラスであるという考えがあったかもしれません。何々業法というのはその固まりでござ

いまして、その業法の中には特に需給調整規制というのがございます。需要と供給というのは見えざる手で、価格と数量で決まるというのが自由経済でございますけれども、その需要と供給といった経済の根幹のところが行政の判断で行われることになりますと、価格、供給力が行政の裁量によって行われるということになります。その結果、その業界の中にいる限り、保護、育成されるという形になるわけでございますから、その業界にはお互いに競い合って、新しいものを作ろう、コストを下げよう、何か多様なものを提供しようというような発想が起こってまいりません。画一的でコストが高いという業界が生まれざるを得ない。誰がコストを負担しているかというと、これはその業界のユーザーである国民であります。国民の負担によって業界が、保たれているというような産業分野が非常に多く含まれておりました。これをユーザーが、決定権をもつ市場経済に持っていくというのが、言うならば私どもの活動の中で、多くやって参ったことでございます。

　ちょっと言葉の定義があやふやでございますけれども、いわゆる規制の中の経済的分野、経済的規制といわれるものをできるだけ外そうとそういうような動きで今日までやってまいりました。大きなものでは、たとえば運輸行政でいえば、バス、トラック、タクシー、航空、内航海運等々、全ての事業が需給調整を受けていたわけですけれども、これにつきましては、需給調整規制を撤廃するという形で自由化の方向が打ち出されました。これは一つの例でございます。また、非常に地域独占的要素が強かった、たとえばエネルギー、電力でございますね、そういう地域独占的なものにどのような形で競争をもたらすかということは、大変方法論として難しいわけでありますけれども、電力の卸の自由化という形で、何とか競争を持ち込むというような努力をしてまいったわけでございます。

　また他の分野では、情報通信というところがございますけれども、情報通信分野におきましては、制度的にはきわめて市場経済化しているわけでございます。誰が何をやってもいいという意味では、日本のレベルは決して欧米より統制色が強いというわけではないと行政当局はおっしゃられますが、実はその中で巨大な企業が非常に大きな力をもってしまっております。そういう状態で、みんな自由だと言われますと、これは市場経済の大きな欠陥であります独占の弊害、すなわち公正な競争を阻害するという弊害がでるわけでござい

ます。そういう意味で競争政策を強化しないといけないという側面もあるわけでございますけれども、情報通信におきましては、NTTの分離分割ということを提言いたしました。これにつきましては、今日に至りますまで実質的には分離分割は実現しておりません。3分割いたしました、規制改革委員会の言うことは聞いてちゃんと分離いたしましたということですが、100％持株会社所有にするという、我々にとりましては大変不本意な形でしか、まだ決着がついておりません。したがいまして、日本がIT革命等に完全に乗り遅れたというのも、情報通信分野の競争政策が十分でなかったということも一つの大きな原因ではなかろうかという気がするわけでございます。

　このように、民間経済活動の分野をできるだけ市場化していくということをやってまいったわけでございますけれども、実は日本の経済活動というのは、民間だけでやっているわけではございません。日本の経済活動の非常に大きな部分は国による経済活動という社会主義の分野が残されているわけでございます。私はこれを官営経済と勝手に名前をつけているわけですけれども、この日本の官営経済については、中々メスが当てられてこなかった。私どもも近くまでは行くわけですけれども、これは政策的にできた制度であるからあなたの仕事ではございませんということで、入り込めなかったところがございます。システムになっている所には入り込めなかった。あるいは、補助金をもらっている、または、民間であれば税金を取られているという形で、税とか補助金というものが競争阻害をしている部分につきましても、たとえば税金について考え直すというようなことにつきましては、税についてはお前の仕事じゃない、これは大蔵省の仕事であるということになりまして、中々相手にしてもらえなかった。

　それから補助金の問題、補助金があるために誰も参入できないという問題についても同様でした。補助金というのは政策的につくられているんだから口を出すなということで、なかなか官営経済の部分にはアプローチできなかったわけです。しかし最近、徐々にその気運が高まってまいりまして、今度改組されました総合規制改革会議というのは、細かい規制そのもののみならず、制度にまで踏み込めることになりました。やっと、制度まで踏み込んでいいというお墨付きをいただきまして、待ちに待った制度改革というのをやり始

めたわけでございます。

　そして現在の内閣の構造改革の声にあわせるのが一番いいと思いまして、この7月に重点6分野を取り上げまして、こういうことをやりたいということを申し上げた所が、現在までの活動の内容でございます。医療、福祉・保育、人材（労働）、教育、環境および都市再生というこの6つの分野を取り上げまして、提言をしたわけでございます。

　この6つの分野のうち3つの分野までが厚生労働省関係でございます。この中でたとえば私が個人的にコアの一つだと思っておりますのは、例えば医療の分野でございます。医療というのは、日本におきましては国民皆保険という制度の中で医療行為が行われていて、国民が受ける医療の内容につきましても国が定めるということになっていて、そのシステムを変えるのは、きわめて難しいわけでございます。しかし、患者という立場からみまして、もっと多様な医療サービスが受けられないか、あるいは、医療費の支払いは保険というかたちでやっておりますが、その保険の支払いというのは合理的になされているのだろうかという観点から、この医療制度というものを規制改革という観点から見直すべきではないかということを考えております。

　一つの例でございますけれども、レセプトという医療診療報酬の内訳を記した紙がございます。これは風邪を引いて薬がいくらというようなことが書いてあるんですけれども、これを電子化するという話しでございます。こんなことをお聞きになると、そんなの当たり前でしょうといわれるかもしれませんが、これは社会保険診療報酬支払基金という団体に職員が6500人おりまして、そのチェックを紙でやっている。なぜそんなことになっているんだろうか、理由をあまりはっきり言うと差しさわりがございますが、それをIT化して各統計をとれば、過剰な医療行為、間違った医療行為、遅れた医療行為が簡単にチェック出るわけです。そういう所から始めて、医療の標準化、あるいはこのカルテをIT化して、個人がどこにでも持ち運べるようにすることが常識だと思うわけでございます。これから医師会と真っ向から対立するということになるわけでございます。帰趨はわかりません。しばらく私は病気はできないというのが個人的な気持ちでございます。（笑）

　そういう制度に入っていきますとハードコアにぶつかるわけでご

ざいます。いま、日本の病院の大部分が経営不振になっております。それはやはり経営という概念がないからです。経営というのは、経営学といわれるほど世界で発達しているわけでございますから、すばらしい医療をするという目的で経営学のノウハウを持ち込めば、医療サービスの高度化に資することはいっぱいあるわけでございます。しかし、経営ノウハウをもった企業が病院経営に参加することにつきましても、医師会は大反対でございます。神聖な人の命を預かる医療行為に、利潤を目的とする企業が参入するとは何事かということでございます。ちなみに薬は株式会社がつくっているわけでございますけれども、そういう議論がまだまかり通るという状況でございます。

　それからもう一つ、これからのハードコアの問題で申し上げますと人材があります。これは雇用・労働のことでございますけれども、これまで日本の制度というのは雇用というのは安定し、固定し、長く雇用するのがいいことだという前提でできていたわけです。しかし、今の若い人をみますと、雇用というのは安定しなくたっていい。大学を出てフリーターになっても、一向にかまわないではないか。いろいろなことをやって、働きたい時は思い切って働くし、嫌な時は辞めるし、次の会社に行ってもいいし、行かなくてもいい。そういう多様化した要求が強いわけです。しかし、制度は全て長期雇用、安定雇用、首にするとはとんでもないというような制度になっている。社会はどんどん揺れ動いている。労働組合の組織率は21％に落ちている。労働組合の論理と失業者の論理は真っ向から対立する。フリーターとの論理も全く対立する。制度だけは古いままになっていると、これをどうしたらいいかという問題。これは具体的には、有料職業紹介とか、有期労働とか、派遣労働とか裁量労働とか、いろいろなかたちで制度を変えていかなくてはいけないんですけれども、これについても、既得権益といいますか、ハードコアになっている所から、強い反対が出ています。

　もっとも強い反対が出るのは教育の問題でありまして、世界で一番遅れているのが日本の大学という風に言われておりますけれども、これをもっと世界レベルにもっていくにはどうしたらいいか。大学教育におきましても、やはり経営という観点が必要なわけです。諸外国では教育という目的に経営学の成果を入れて、目的遂行のために最高の効率をあげているということでございますけれども、日

本では教授会が経営するのが一番いいんだということになっております。そういうことを現在の文部科学省が堅く守ろうとしている。独立行政法人化ということでどれだけ進歩するかわかりませんけれども、高等教育では大変問題がございます。初等教育につきましても、過去、教科書の選択の自由化、学校区の自由化ということに取り組んできましたけれども、今度のテーマの中ではたとえば、私立小学校というのがほとんどないんですね。したがいまして、私立小学校をつくることによりまして、選択の自由を広げようということを考えたりしているわけでございます。

　いずれにいたしましても、日本のもっております制度のなかには、一つ一つ現代の世の中の流れ、そして世界の動き、21世紀の姿というものに照らしまして、それが阻害要因になっている部分が多いわけでございまして、そういう所にメスを入れていきたいというのが現在の総合規制改革会議の実情でございます。

　8月の暑い時期でございますけれども、現在も大変強い反対にあっております。私がこれまでの経験で感じましたのは、規制改革というのは民と官との争いかというような簡単な図式で見ていたわけでありますが、決してそうではございません。官といいましても、行政の方々はその後ろに利害関係者をたくさんもっておりますから、守らなければならないという面もあるわけでございます。しかし、行政との対話というのは理屈の世界でございまして、理論的にわかってもらえれば、行政の方々は「よしわかったと、やはり世の中はそうでないといけないんだな」ということで、今度は後ろを向いて、既得権益を持っている所の説得にかかるということをよくやっていただいたわけでございます。しかし、実は既得権益を持っている所は理屈の世界ではございません。損得の世界なんですね。規制が外れるということは自分にとって損なわけです。損ということは痛みを伴うわけですけれども、この場合は本当の意味での痛みとはいえないんですね。土もりしているところを普通になって下さいというだけなのに、痛みを伴うと言われると何ともいいようがないわけです。しかし、損得の世界で考えますと、損になることは、どんなに理屈が通っても嫌だという答えしか返ってまいりません。そういう利害関係のある方にとっては規制改革というのは全て損になる話でございます。損になる話は反対運動をするか、立法府に働きかけるということにならざるを得ないわけでございます。そういう

形でパワーゲームが続くわけです。

　規制改革というものに終わりはございません。先ほど並河さんがいわれましたように、20年の歴史のなかで始めは全然動かなかったということでございまして、動き始めたのはここほんの数年でございます。その動き方も「遅々として進んでいる」という動きにすぎないわけでございます。時系列でみますと、日本の動きは去年よりいいじゃないか、3年前に比べれば随分動いたじゃないかという見方も出来るわけでございますが、それはおかしいのであって、今日ただいまの時点で世界をリードしている国々と日本とを比べるべきだと思います。そうしますと日本は2周遅れの選手であるということは間違いありません。オリンピックでは優勝できない。勝てるのは国民体育大会だけだということでは、本当に情けないと思っておりますので、ぜひご理解の上、ご支援を賜りたいと思います。

Ⅵ 民主主義国家の標準装備の整備

東亜大学大学院教授　塩野　　宏

（並河）これまで、行政改革の各分野についてお話いただいたわけでありますが、もう一つ重要な行革の課題があります。簡素化とか効率化いうことだけが行革でなくて、むしろ行政のルールというものを明確にしていくこと、あるいは透明にしていくこと、あるいは参加や監視というものをしやすくすること、これも行政改革の実は一番重要な柱の一つだと思います。具体的には、行政手続法とか情報公開法という分野でございますけれども、これは土光臨調でも確かに取り上げられておりましたけれども、実際に実現に向けて動き出しのは90年代になってからでございまして、91年に第3次行革審の行政手続部会、あるいは95年の行政改革委員会の情報公開部会で具体案が策定されたわけでございます。その間に両方の委員会の部会長代理として、常に議論をリードされていたのが塩野さんでございまして、その後は特殊法人の情報公開の委員長もされていますが、ここでこれまでの成果とこれからの課題ということを、塩野さんからお話いただきたいと思います。

　なお、一言だけ付け加えますと、塩野さんは地方分権の話にも実は非常に深く関わっておられて、ジュリストに書かれた論文が、その後の機関委任事務の廃止の礎になったといわれておりますし、現在も国・地方の係争処理委員会の委員長として、馬券税の話で、これも分権のお立場から、中々ご苦労されたと思います。しかし今日、その話をされますと時間が足りなくなりますので、情報公開と行政手続法の話に限ってお話いただきたいと思います。

　　　ご紹介に預かりました塩野でございます。馬券税の話がございましたが、私は係争処理委員会の委員長といいますか、取りまとめ役を仰せつかっております。係争処理委員会といいますのは、いわば裁判の前倒しでございます。司法の分野では裁判官弁明せずという甚だ厳しい理がございまして、私もそういう次第で新聞記者の方々にも馬券税の内容は一切話をしないということを申しております。並河さんの頼みを今までほいほいと聞いてまいりましたが、これについてはこれからもお断りせざるをえないということになると思います。

　　　それはともかく、土光臨調20周年記念という大変意義深い会でお話をする機会を与えていただき誠に恐縮に存じております。私がこ

の機会を与えられましたのは、土光臨調答申で種が蒔かれました行政手続法、情報公開法などの法律の制定過程で、政府の改革委員会に参加させていただいたということによると思われます。また土光臨調の時に、一種の御前講義と申しますか、土光さんの前で、おそらく行政手続なんていうのは、土光さんの生涯で聞かれたことのないような概念についてご説明をした機会を思い出すわけでございます。その時はまだ私も若かった時代でございますので、大変緊張した記憶がございます。

　もっとも私は委員会の部会の一員でありまして、行政公正透明手続部会、情報公開部会のいずれも部会長として大変尽力されましたのは、元法制局長官で、最高裁判所裁判官も勤められました角田礼次郎さんであります。ただ、本日の場には、俺は人前でしゃべるのがあまり好きではないということを部会の時代から言っておられましたので、来られない。私も学生の前でしゃべるのは職業でございますけれども、偉い皆様方の前で喋るのは好きではないんですけれども、なにせ向こうの方が年長者ですので、仕方がなくと申しますか、私が話をさせていただくことになった次第でございます。

　ところで、行政手続、情報公開というのは、中央・地方を通ずる行政組織の改変であるとか、あるいは行政の簡素・合理化であるとか、あるいはその官民の役割分担の見直しといった、いわば今までお話になった、皆様方の中で取り上げられた行政改革で通常イメージされるものと異質のものでございます。

　諸外国の例からいたしましても、大掛かりな行政改革の中で、こういったものが実現したというよりは、自由主義、民主主義国家のいわば標準装備として逐次、単独で整備されていったという経験がございます。そうではなく、大規模な行政改革の一環として、ようやくというかやっとの思いで行政手続法が制定されたこと、さらに追いかけて情報公開法が制定されたこと。そういった点に、日本の行政手続法、情報公開法整備の大変日本的な特色が見られるわけでございます。ただ、いずれにせよ、これらの制度の整備を願ってまいりました一員といたしまして、その夢が行政改革という大きな流れの、あるいは波に乗って初めて実現したということで、土光臨調以来の行政改革の基礎を築いてこられた方々に改めて感謝の意をささげたいと存ずる次第でございます。

　しかし、やや本心を申しますと、行政改革の本流あるいは重要な

流れの一つが、さきほど並河さんの紹介にもございましたように、行政手続法の整備、あるいは情報公開法の整備、さらには政府の政策評価制度ではないかと本心では思っているところでございまして、その根拠の一端をこれからご説明を申し上げたいと思います。

つまり、先ほど行政手続あるいは情報公開というのは、いずれも現代国家の標準装備だと申しました。アメリカなどを始めとする英米諸国、それからヨーロッパ諸国でも整備されつつあるところでございます。しかし、これらは欧米諸国では革命的だなど大げさにいわずに実現した、着実に実現してきたのに対しまして、日本では実現に至るまでに大変長い時間を必要といたしました。さらに、これを導入すると、これは、明治以来の日本の行政と国民の間の関係の大きな変革を意味するという事情が日本にはございます。

私は、これを行政手続、あるいは情報公開によるところの日本の行政スタイルの変革と表現をしてまいりました。すなわち従来の日本の行政スタイル、これを細かく説明しますと時間がかかりますので、ごくキーワード的に申しますと、官民協調というか、もっと率直に言うと、官主導あるいは行政指導中心の国家・社会の運営でありました。

これを国民の側から言えば、お任せ主義ということになります。しかし、これで日本が国際的な競争の中で生き残れるのか、国民が本来持っている潜在能力を、こういうやり方で引き出すことができるのかどうかということが問われるようになったわけでございます。これを変革するには、国民なり企業なりが行政と相対するときに、自分の権利・利益を十分に主張する、さらには自分の意見を的確に主張する環境を整えるということ。これがもっとも重要な基盤整備と、私は考えるわけでございます。

行政手続法、情報公開法はこの要請にこたえるもの、いいかえれば、国民の行政に対する自己主張を的確に行うための道具を整備するというものでございます。最近、自己決定という言葉があらゆる場面で叫ばれてまいりました。地方分権も自己決定の地域版であると、私自身も申してまいったところでございます。あるいは医療の分野でのインフォームド・コンセントというのも、医療の分野における自己決定の一つの現れということになります。そこで、今の言葉で申しますと、行政手続、情報公開は、行政あるいは政府と対面する国民の自己決定の問題だという風にご理解いただければ、私が

VI 民主主義国家の標準装備の整備

行政改革の本流とまでは言わずとも、重要な流れの一つであると言った趣旨はお分かりいただけると思います。

行政手続法と情報公開法は、こういったように日本の行政スタイルの変革をもたらすものとして設計されたものですが、その役割は違うところがあります。それぞれ歴史的な生成の過程も違いますし、理念も違うというところがあります。そのことからして、行政のあり方の変化というものの仕方も違ってくることが予測されるわけでございます。私はこの点につきまして、行政手続法は漢方薬のようなもの、情報公開法は劇薬のようなものであるという表現を用いてまいりました。

もっとも、調べてみますと漢方薬も強い効き目のあるものがございまして、使い方には注意する必要がありますので、この比喩をあまりまじめにとりあげられては困るわけですけれども、要するに行政手続法というのは、行政に対して自分の権利・利益を適切に主張したいと考える者に、そのための場を提供する、あるいはそのための道具を提供するというものであります。いわば、近代的行政運営の基盤整備であるということになります。そこで、国民の皆様方に対しましては、行政と直接相対する場合、つまり、いろいろな形で、パスポート一つもらうのについても、あるいは運転免許一つもらうのについても、あるいはその自動車の整備に関しましても、行政と直接関係する場合が多いわけですけれども、そういう場合には、自分の権利・利益を明確に主張するように日常的に心がけてください、ということを望むわけでございます。

行政手続法は、そういう自分の権利というものを主張したいという方のために、日常の道具、あるいは日常の糧として用いてください、あるいは食べてください、あるいは服用して下さいというものであります。

行政の側も、国民と接する時の基本的なお作法として、行政手続法を運用すべきであるということです。処分をする時には十分相手方の意見を聞けとか、あるいは理由をちゃんと述べなさいとか、あるいは行政指導を不透明な形でやってはいけないという、言われて見れば当たり前のお作法ですけれども、そのお作法が日本の行政には浸透していなかった。これを総括いたしますと、行政手続法というのは、個別行政活動の体質改善に奉仕するというものであります。漢方薬という意味は、このように日本を真の意味の近代国家へと体

質改善をするための道具だということを表現したかったわけでございます。

これに対して、情報公開法は、その効果はそれを用いる人だけに限るものではありません。自分だけに効果が及ぶというものではありません。すでに地方公共団体の情報公開条例で経験済みのことですけれども、接待費あるいは首長交際費に関する情報公開の請求において、開示に応じたという例がございますけれども、そのことによって、官と公、あるいは公と民との情報交換のあり方に劇的変更がもたらされました。国のレベルでも進行過程にありますけれども、政策ないし施策決定の透明度は格段に進みつつあります。

さらに、ここで強調しておきたいのは、こういったいわば目に見えた形での劇的変化だけではありません。情報公開法は国民と政府との基本的関係についての新たな了解をもたらしたということであります。それは、情報公開法の理念として法律にも定められております政府の説明責任の観念であります。この政府の説明責任というのは、国民と政府はもともと信託の関係にある。こういった憲法の前文に書かれていることを前提といたしまして、信託を受けたものは、信託をしたものに対して、自己の活動をきちんと記録にとどめ、その記録を信託者に報告する義務がある。活動を記録するとともに信託者に報告する義務を負うというような意味で用いられているわけでございます。

説明責任は、それ自体、時々誤解を招いていることがありますけれども、責任追及のための道具ではありません。信託関係にあるもの、相互の、つまり国民と政府の基本的お作法を意味するもの、と理解をしております。当初は、わが国で非常に馴染みの薄かった説明責任という言葉、原語はaccountabilityということになりますけれども、この説明責任の言葉が、昨今では新聞でも広く用いられるようになってまいりました。また、行政改革会議報告を踏まえまして、前国会で制定されました政策評価法の目的規定の中にも政府の説明責任がうたわれております。この説明責任の観念が、わが国の政治行政に本当に定着するならば、まさに国民と政府の関係についての意識の劇的変革であるということが言えようかと思います。

このように行政手続法、情報公開法は、これまでの日本の行政スタイル、さらには国民と政府の関係に関する見方そのものに大きな変革をもたらすものと考えます。

ただ、制度と現実が必ずしも一致しない、あるいは制度が設計どおりに運用されないというのは、日本ではしばしば起こる現象でございます。せっかくの行政手続、情報公開、政策評価といった制度の整備が、そういったように絵に描いた餅にならないように、国民の側が、この制度を適切に、というかむしろ賢く利用することが必要となるわけです。特に、劇薬が含まれておりますので、これを利用するにはよほど賢くないといけません。

　政府の側においても自ら説明責任を十分果たす、あるいは国民に相対する場合のお作法を守るというためには、不断の努力が必要であるという風に思われます。土光臨調で蒔かれました2つの種はようやく芽生えてきたわけですけれども、これを一人前の木に育てるというのは、かなりの努力が必要でございます。お任せ主義がかなり浸透しているわが国におきましては、これを育てるのには相当なエネルギーがこれからも必要になるという風に考えるわけでございます。

　こういった運用上の今後の課題と別に、制度的にも改革は未完成であることを、最後に3点だけ指摘しておきます。

　まず第一に、行政立法に関するパブリックコメントの制度が整備されつつあります。実はこれは行政手続法制定の過程で、つまりまだ官の抵抗力が非常に強い時期でございましたが、官庁からはいちいち政令・省令等についてパブリックコメントに付するなんていう時間的余裕はないというような、強い反対がございました。しかし、これまた行政改革、とりわけ宮内さんが指導されてこられました規制緩和の流れの中で、閣議決定という形で実現を見たものでして、そのころから宮内さんというのは大変力持ちだなぁと感じいった次第でございます。しかし、これを法制度としてきちんと整備しなければならない。昨今では、いささかパブリックコメントが、乱用といいますか誤用されている気配がございますので、そこをもう少しきちんと整理する必要がある、というのが第1点でございます。

　第2点は、情報公開制度につきましては、独立行政法人、特殊法人に関する情報公開制度整備の法案が前国会に提出されました。情報公開法は政府機関に限定されておりますので、これを独立行政法人、特殊法人にも適用すべきだということで、新たな法案が出来ましたけれども継続審議になりました。なぜ、そういうことになってしまったかというのは、国会はまったく我々に説明責任を果たして

いないわけですけれども、これは早急に法律化すべきであると考えます。

　そして最後に、昨今大いに議論の対象となっており、その実現が課題となっております、司法制度改革のうち、重要な部分が実は行政改革であるということであります。とりわけ、そのうちの司法の行政に対するチェック機能の強化、これは正に行政手続法、情報公開法の整備による行政スタイルの変革を最終的に担保するというものでありまして、行政改革そのものとして位置付けられるべきだと考えます。制度改革としての行政改革というのは、司法制度改革をもって一応の到達点となる、しかし改革は永遠に続くものとすれば、一応の中継点に達するという意味におきまして、行政改革は運用論だけでなく制度論としても未完であります。

　そういった次第で行革国民会議におかれましても、今後とも手綱を緩めることなく司法改革まで視野を広げて、改革の応援、監視をお願いいたしまして、私のお話を終わることにいたします。どうもありがとうございました。

〈付記〉　2001年11月28日、「独立行政法人等の保有する情報の公開に関する法律」は可決・成立、12月5日公布された。なお、特殊法人のうち、情報公開の対象とされたものは、別表第1として、この法律の対象となっている。（編者）

Ⅶ 土光臨調と小泉改革

ウシオ電機会長　牛尾　治朗

（並河）続いて牛尾さんからお話をいただきたいと思いますが、20年前の土光臨調の時には、亀井さんの第1特別部会の部会長代理、夏以降は政策の見直しを担当いたしました第1部会、あるいは行政機構の第2部会の部会長代理を兼務されました。臨調解散後は、いろいろな審議会にも参加され、同友会の代表幹事にも就任されましたが、何と言っても今日お招きいたしましたのは、現在、経済財政諮問会議の議員として、まさに今、いろいろと忙しいところでございますので、さしさわりのない範囲で、ちょっとお話をいただければと思っております。

　こんなに沢山の方が集まっていらっしゃるのが、私は大変うれしい喜びでございまして、土光臨調から20年経ったのかなと感無量でございます。あのとき、私はちょうど50歳でしたが、今、小泉改革の主役の竹中大臣がやはり50歳。現在、私と一緒に経済財政諮問会議の議員を務めている東大の吉川洋さんが49歳ですから、20年の時の流れを感じます。

　ちょうど20年前、私の目の前に座ってらっしゃる中曽根元総理が行政管理庁の長官になられまして、あるとき部屋に参りましたら、牛尾君、俺は行政改革をやろうと思うというお話をされました。当時、行政改革というのは、第一次臨調が佐藤会長の下で大変にすばらしい案は出したけれども何も実行できなかった、という現実があったものですから、中曽根さんにこれは非常に難しい話ではないかと申し上げましたが、中曽根さんは確信をもって行政改革をやるという決意を話されました。土光臨調が昭和56年の春から始まったのですが、その準備会の時に、行政管理庁長官の中曽根さんが、官僚がたくさん座っている席で、この改革に反対する奴は左遷させるぞという非常に激しいお話までされました。当時は、今のように官僚バッシングのない時代で、官僚がすばらしく尊敬され強い力をもっている時代に、あのようなことをおっしゃる政治家がいたわけでありまして、大変に深い思い出となっております。

　土光さんとは、ちょうど昭和53年から科学技術博覧会を準備しておりまして、私はその基本構想委員長をしていたものですから、会

長の土光さんとはしばしばお目にかかっておりました。56年の春に、最終の基本構想の答申を出したあと、今度、臨調をやるから手伝えということで、お手伝いをすることになったわけです。

　ただ、日本というのは、非常に尺度の正しい国でございます。当時東大教授だった公文俊平さんや亡くなられた佐藤誠三郎さんなども仲間で、一緒に仕事をしていたのですが、行政改革という事業体、組織をどう考えるかという時に、組織には企業まで込めて4つ大事なことがあります。その1つは、組織の効率性、つまり効率を高めること。第2は、その組織が変化に即応する、変化への即応性の問題。3番目は、組織が大きくなればなるほどセクショナリズムになりがちである。どうやって総合的な力を出すかが大きなポイントである。4番目は、組織は構成員からのトップの信頼性、また対象のマーケットや市民からの信頼性というものが大事だ。この4つが重点であるという議論をしました。

　その4つの重点のうち、当時の行政官僚は、信頼性は十分ある、それから小さな意味での効率は高い。だから、この土光臨調のするべき仕事は、変化への即応性と総合性を手に入れることだということで我々は結論を出しました。これは大変的確な判断だったと思います。各省に分割されているものを、どう総合的に意見をまとめるかということで、総合企画庁の名の下に、当時の科学技術庁や国土庁や経済企画庁などを糾合して、総合的に企画する庁をつくろうと考えました。

　もう一つは、行政管理や内閣官房を含めて総合管理庁をつくろうと考え、それが総務省となって結実したわけです。しかし、その時に総合企画庁というものができなかったことが、やはり現在まで禍根が残っているわけです。あの時もし総合企画庁ができていれば、予算作成まで内閣府で直轄してやることができるという新しい芽生えができたのではないかと思っております。

　当時、なぜ行政改革をするかという総論を書きました。その総論には2つあって、今日でも全然古くなっていないのですが、活力ある高齢社会をつくるために行政改革を行うのだということです。当時からもう高齢化社会は予測されておりましたので、きっと活力が萎えてくるに違いない。現実に高齢社会となって、日本の活力は萎えているわけですけれども、それを萎えさせないための行政改革とは、常に経済を活性化し、社会に希望をもたせることだ。それは

小さな政府であり、総合的な即応力のある政府をつくるのが第一の目的でありました。第2の目的は、国際社会の期待に応じられる国をつくろうということでありますが、これは残念ながら半分ぐらい実現しておりません。

こうして、2つの目標、活力のある高齢化社会を作り維持していくことに加えて、国際社会の期待に応じられる国になることを設けました。2つの目標は正しいけれども、やはり行政改革の成功率は3割5分ぐらいだったものですから、今日そのようなものが充足している結果になっておりません。しかし、問題把握としては間違っていなかったと私は考えているわけです。

その後、中曽根長官は総理になられて、土光臨調が中曽根政権と共に国民から大変に信頼を受けました。当時、広報活動を私も担当しており、土光さんは何処へでも行き、行政改革を実行するためには何でもするということで、各テレビ局の取材を受け、評論家からタレントまでという幅広い対談が実現しました。そして、NHKで「めざしを食べる土光さん」という姿が放映され、大変な人気を博しました。国民の風が吹き始めました。そして、当時、自民党に対して公明党とか新自由クラブといった中間政党があったのですが、その土光臨調の真っ最中の選挙の時に臨調与党というものを標榜して、そのような中間政党が選挙でかなり票を集めました。国民の風がなければ行政改革が進まなかったわけで、やはり土光さんの功績はかなり大きいし、また我々も第2臨調といわないで土光臨調という名前を使って、土光さんを前面に出したことも成功の秘訣であったかと私は思っているわけであります。

土光さんは、とても個性の強い、言葉のぶれない人でした。例えば、経済人が集まって土光臨調を励ますような会をしますと、土光さんが抱負を語った後、皆さん各省を批判するようなことを平気でおっしゃいます。そのとき、土光さんが「今の社会は官尊民卑だ。なぜ官尊民卑か知っているかね」とおっしゃるわけです。皆、「官が横暴で力を持っているから」と言うと、土光さんは「いや最大の理由は、民が卑しいからだよ」といわれるわけです。「今日、こうやって自分がこれだけのことを喋ると、この中のかなりの人が翌日官庁に行って、土光がこんなことを言っていたと点数を取りに行くに違いない。それが民の卑しさで、それが官尊民卑の世界を作るんだ」ということをおっしゃったわけです。財界人としてよくもここ

まで言えるなぁ、というぐらいに淡々と話せる方でした。

事務局に対しても、今日、当時の事務局の責任者もいらっしゃいますけれども、「事務局は賞賛と激励の投書をもってくるけれども、俺の家には半分ぐらい『土光、お前なんか死んでしまえ』という非難の投書もいっぱい来るんだ、それを俺はちゃんと読んでいるから誤魔化されないけれども、事務局は誉めているものばかり持ってくる。これが日本の社会なんだ」ということを、事務局を前に置いて、事務局というのはそのような性格があるんだといわれるわけです。「お前は若いからこれからいろいろなことをすると思うけど、このようなことをよく身につけておけ」ということをいわれました。現在、大変参考になっております。このようにして土光さんという大変魅力のある人が、2つの目標といわゆる総合力、変化への即応性というものに中心を置いて、改革の作業を進めました。

当時、アメリカへ行って、いろいろな人に会って何が大事ですかと聞くと、アメリカも同じような時期、5、6年前から、deregulationとprivatizationが大きな目標で、これで社会は変っていったというのです。privatizeとは民営化ですから、これは加藤寛さんが当時部会長をしていた第4部会にNTT、JR、JTを産んだ最大の功績があり、また、国鉄に関しては、亀井正夫さんが当時国鉄再建監理委員会の委員長をされて中曽根政権の時に民営化が実現したという大変大きなことでした。国鉄は民営はできても分割はできないだろうと言われていたのを、6つに分割したということが今日のJRの最大の成功の秘訣であり、その時に内部から最大のサポートをされたのが当時国鉄の課長だった松田昌士さんでした。この国鉄の民営・分割は、非常に印象に残った仕事の一つです。

NTTは、なまじ収益が出ていたものですから、民営化はできても分割はできなかったということが非常に禍根を残しております。民営化によって当時想像したマーケットの10倍ぐらいのマーケットが成長しました。しかし、当時分割をしておれば、その3倍、4倍の市場になったと思いますが、そのような所では改革というのはやるからには徹底的にやらなくてはいけないということが大きな反省であります。

規制緩和、deregulationでは、宮内義彦さんという今最高の適職の方を得まして、しかもすでに7年目でありますから大変に成功されたわけです。その前は、日本IBMの椎名武雄さんが行政改革推

進本部の中の規制緩和小委員会委員長をされたのですが、激務と向かい風に耐え切れず、体調を崩されました。そのような意味では宮内さんは相当健康力のある方だと思います。

　deregulationは、誰が訳したか知りませんが、私も何の抵抗もなく規制緩和という言葉を信じておりましたが、3、4年経って議論をすると、deregulationは規制撤廃という意味であって、規制緩和というニュアンスが全くないことに気がつきました。これは完全に民間人の甘さが、政府の老獪な知恵の前に、deregulationの翻訳を誤ったわけです。規制緩和と言わず規制撤廃と言っていれば、規制の廃止はもっと早かっただろうと思います。未だに我々は、錯覚で、規制緩和と言うわけです。経済同友会では、5年ぐらい前から絶対に規制撤廃という言葉以外使わないようにしております。deregulationは、規制撤廃であって、de‐は否定であって、緩和するというニュアンスは全然ないのです。privatizationとderegulationという言葉は、当時は二つとも非常に新鮮な言葉でした。privatize、こんな英語があるのか、deregulationなんて全然知らなかったわけです。deregulationには、翻訳のミスから悪い思い出があるわけです。

　そのような点も、今も禍根となっている気がしますが、宮内さんからこれから6ヶ月ぐらいの間に相当大胆な規制撤廃案が出てまいりますので、それが経済活性化の中心になるかと思います。

　現在、小泉総理の「構造改革なくして成長なし」というのは、みんな大体テレビで100回ぐらい聞いていると思います。同じことを何回も繰り返すというのは、相当な根気がいると思いますが、何を聞かれても「改革なくして成長なし。株式相場には一喜一憂しない」。普通、もう少し何か違うことを言いたくなると思うのですが、断固としてその言葉を繰り返すさまはすばらしいと思います。私は時々、「株式相場に一喜一憂しないというのはいいけれども、3回に1回ぐらいは、しかし株式相場は大事だということを言ってくれると株が上がるんですけれども。」と助言をするのですが、信念として、「改革なくして成長なし。株式相場には一喜一憂しない」というのが彼の基本であります。

　行革というのは20年サイクルで、小泉内閣は土光臨調に次ぐぐらいの大変な支持率で、これだけいろいろなことが出てきてもまだ70％台の支持率がある。とすれば、これが改革の最後のチャンスだと私は思っております。ここで改革しそこなえば、日本は世界から完

全に取り残されてしまう。

　今、宮内さんが日本の改革規制の撤廃は、2周遅れでアメリカと並んでいるとおっしゃられましたが、全くそのとおりです。ITが今非常に景気が悪くなって、ITのバブルが弾けたからアメリカの経済が落ちたといわれております。日本もそうだという説がありますが、日本のITバブルは、半導体を過大評価して、これは明らかに半導体サイクルの影響と、やや楽観的な見通しで過剰生産、過剰投資をしたという咎めが出ているのだと思います。

　しかし、アメリカのITバブルは、EガバメントやEコマースや、Eラーニングシステムや、そうしたあらゆるもののIT化がやはり行き過ぎて、ある部分過大に評価されて、株価があがりすぎたということで、同じITバブルでもレベルが非常に違います。日本はまだEガバメントがまだ5％も手についていない段階で、そうした国とアメリカのように3、4割も進んでいる国は相当レベルが違うわけで、ITが悪いから経済が悪いというのも、レベルが違います。2周遅れで、たまたま横に並んでいるだけであって、同じだと思ってはいけないのです。同じように規制についてもいえます。宮内さんも触れられましたが、もう21世紀は過去対比でよくなっても、政府も企業も評価されない。これからは国際対比が中心の時代です。過去対比、過去に比べてこれだけよくなったというより、国際的にマーケットシェアがいくらある、国際的な競争力がどうなっているかの方が大事な時代だと思います。だから、よく行政が過去対比でこのように立派になったというが、過去が悪すぎたせいであって、現在の国際対比では依然として各方面で3周4周遅れの状態が続いている。特にこの10年間それが遅れているということを痛感するわけであります。

　小泉改革は、構造改革による経済の活性化、そして社会資本の見直し、これも主に今まで言えなかった都市再生を中心にしている社会資本の見直しです。これまでは、地方を大事にするというのが自民党の基本であったものが、地方も大事だがそれ以上に画一的な成長の時代は終わった。今むしろ大事なのは、東京ならびに都市に活力を与える活性化だということです。そして社会福祉費の抜本的見直し、これもどちらかといえば家族単位の社会福祉から個人単位の社会福祉に変えていこうということです。男も女も70歳までは働くことを前提とした社会を考えよう。そして、例外的に専業主婦がお

り、例外的に体が弱くて60歳で働くのをやめることに対しては保護するけれども、基本は男女とも自立して働く社会をつくるということが前提である方向だと私は考えています。

そして、あとは中央と地方の関係というものを、地方の個性の時代にする。日本中を同じような町にするのではなくて、このレベルまで来れば、地方がそれぞれの個性ある未来を考える、そのように考えていくという時代です。この４つが大きな軸になって、いわゆる基本政策が出来ました。

ちょうど今から20年前に、亀井第１特別部会長の下で私は部会長代理をやっておりまして、56年の４月から７月ごろまで57年度の予算をどうするかということを、概算基準が出た後でそれを修正していく作業をしました。現在では経済財政諮問会議で概算要求基準をどうするかということを議論しておりますが、30兆の国債発行にすることを決めました。33兆3000億という計算になる予想を30兆にするということは、約３兆3000億円削減するということであります。それを前回、３兆3000億円減らすためには、５兆円減らして、２兆円増やすという意味で捉えて欲しいということを、民間議員側から諮問会議で申しました。

諮問会議は11名のメンバーで、総理を除いて10名のうち４名が民間議員であります。１名が日銀総裁であとは大臣が５名おりますが、民間議員が連名で５兆円減らして２兆円増やして結果として３兆円減らすという考え方を持ちたいという提案をしました。とりあえず概算要求基準では１兆7000億円削減のめどを立てて、あと、９月、10月、11月の折衝の中で、１兆3000億円を削減していくという方向に対して、今やかつてのような成長の段階と違うのだから、痛みを増やす段階では始めからオープンにして、５兆円削るべきものは削って、公開しながら２兆円を増やしていくという、クローズ型の予算編成から開放型の予算編成にする必要がある。それには説明責任がいるという発言をしました。すると小泉総理はじっと話を聞いていて、俺もそう思うと机を叩いて、５兆円無駄なものを削減する、２兆円大事なものを増やすという方向で行く。細かいことはプロに任せるとおっしゃいました。小泉総理はいつも方向性は明確に出す方ですから、任されたプロは大変ですけれども、無駄なものを５兆円減らし、大事なものを２兆円増やす。今年はこれだと、こうおっしゃいました。２回机を叩いておっしゃったものですから、それで

決まって、実は明日次の会合があって、どうするかという案を議論することになっています。5兆円減らすというのは大変なことでありまして、今喋ると叱られますので中身はいえませんけれども、明日やって、9日にまたやって、そして大体内容が決まれば10日の閣議で決まることになっています。

しかし、そのようなことが明快に議論できるようになったということは、20年前とは大変な変化であります。わかりやすいメッセージを出すというのが、情報化時代の民主主義の大きな要素なのだと思いました。

これも小泉さんは、加藤寛さんが家庭教師役だったという噂もあります。加藤さんも非常にモノをわかりやすく言う人ですから、そのような意味では、今後ますますご指導を賜りたいと思うわけです。経済財政諮問会議では、これから8月9月ぐらいまでの間に重要なものはドンドン出して2兆円ぐらいの新規財政の支出を決意しております。そして、今申しました社会資本、社会福祉、中央と地方の関係を見直す。そして何よりも大事なのは、経済をどう活性化させるかという活性化案です。それは規制の撤廃であり、制度の改革であり、また今一番元気なのは女性ですから、女性にもっともっと働いてもらえるように保育所をもっと造ろう。東京だけで5万人の保育所待機者がいるといわれているのですが、よく調べてみますと5万人どころではなくて、50万人ぐらい潜在待機者がいる。今、大体その分野は供給を増やせば需要がついてくる。サービス業の3分の1ぐらいは供給不足なんですね。保育所がそうであるように。良質の保育所を適正な単価で供給すれば、東京だけで50万人ぐらいの需要があるだろうと思われます。そのような女性に働いてもらうことによって頑張ってもらう。

またあとは、自由業に近い、昔だったらあいつは外れているという人が張り切っている。そのような人にチャレンジャープログラム、チャレンジする人が報われるような社会をどんどんつくろうということをやっております。

そのようなこと等々、いろいろとこれから活性化プランに向かって入っていくわけですけれども、悉くこれは土光臨調の21世紀版だと考えて、そこで経験したことを目指して参りたい。当時、活躍された中曽根元総理や、亀井さん、加藤さんにも大いに頑張ってもらって、また新たな30代の、社会を刷新したいと思っている、国境を

感じないぐらいに国際化している若い世代の力を借りながら、経済財政諮問会議を軸として、改革を進めてまいりたいと思っております。

Ⅷ JR発足後14年

東日本旅客鉄道会長　松田　昌士

（並河）最後にJR東日本の松田会長にお話いただきたいと思います。松田さんにつきましては、いま牛尾さんがお話のなかでご紹介されておられましたので、早速お願いいたします。

　松田でございます。今日は私どもJRの産みの親であります、中曽根元総理、橋本元総理、亀井さん、加藤さんと、勢ぞろいされておられますから、お礼を含めて若干の報告をさせていただこうと思っております。

　早いものでJRが発足して14年が経ちました。土光臨調の最初の時に民営化の方向をお出しいただいて、その後、分割民営化ということで再建監理委員会ができて、国鉄改革ができて14年。JR全体を見ますと、いろいろな大きな問題、小さな問題を乗り越えて、経営は全体として順調であるといっていいかと思います。ただし今、苦戦をしておりますのは貨物でありまして、自動車との激しい競争の中で赤字を出しておりまして、黒字化をめざして、今みんなで応援をするということをやっております。

　それからもう一つ黒字経営をやっておりますが、心配なのは四国でありまして、どんどん3つの橋を架けて自動車が増えていくものですから、四国はひょっとすると鉄道がいらないという意思表示かなと思うほどに鉄道のお客様が減りだしているわけでありまして、何とか観光客を含めて、経営が成り立つようにと打ち合わせをしているところであります。

　本州3社につきましては、前国会で完全民営化法案が可決されました。最初の予定、臨調の設計では大体5年目くらいに配当を出して、7年目ぐらいに上場・完全民営化をしてというはずだったのですが、なかなかいざ上場するとなるといろいろな障害も多くて、完全民営化までに14年かかりました。あとは具体的な株の売却だけですが、わずか50万株を売っていただくと、私どもは完全民営化されるということで、明日でも売れるわけですから、株が高いうちにぜひ売っていただきたいとお願いしているわけですが、もう少しだと思います。

JRになりまして、ご案内のように、運賃は一度も上げておりませんし、事故率も会社スタート時に比べればもう4割ぐらいに減っているという状態にまで来ております。そうしたことで、今、一生懸命頑張っておりますが、先ほど牛尾さんから過去のことと比べても意味がないよといわれました。まさに国鉄と比べても意味がないわけでありまして、ただいくつかのことをご挨拶代わりに申し述べたいと思っています。

　一つは、JRが発足しました直後に中曽根総理及び先ほどまでおられました当時の橋本運輸大臣から何回となく言われたことがあります。それは、政府はどんなに困っても絶対に助けないよ、お金は一銭もやらないよ、全部自分でやるんだよということです。自助の精神とか自主自立と格好のいい言葉がありますが、そのような抽象的なことではなく、政府から毎年6000億の補助金をもらっても約1兆8500億もの赤字を出していたものとしては、「明日から一銭の金もやらない、君らが望んだのだから自分の力で飯を食っていけ。」という言葉は、非常な重みでありました。そのことを全社員にどうやって徹底するかということが、私どもが最初に行った中で一番大きな仕事でありました。明日からは頼る人が誰もいない、銀行はお金貸してくれなくなる、したがって自分でサービスを変えコストダウンをする以外に生きる道はない。そのことを我々が望んだのであって、政府が望んだのではないということを言ってきかせましたが、それが最大の意識改革になったと思います。社員も、やはり意識をどう変えるかということに非常に最初から苦労しました。例えば、人の話を聞かせるより見せたほうがいいと思いまして、海外に現場の優秀な職員をはじめ1000人ずつ、どこの国でもいいから行ってこいといって2週間研修に出しました。アメリカとかヨーロッパに行きますと、国鉄時代には日の丸を掲げた瞬間にトラブルになって、交渉が必要だったのですが、アメリカでは鉄道の駅長さんの机には全部星条旗が掛かっている。国旗を尊敬しない奴は国民と言わないし、鉄道員じゃないんだというのが自然とわかるもんですから、いちいちそんなことを言わなくたって意識はどんどんと変ってくるわけであります。先日も、21世紀をめざして4度目の労使共同宣言を結びましたけれども、一度もストが起こっていません。最初から、ストライキを闘争の手段に使おうという古めかしい考え方はもうやめようということになっております。ただし、労働組合もパートナー

として位置づけるから、皆さんの中で財務諸表を知っている人が何人いるかというと、誰も知らないわけです。そこで、財務諸表の読み方など経営に関わる基本的な事柄を、会社と組合で勉強する場を設けたりもしたわけであります。

　そうした形で常識をもった形に会社を作り変えていくということができました。こうした成功の背景にはいくつかの要素があったと思います。一つは先ほどの自主自立ではありませんが、最初のコンセプトが非常に具体的で明確であったということであります。それは内閣の方針ももちろんそうですけれども、国鉄再建監理委員会が死に物狂いでおつくりいただいたコンセプトに曖昧な点が少なくて明快であったということであります。NTTさんがいろいろな面で苦労されています。私どもも別の意味の苦労をしておりますが、NTTさんのように組織のあり方の面で苦労していないのは、問題は一切先送りしないという、内閣と土光臨調の基本方針が明確であったからだと思います。

　したがって国鉄改革については、どんな苦しいことがあっても、そこで解決する、何年か後にということは一切やらない。そして、完全民営化をして政府は一株も持たない。完全民営化をして投資家のみなさんの信頼だけを頼りにサービスを向上して安全性を高めて利用者を増やしていくという、逃げ場のないコンセプトと基本方針を断固つらぬいていただいたということが、実は我々が今日、この方法が鉄道の経営改革を進める上で最善であると世界に情報を発信できる基礎だと思っています。

　ですから、小泉内閣でもいろいろな行政改革、特殊法人改革をやるでしょう。その際、まず最初に不退転の構えで問題を先送りしないということを、それぞれについて明確なコンセプトとして与えるということが、国鉄改革から得る最大の教訓ではないかと思います。

　時間がありませんから、一つだけ付け加えて申し上げたいと思います。実は世界中の鉄道が今、非常に苦しんでいるわけです。私も世界鉄道連合の副会長をやり、ヨーロッパを除く地域の鉄道会議の議長を続けているわけであります。したがって毎月のように外国に行ったり外国人が来たりということが多いのですが、オーストラリアのブリスベンで、つい1ヶ月前に1000人が集まる大会議がありました。そこの議題は、鉄道を再生させるのに民営化を進めるべきか、民営化以外に方法があるのか。民営化であるとすれば、どの方法を

とるべきかという大議論であります。ヨーロッパも、イギリスからもスウェーデンからもドイツからもパネラーが出ました。その中で私が、民営化以外にないという基調講演をやりました。ヨーロッパの場合、線路から下は全部国が持って、オペレーション会社だけを民営化する。したがって線路から下の固定設備の技術革新が進まないんですね。保守費がかかれば、すべてをオペレーション会社に負担させればいいわけですから。そういうのでは鉄道は生きてはいけないという事柄をいろいろと言いました。また、どこでも鉄道だけでは生きられない時代に入っているので、鉄道の設備と人材を使って、鉄道を中心としたホテルでも食堂でもいろいろとやって、その利益で鉄道を支えるという時代になってきている。それから鉄道というのは、人をたくさん使う企業ではなくて、まさに技術産業の代表だと思って技術革新をしないと、うまくいきませんよという話をしました。結論は、正に1000人集まった鉄道の世界中のメンバーが、JR東日本をみならって、正にあのとおりやろうじゃないかということです。それぞれの国で違う面があればそこだけ変えて、ああいうやり方を基本に進めようじゃないかということが、全体の決議になりました。ですから、私はゲバラではありませんが、民営化の革命を世界中に輸出をしているともいえます。

　ドイツも今、苦しんでおります。民営化をドンドン進めてきていたのですが、運輸大臣がお代わりになって、緑の党から出たんですね。すると今度は逆風が吹いてきたというので、この11月には国会と内閣とドイツ鉄道とで大議論をやるので、そこに松田さん出て欲しいと助っ人を頼まれて、出ることにしています。そういう形で、みんな民営化でいこうということはわかっている。そして、そのモデルはJRである。特に本州3社が一つのモデルになっているのは、土光臨調でつくっていただいた基本の考え方がいかに正しかったかということの証しだと思います。

　中曽根元総理を前にして失礼なようですが、あれだけの国鉄改革もみんなが一致したらできたんですね。イギリスでは、サッチャーさんはいろいろと改革を推進し、炭鉱までは手をつけたのですが、鉄道は手につかなかった。今、最後にドサクサ紛れに民営化して大変なことになっています。したがってイギリスに行くと、日本は行政改革は全部終わっているんだと錯覚しているんですよ。なぜなら、中曽根さんはサッチャーのできなかった鉄道までやったわけですか

らと、尊敬されているんですね。

　実際は、日本は各国とは違って、3公社だけを先に行ったんですね。ですから、私は世界のレベルに持っていくのにみんなの意志を結集すれば必ず実現できると考えております。民営化というのはすばらしい自由を得ることです。最後に一つだけ言っておきますが、ブリスベンの会議の時に、みんなでコアラ公園にいったんです。大きな籠の中にきれいな鳥がいまして、同じ鳥が籠の外にもとまってるんですね。これは何だと誰かが言ったので、籠に入っているのは国営企業か特殊法人であって、飯を食うには困らないだろう。しかし籠の外にいるのは、蛇に襲われたりいろいろあるけれど、大空を羽ばたく自由があるじゃないか。どっちがいいかと言ったら、各国の人もやっぱり外の方がいいと言うわけです。やはり自由というものに我々はあこがれて自由主義社会を作ったわけですから、やはりリスクを恐れないでいくということが私は必要だと思います。

　いろいろとこれからの行革のお手伝いできることがあれば、全力をあげてわが社も私もお手伝いしたいと思います。最後に、本当にここまでご支援をいただいた方々にお礼を申し上げ、ご挨拶といたします。本当にありがとうございました。

パーティでの挨拶

1 中曽根康弘元首相挨拶

　土光臨調20周年に際しまして、今日は非常にいいフォーラムを開いていただきましてありがとうございました。私、途中から拝聴いたしましたけれども、当時を思い出しますし、今我々が抱えている大きな問題について非常に重要なご示唆をいただいたように思いました。

　土光臨調につきましては、いろいろとご批判もあると思いますが、ある程度のことはやれたと思います。ここにいらっしゃる皆さんのご協力、あるいはご熱意によってはじめてできたものでございまして、みんなで一緒によくやったなと、そういう感慨をここで持つものでございます。

　しかし土光臨調がある程度やった一番大きなポイントは、土光さんそのものの熱情とお人柄によるものであって、ああいう中心柱があったから初めてできたのだと思います。今、小泉行革、小泉改革をやろうとしておりますが、それと比べてみて、中心柱がどこにあるかなと思います。

　土光さんが鰯を食べている姿というのが機縁になって、全国的な大きなブームを呼び起こしましたけれども、土光さん自体が、非常な決意と熱情を持っておられたことは間違いない。そしてそれがみんなに感動を与えて動かしてきたと、実は思うのです。あるとき、財政関係をやっておった中川幸次君が、土光さんを訪ねて「土光さんが言っておられた増税なき財政再建はできますよ」と、これこれの数字が出てきて必ずやれますと、具体的な数字をもって説明にあがった。そしたら、土光さんは、涙をポロポロ流して、手をぎゅっと握っておられたそうです。それで、いろいろと説明をした後、彼が失礼しましたと退席したら、土光さんが後ろから付いてきて、エレベーターまで送ってきてくれたと、彼は言っておりました。それぐらい熱情を持って打ち込んでおられたので、土光さん自身が中川君をわざわざエレベーターまで送ってくれたのだろうと思うので

す。その話を私は、中川君から聞きまして、本当に頭が下がる思いがしたものであります。

　それともう一つは、国民運動をやろうと言われたことです。あの経団連の会長もやり、あるいはお年を召した方が国民運動をやるというのを聞いて、私はちょっと驚いたのであります。現に、地方公聴会を随分開きましたし、感動した皆さんが地方でも活動を開始してくれまして、商工会議所とか青年会議所が動き出してやるようになりました。また日比谷の公会堂では、国民大会までやるようになったのです。この国民運動をやろうという発想自体が、やはり土光臨調を成功させた基で、国民のあの大きな力と支援と国民の熱情というものが、政府や国会を圧倒して、国鉄以下の大きな問題を解決させる原動力となったのです。そこへ目をつけられておられた土光さんの慧眼には、あのお年でと、失礼ですけれども、今更のように感銘を受けたものでございます。

　今、小泉改革というものを見ておりますと、小泉君はよくやっていると思います。今、いろいろ作案中でありますが、いずれ案が出てきて、それを現実化するというのが秋以降の勝負になります。ここで思い出すのが、確か昭和56年の、先程牛尾さんの話の中にあった、7月だったと思いますけれども、第1次の中間案ができまして、そして予算編成にそれを適応するという概算要求の時に、自民党と打ち合わせをしなければならんというので、自民党の各部会長、政調会のメンバーを全部集めて、臨調の皆さん方も我々も行って、説明をしてみんなの意見を聞いたら、これでもかという大反対をやられたわけであります。賛成という人は一人もいませんでした。それが終わって皆さん、臨調の部屋へ帰るときには、うな垂れて、みんな青い顔をして、果たしてやれるのかなという心配をもって帰ったのを、思い出します。それを皆さんのお力で切り開いていただいたのは、土光さんや国民の力であったと思います。

　小泉さんは、国民の力は獲得しつつありますね。しかし、いかに国民の小泉に対する力を、小泉改革という大きな仕事に対する国民の力に転化させていくかということがこれからの仕事だろうと思います。

　私は以前、大統領的な首相、要するにポピュリズムあるいは国民というものを対象にした、国民の力を受けた、そういう新しい政策・政権じゃないとダメだということを言って、大統領的首相を主張

し、そして国民の皆さんのお力をいただいて政治をさせていただいたわけであります。臨調を行うにつきましても、大変に皆さん方のご支援をいただき、また土光さんのお陰もあって実はできたわけであります。ところが実際それを法案にし、予算化するという段階になると、それは大統領的首相ではできない。議院内閣制の総理という立場が、実はそこで出てくるわけであります。大統領的首相という面と議院内閣制的総理という面、この一人二役でこれをうまくこなしていかないと現実政治は動かない。いよいよ小泉君はこれから議院内閣的総理としての腕前が試される段階であります。そこで政党やら政界との勝負があり、それには大統領的首相という国民の大きな援軍を背景に持って議会を圧迫し、政党に圧力を加えていく。そういう形にならざるを得ない。そうするとこの二役をいかにうまく使いながらやるか。これから手術をやっていくわけでありますから、手術をどういう風にうまく２つの力を使いわけながら進めていくかという政治の戦略的な要素が出てくるだろうと思います。おそらく手術をやるについては、やはり皆さんに、インフォームドコンセントで、お前の病気はこうだからこういう手術をして何日ぐらいかかるとよく説明するのが、今のお医者さんの常道であります。そのような国民に対する説明、PRがまだないと思います。それには透明性とか公開性とか説得性、これが非常に重要な要素になると思うのであります。

　それと同時に議院内閣制的首相というやり方でこれから進めるためには、橋本さんがそこにいらっしゃいますけれども、要するに政党をいかにうまく使うかという問題になると思います。一番大事な点は、如何に人材を簡抜するかということであります。たとえば、この電電公社を民営化するという問題について、党内に有力な反対者がいます。明らかに見えている。それを説得するのに、党内や財界のどの人間を使うかという、そういう対抗馬あるいは説得者を見つける必要がある。対抗馬あるいは説得者を如何に培養しながら戦わせるかということが必要になるわけです。そういう点は橋本さんが党内事情に一番詳しかったから非常にうまくやって、私もいろいろと助言をいただいたわけであります。

　国鉄の問題にしても、今、松田さんからお話がありましたが、国鉄で一番うるさかったのは、加藤（六月）さん、三塚さん、あるいは小此木さん等がおりました。その中で小此木さんは我々の系統だ

からよくわかってくれたし、三塚さんは、もう始めから国鉄国賊論みたいなのを書いてくれて一生懸命やってくれた。ところが加藤さんが中々難物であったわけですね。それを如何に攻略するかということを相談し合いながら、とうとう加藤さんも、「じゃあやろう」とそう言ってくれた。そういうようなことがこれからの第二幕に出てくる。それを一つ小泉さんにしっかりやってもらいたいと思いますし、牛尾さんにも、頑張れ頑張れと申し上げたいところでございます。

　要するに人材を簡抜して、そして法案なり予算を如何に成立させるかという議院内閣的手法という問題が次の問題になってくるわけです。それにも、しかし、国民の支援が無ければダメなわけですから、大統領的首相というものをうまく使いながら、議院内閣的総理を動かしていくと、そういう形になると思います。

　大変くだらんことを申し上げましたが、これで皆さんに厚くお礼を申し上げて、ご挨拶に代えます。どうもありがとうございました。

2 石原伸晃行革担当大臣挨拶

　皆様こんばんは。ただ今ご紹介いただきました石原伸晃でございます。今日は土光臨調20年を過ぎまして、中曽根先生、橋本先生を始め各先生方、また各関係の皆様、集まりいただきまして、そのような席で私に話をしろというのは、特に中曽根総理、橋本総理が、私を叱咤激励してくださっている温かい目の中で話すのは照れもし、緊張もするところでございます。

　振り返りますと、実は私が記者をしておりましたとき、当時、中曽根先生が総理で、まさに土光臨調というものを取材させていただきました。そちらにJRの松田会長がおいででございますが、国鉄の分割民営化を3年半にわたって取材をさせていただき、亀井先生ともその時以来、取材をさせていただいた関係でございます。そういうことを振り返らせていただきますと、先日も実は、中曽根総理の所に私、行きまして、心がまえの薫陶を受けてきたんですけれども、容赦ない薫陶をいただきました。「お前は砲火を浴びて血だるまになれ！」と、そういうような厳しいご忠告をいただいたわけでございます。今まさに私が取り組ませていただいております特殊法人改革、そして公益法人改革、また橋本総理が前大臣として、これまでなぜ誰もいじってこなかったのかという公務員制度改革、そして引き続き行われております規制緩和。この中で、この秋の1丁目1番地はどうしても特殊法人改革になる、そして年が明けたら橋本総理の指示をいただいて、公務員制度改革をしっかりしたものにしていかなければならないと、こんな風に考えているところであります。

　そんな中で、私、土光臨調を取材し、また国鉄の分割・民営化を取材した時に、感じましたのは、やはりハードコアの部分を内閣で決定する、国鉄の分割・民営化をするということを決めて、その後の細かい部分については、国鉄再建監理委員会という委員会をつくり詰めていく。この手法というのは、当時はなんでこんな2段階になっているんだ、内閣で一気にやってしまえばいいのにと思いましたけれども、いざ担当になってみますと、やはりハードな部分とソフトな部分が微妙にからみあった中曽根総理の行革、こういうものの姿を今回も参考にさせていただいて、特殊法人改革に切り込んで

いかなければならないのではないかと考えております。

　先日、中間的な案を小泉総理の所に持っていきましたら、お褒めの言葉の一つぐらいはくれるかなと思いましたら、「生ぬるい」の一言でございました。廃止か民営化の2つしかない、ということでびっくり仰天して、しかも一般会計3兆円、特別会計2兆円あわせて5兆数千億の補助金を、「来年1兆円切れ！」と、こういう厳しいご指示をいただきました。ただし、予算を切るのは私ではなく、これは塩川大臣の所でございますので、塩川大臣に充分切っていただくように言いましたら、あの塩川さんも頭をかきながら「こりゃ、えらいこっちゃ」というような話をされていたのが印象に残りました。そういうことでありますが、やはり国民の皆さんが見ているなかで、無駄があるなら切っていくし、民間がやっていいのであるならば民間にやっていただく。そして、民間がやっていて公的なものがやる必要がないものは廃止していくという、この小泉哲学の原則を曲げることなく、この秋は充分に砲火を浴びまして、冬まで元気でいましたら、またここに呼んでいただいて、やせた石原でも見ていただきたいと、こんなことを考えているところでございます。

　いずれにいたしましても、この行政改革は、政府と党が一体となりまして、また中曽根総理、橋本総理というミスター行革というすばらしい先輩がおりますので、知恵も借り、ついでに力もお借りして改革を断行させていただきたいと考えております。

　最後になりますけれども、私は土光さんの取材をしておりまして、目指すべき国家像というものを真剣に考えておられたのが一番印象に残っているわけでございます。豊かな福祉国家をめざして行こう、しかし活力が失われたところに国家の繁栄はないということで、活力ある福祉国家という目標が生まれたことを記憶しております。これからの少子高齢化社会の中で、やはりこの国が活力を失うことのないように、土光臨調のスピリットをしっかりと継承させていただきまして、この夏、この秋と頑張らせていただきたいと思っております。簡単ではございますが、石原の所信表明に代えさせていただき、土光さんを偲ばせていただきたいと思います。ご清聴ありがとうございました。

第2部

総論 ▶▶▶ 行革をめぐる力学

検証
行政改革

I 行革と政治過程

慶応大学教授　曽根　泰教

1 行革の政治

　行政改革とはすぐれて政治的問題である。それを政治的な争点として持ち出すことには、政治的な勘が必要であるし、また、選挙の争点として行革を持ち出すことも、政治的な判断が前提になる。いうまでもなく、行革が成功するか否かは、政治的なリーダーシップに大きく依存する。だからといって、行革の中身が何であってもいいわけではない。筋の悪い行革プランであると、最後まで、その筋の悪さが足を引っ張ることになる。

　もちろん、行革には、大仰な政治的な決断を必要としない別のタイプの行革もあり得る。たとえば、環境の変化に対応して、行政機構が自己組織の改革をするなら、それは、本来的な効率性の観点からいえば、望ましいものかもしれない。

　通常は、それを行革とはいわないが、経済学的な組織変革のイメージにはこのような、自己改革の姿があるのではなかろうか。市場における企業にはそのような傾向があるといっても完全な間違いではないだろう。市場原理を組織改革の「テコ」として使うことは有効であるが、「テコ」は市場原理だけではないし、行革の手法は市場原理につきるものではない。

　しかし、行政機構を改革するには、ある種の選択、決定、決断を必要とする。いうまでもなく、それは行政の決断ではなく、政治的決断のことである。その政治的決断は有権者も当然含まれるのだが、通常は政治家の決断である。

　問題はなにゆえに、行革をアジェンダとして持ち出すことを決断するのかだが、理由はさまざまである。財政的な理由もあるだろうし、本気で国の姿を変えたいと思ってのことかもしれないし、時には政権の支持率上昇を狙ったものでもあるだろう。

　一般的には、制度は時がたつと綻びが目立つので（いわゆる「制度疲労」が起き）定期的に点検する必要があるという、ごく真面目な一般論もあるが、何のために制度を改革するのかが政治的には重

第 2 部　総論・行革をめぐる力学

【参考図表】　　　　これまでの行政改革の主な流れ

年	内閣	推進体制と主要提言	関連事項
1981	鈴木	第2次臨時行政調査会 (81.3.16〜83.3.15) 7.10 第1次答申（財政支出削減と行政合理化）	
1982	鈴木	2.10 第2次答申（許認可等の整理合理化） 7.30 第3次答申（重要行政施策、3公社改革等）	
1983		2.28 第4次答申（臨調後の行革推進体制） 3.14 第5次答申（内部部局、特殊法人など） 　　　　　　　　　　　　　　　国鉄再建監理委員会 　　　　　　　　　　　　　　　　(83.6.10〜87.3.31)	
1984	中曽根	第1次行革審 (83.7.1〜86.6.27) 12.18 国の関与・必置規制の合理化 　　　 に関する答申	
1985		7.22 行政改革の推進に関する答申 　　　（総合調整機能強化、地方自立、　7.26 国鉄改革に関する意見 　　　　民間活力など）	
1986		6.10 今後における行財政改革の基本方向	
1987		第2次行革審 (87.4.20〜90.4.19)　　　　　　　　　　　 4. 1　JR発足 10.12 当面の地価等土地対策に関する答申　　　　　　 5.29　緊急経済対策 　　　　　　　　　　　　　　　　　　　　　　　　　　（内需拡大）	
1988	竹下	6.15 地価等土地対策に関する答申 12. 1 公的規制の緩和に関する答申	
1989	宇野	4. 1　消費税導入	
	海部	12.20 国・地方の関係等に関する答申	
1990	海部	第3次行革審 (90.10.31〜93.10.31)	
1991		9.13 証券・金融の不公正取引の基本的是正策に関する答申 12.12 公正・透明な行政手続法制の整備に関する答申	
1992	宮沢	6.19 国際化対応・国民生活重視の行政改革に関する第3次答申	
1993		（地方分権特例制度、規制緩和など）	
	細川	10.27 最終答申（情報公開、地方分権推進体制）　　 経済改革研究会（平岩研究会）	
1994	羽田		
1995	村山	行政改革委員会 (94.12.19〜97.12.13)　　　　　　　 4. 1　行政手続法施行 12.14 規制緩和の推進に関する意見（第1次）　地方分権推進委員会	
1996		12.16 規制緩和の推進に関する意見（第2次）　(95.7.3〜2001.7) 　　　 情報公開法制の確立に関する意見 　　　 行政関与の在り方に関する基準　　12.20 第1次勧告	財政構造改革会議
1997	橋本	行政改革会議 (96.11.28〜98.6.23) 　　　　　　　　　　　　　　　　 7. 8 第2次勧告　　　　　 4. 1　消費税率引き上げ 9. 3 中間報告 12. 3 最終報告　　　　　　　　　 9. 2 第3次勧告　　　　 11.27　財政構造改革法成立 　　　　　　　　　　　　　　　　10. 9 第4次勧告	
1998		規制緩和委員会 (98.1.26〜99.4.5) 　　　　　　　　　　　　　　　　11.19 第5次勧告　　　　12.11　財政構造改革法停止	
1999	小渕	規制改革委員会 (99.4.6〜2000.3.31)	司法改革審議会 (1999.7.27〜2000.6.12)
2000			1. 6 中央省庁再編
2001	森	総合規制改革会議 (2001.4.1〜2004.3.31)	4. 1 情報公開法施行
	小泉	行革断行評議会　郵政3事業(懇)　6.20 最終報告 (2001.6.8〜)　　(2001.6.4〜)　　地方分権改革会議 　　　　　　　　　　　　　　　　(2001.7.3〜04.7.2)	6.12 司法改革委員会 　　　 最終意見

74

要である。すなわち、政治的文脈においては「何のため」かが、政治過程の動きを左右する。つまり、行革の目的が明確であるなら、その行革が目指すものは何かが理解されやすいし、評価をするときにも、その目的にてらして、評価を行うことができるからである。

　戦後の政治の中で、中曽根行革と橋本行革が二つの大きな行革であるといえる。今の時点での再評価となると、中曽根行革、橋本行革の直接的な評価だけではなく、小泉純一郎というもう一本の補助線を引くと明確になる点も多い。すなわち、行革は構造改革の文脈の中に位置づけるとよく理解でき、また、逆に小泉改革なるものが、前川レポートや土光臨調などの構造改革からの文脈で位置づけると、何を目指しているのかが分かりやすいからである。

2　政治的アジェンダとしての行革（中曽根行革）

　ある政治的な争点が登場して、それが決定されるのは、すでに見てきたように、外界からの刺激に対する単なる反応ではなく、具体的な政治的な関与が必要となる。例えば、景気が悪くなっただけで自動的に政策が実行されるわけではなく、財政政策や金融政策の出動を決めるのは政治的な決定に依存するからである（大蔵省や日銀の判断によるとしても、である）。とりわけ行革のような大きな問題は誰かが提起しないと、公のアジェンダには乗りにくい。すなわち、政治的に行革をアジェンダとして公に認知させ、それをさらに公式の政策決定過程のアジェンダに乗せた中曽根の功績は大きい。その行革とはいかなるものであったか、成功したのか否か、という問いとは区別すべきことである。また、中曽根康弘という政治家がもともと行革に関心があったかどうかなどとも区別されるべきことである。

　鈴木善幸内閣で、中曽根が「閑職」である総務庁長官の地位を利用して、行革を政策課題と取り上げ、それを「第2臨調」という手法をもって、フォーマルな政策決定過程に乗せたことは、一種の「政治的な企業家」の役割を果たしたということができる。

　81年1月には土光敏夫経団連名誉会長が臨調の会長に内定した。3月11日、土光は鈴木首相と会い、答申を必ず実行すること、増税なき財政再建を行うこと、地方の行革も行うこと、いわゆる3Kの抜本的改革と民活などの4項目の申し入れをし、鈴木はこれを全面

的に呑んだ。かくして、3月16日に臨時行政調査会は発足した。

　4月に入り本格的にスタートした臨調も、7月には緊急提言（第1次答申）を出した。当然のことながら、この時期の提言とは、翌年度の予算編成に向けての色彩が強かった。その提言には、財政支出の抑制を求める大蔵省の意向が強く左右していた。

　土光臨調は出発点から「増税なき財政再建」を目指していた。それを財界の意向といっても差し支えがないが、財界と大蔵省の陰謀としたのでは解釈を誤ることになる。提言をどのようなタイミング出すのか、何から提言するのか、またその順序はどうするのか、などの問題は、政治状況との関係で、きわめて重要なポイントである。土光臨調では第5次答申まで出された。

　中曽根行革といわれる理由は、行管庁長官から自民党総裁・首相へとこの行革を自分のテーマとしてつないだ中曽根の政治的判断も大きく関係する。

　もちろん、中曽根行革といっても、臨調のそれぞれの部会の答申が中曽根の意図どおりであったか、結果は中曽根の目指した方向と一致していたかということを確認する必要はあるだろう。しかし、政治的にはひとたびある方向で動き始めると自律的な展開を始める。それぞれ担当の部会が自律的に動くことは、必ずしも全体の流れに背反するものではない。

　たとえば、国鉄の「分割・民営化」のアイディアを導入したのは、中曽根ではない。当初は、臨調の当事者たちにおいて誰も「分割・民営化」が答えであるとは思っていなかった。それが、大きな制度改革の節目になるというのは、やはり、偶然も左右するが、アイディアの模索、出口の模索が重要な課題であったのである。一種の政治的な「革新」（イノベーション）をもたらし、それにより解決策を収斂させる機能をもつ。

　ここで、中曽根行革の特徴とその政治的な文脈の意味を確認しておく必要がある。それは、後の橋本行革との比較においても重要な意味を持つからである。

　政治的に見れば、中曽根時代の自民党は、一党優位制の地位を確実なものにしてきていた。ただし経済成長期は自民党がその支持を一本調子で増加させた時代ではない。経済成長や公害に対する反発は、革新首長を生み、70年代前半には保革逆転の可能性まで議論に出てきた。しかし、石油危機までの全般的な支持率と議席率の低減

傾向は、第2次石油危機を経て回復傾向にあった。党内的にも、政調の部会システムが強固なものになり、「族議員」は一般化した。

政治学においてもそれまでの「官僚主導」説が主流であったところに対抗して、「政党主導説」も台頭してきた時期であった。ただし、皮肉なことに、行革のような制度改革には党や族議員を使うというよりも、国会や党の外にある「審議会」を利用した点にその政治的手法の特徴がある。中曽根時代は、臨調はじめ審議会や私的諮問機関が多用された。一つには、党内基盤の弱い中曽根が党の外にその知恵を求めたということがあり、自民党を使ってでは、大きな制度改革ができないという既得権の構造があったからである。つまり、「政党主導」とはいうものの、それが大きく力を発揮するのは、分配型利益政治においてであり、改革に対しては逆に「抵抗勢力」として機能してきたことを確認すべきであろう。

もちろん自民党内では、橋本龍太郎が自民党行財政調査会長であり、国鉄問題においては、三塚小委員会ができた。すべからく、族議員が行革の足を引っ張るというわけではなく、族議員同士の対立もあり、また利害調整に果たす族議員の役割も正当に評価すべきであろう。政治的には、国鉄改革の三塚、3公社民営化における金丸など、流れをつくったという意味での役割はみるべきことであろう。

ひとたび行革が公の議題になったとしても、それが実行されるためには、現実の政策過程の中で、このような現実政治の利害にもまれながら具体案を作り、それを正式の決定に持ち込み実行させる必要がある。このような過程における主たるアクターは、政治家の他にも、利益集団、官僚機構などの関係が一方であり、もう一方では、マスコミがどの程度報道をし、また世論がどのような反応をするのかが重要な分岐点である。マスコミも関心の濃淡があり、産経は早くから行革を中心課題に据えていた。続いて日経や読売などである。

臨調を考えるときに、通常の審議会は答申を作るが、調整は官僚の役割であることを頭に置く必要がある。しかし、臨調では、調整の一部を審議会のメンバーが行った。ということは、通常の審議会の会合とは異なり、特に国鉄民営化を扱った第4部会などは、いわゆる「裏臨調」を作り、そこで実質的な議論をして、具体案の方向性をつけ、さらには、関係団体との調整の機能も果たした。

もちろん、臨調だけでは、調整が果たせるわけではなく、財政再建を目指す大蔵省が臨調の方向に乗ったことも、全体の流れを作る

上で大きな役割を果たしたといえる。一般的な批判として、財界型、大蔵省型の行政改革との批判があったことは事実であるが、行革自体を否定する議論は、大きくはならなかった。民間で行うリストラに比べたら、行政機構における効率性は非常に低いという認識が一般的であった。

それに、この土光臨調および中曽根政治の特徴は、当時、レーガンやサッチャーなどの「新自由主義の潮流」を取り込んだことにある。それまでのケインズ型の財政出動中心の経済政策と比べれば、日本では斬新な発想に映ったことは確かである。そこでの発想は、基本的には「小さな政府」を目指すという議論と合致した。政府の「大きさ」を計るのには様々な方法があるが、GDPに占める政府支出、人口に対する公務員比率、省庁の規模、法律・規制の多さ、政府の大規模プロジェクト数などがある。その点でいえば、財政再建、規制緩和、民営化も、当時としてはきわめてオーソドックスな方法である。すなわち、全体の政治過程で、誰が議論をリードするのかという点を考えると、新しいアイディアや手法の導入という点も無視できないことである。

しかし、中曽根行革も、3公社の民営化には手をつけることができたが、行政機構全体の「本丸」を攻めることはできなかった。中曽根行革の民活などは、80年代中程からのバブルの発生に手を貸すことになり、また、皮肉なことに、バブルによって税収が増加し、そのことは行革の手を休めることになった。こうしてみると、構造改革の観点からは、バブルの発生で、改革は頓挫したということができるのである。このことは、現時点から見ると、興味あることを示唆している。すなわち、小泉構造改革は、現状の不況の時期では、実行することが難しいという主張が数多くなされている。だが、逆に好況期なら、構造改革がスムーズにできるのだろうか。プラザ合意以降の経済の好況期、バブル期においては、逆に、構造改革をあえてすべきであるという主張が、陰に押しやられたという過去があったということを、やはり記憶しておくべきであろう。

3 連立政権時代の行革

中曽根行革から橋本行革の間には、大きな政治的変動があった。それは、経済的にはバブルの発生とその処理の失敗であり、政治的

にはリクルート事件に端を発する政治改革である。政治改革を巡り、宮沢政権は内閣不信任案を提出され、その可決を受けて衆議院を解散した。ここで八党会派による非自民の細川連立政権ができたが、政治的には政治改革法案、米の自由化、国民福祉税などの問題に直面し、細川政権は佐川急便スキャンダルで辞任した。政治的には、1955年から続いた自民党の一党優位体制が終わったことを意味し、その後は、連立政権が日本政治の常態となった。

　土光臨調のあと、83年には臨時行政改革推進審議会（第1次行革審、土光行革審）、87年には第2次行革審（大槻行革審）、90年には第3次行革審（鈴木行革審）が首相直属の機関として、行革の実行監視の役割を担った。ただし、この期間、大幅に行革が進んだわけではない。

　細川首相は、臨調的機関ははその役割が終わったとして、行革審を93年10月に廃止したが、唯一、行政改革委員会（飯田庸太郎委員長）が発足した。関連する委員会としては、地方分権推進員会（諸井虔委員長）の発足は95年7月である。

　細川、羽田政権のあと、村山社民党委員長が首相となり、自民・社民・さきがけの連立政権になったが、さきがけがもっとも行革を中心課題として主張した。

4　中央省庁再編（橋本行革）

　96年1月村山辞任を受けて橋本総理が選出されて、当然のことながら近く総選挙があると予想されていた。また、何を橋本政権の目玉にするかというので、自民党のなかでは水野清、柳沢伯夫たちが行革の準備を政権発足と同時にしてきた。イギリスなどへも視察に行ったりしていたことが、総選挙のときに「省庁半減」とか「エージェンシー化」となって表れた。

　しかし、96年10月の総選挙の争点が行革とあらかじめ定まっていたわけではない。橋本が苦労して道筋を見つけた「沖縄」も、野党が批判してきた「住専問題」も総選挙の争点にはならなかった。ある意味で消費税の増税でさえ自民・社民・さきがけで決着していた問題であった。それにひきかえ、行革が主要な選挙の争点となり、新進党案に対し自民党が省庁削減を提起して、あたかもバナナのたたき売りのような数字が出てきた。かくして総選挙後には行革は一

気に現実的な政治的課題となった。

　橋本首相は「行革会議」をつくって一年かけて成案を得るという方針で望んだ。さらには、橋本首相が掲げた6大改革は、改革のデパートのようなもので、①行政改革、②経済構造改革、③金融システム改革、④財政構造改革、⑤社会保障構造改革、後から加わった⑥教育改革などである。当然のことながら、これら6大改革の間の整合性をどう取るのかと、改革の優先順位の問題は、当初からきわめて重要なこととして、指摘はされてきた。

　「間口を広げすぎた」と後藤田正晴が言うように、6大改革は風呂敷を広げすぎた。問題は6大改革という間口の大きさだけではなく優先順位と相互の整合性が問われることになる。6つの改革というもののそれをどのように相互関連させて、どこから切り込むかによってストーリーがいかようにもつくれる。そのストーリーの不明確性が最後まで尾を引くことになる。

　行革会議は、最初の段階は事務局中心で、中間報告までが橋本リーダーシップがあった時期で、中間報告から最終報告までが政治的なプロセスとして与党が関与して「後退」せざるを得ない局面であった。その典型は郵政3事業の取り扱いと建設省関係であった。

　中間報告の提出後に、自民党総裁選で橋本総裁は、対抗馬もなく、全員一致で再選され、本来は盤石な体制で行革にも望むことができるはずだった。しかし、佐藤孝行を総務庁長官に指名したところで野党とマスコミからの批判を受け佐藤辞任となり、そこがターニングポイントとなった。総務長官から自民党に戻った武藤嘉文が行革に関して反旗を翻し、族議員たちが橋本のリーダーシップのなさに関して、さらに拍車をかける形で攻撃する。郵政省と建設省は、特定郵便局長や政治家などを使い反対に回る。

　さらには、この時期は金融破綻が現実のものとなった時期であった。三洋証券、北海道拓殖銀行、山一証券の破綻が相次いだ。この時期には、国民の関心は金融問題の方にすでに移っていた。

　橋本行革も、「行政改革会議」を設置し、審議会方式で望んだ。それまでに、行革委員会や規制緩和委員会があったが、新たに「行革会議」を設置して、議長に橋本首相がおさまった。土光臨調の時と比べると象徴的な人物が行革会議にはいなかったが、橋本首相自らがその役を買って出る意気込みを示した。首相が会長をするのは問題があると、首相経験者とか大臣経験者から批判が出たが、この

会議の責任を総理が負うかたちで進めた。

　行革会議はあくまでも政府の機関であり、与党との調整はきわめて遅い段階となった。特に、自民党の行政改革本部は特殊法人を扱い、それの中心が佐藤孝行であった。行革を巡り、政府と与党との役割分担をし、仕切りをしたのはいいが、もっと早い段階から党との調整がなければ、結果的には族議員は抑えられなかったといえる。

　また土光臨調との比較をすると、当時、土光さんはシンボルだったが、瀬島龍三とか加藤寛とか何人も審議会の運営のプロがいて、表の臨調に対して「裏臨調」をつくった。裏臨調で相当詰めた議論をしたうえで「表臨調」に臨んで、そこで決めていった。あるいは、調整の一部も担っていた。

　特に裏臨調に国鉄の改革派たちを集めて、プランがかなり具体化されていった。元運輸省事務次官の住田正二が改革派に回り、現在ＪＲ各社の会長・社長クラスの松田昌士、葛西敬之、井出正敬などが国鉄のなかの改革派だった。しかし、橋本行革では、郵政省や郵貯から改革派が登場しなかったし、その利用も行われなかった。

　課題設定における行革会議の位置づけは、評価が様々であるが、「80年行革ではなく90年行革だ」という問題意識が基本にはある。基本的には21世紀に耐えられる行政の仕組みという点では共通していたが、その内容については必ずしも明確ではなかった。80年代と90年では前提条件が違う。冷戦が終わったし、成長時代も終焉した。政治的には55年体制も終わった。問題とすべきは、野口悠紀雄が指摘するような「行政の40年体制」、また、バブルの後遺症をどうするかということが、90年行革が直面する課題の特徴であっただろう。それを、80年行革の手法で対処しようとしても答は出ないという批判は最初からあった。

　当時の行革会議を位置づけると、行政改革委員会、地方分権推進委員会、規制緩和委員会など各種審議会の提言や答申があったが、それぞれ部分を語っていたことを、総合的な戦略に組み替え、優先順位をつけて、速やかな処方箋を書くというものではなかったか。特にバブル以降の金融状況については、緊急医師団を形成して、手術すべきは早くして、あるいは集中治療室に入れて対処することではなかったかと思う。しかし、そのような会議ではなく、「21世紀の国家機能とは何か」というようなことを議論して、97年11月までに成案を作り、それを2001年1月に実行できるように法案化すると

いう方針であった。

　また、本来は財政と結びつかない行革はあり得ないが、まず、行革と財政とを切り離した。また、橋本首相は「生首一つ切らないと」最初から約束してしまった。好んで「この国のかたち」という言葉が使われ、明治以来の国の姿についての議論はでたが、バブル崩壊以降のこの十年の責任を明確にしないまま議論は進められた。

　橋本首相が諮問したことは、21世紀の国家機能とは何か、内閣機能の強化、中央省庁の再編であった。「21世紀の国家機能とは何か」については、4つの機能として、国家の存続、国富の拡大、国民生活の保障、教育・国民文化の醸成・伝承とした。

　中央省庁の再編については、省庁の数から入り、それは選挙での公約に縛られたものであろうが、問題設定がゆがんでしまった。結論からいえば、確かに、2001年1月6日から1府12省庁体制ができた。橋本行革における中央省庁再編を「羊羹の輪切り」と批判が出てきたのも、数の問題が関わる。羊羹論とは、羊羹の総量は変わらなくて、それぞれの一切れが大きくなったことを意味する。縄張りを廃して「大くくり」にするということがその中心的な概念であったが、逆に、そのことは、国土交通省や総務省のような巨大省庁ができたことを意味する。

　しかし、数だけではなく、この行革における新しい概念として「エージェンシー」を使うという発想があった。それは羊羹の輪切り論からすると、一切れを横に切るのではなく、羊羹に縦に線を入れて、半分を企画・立案部門、もう半分を実施部門にして、その半分をエージェンシーにするという発想であった。それにより、国家公務員の数は半減するという構想である。

　しかし、「エージェンシー」（後に「独立行政法人」の名称になる）は、当初、特殊法人と外庁の間に位置づけられていたし、実際に適用されたのは、検査機関や研究機関で、当初念頭にあった郵政事業ではなかった。郵政3事業については、結局のところ、2004年に郵政公社としてスタートし、身分は国家公務員ということになった。

5 内閣機能の強化

　橋本行革の目的には曖昧な点が多いが、「内閣機能の強化」については、一貫した方針があった。すなわち、政治主導を議院内閣制

の下で、内閣機能の強化、首相機能の強化で答えようとしたものであったが、その改革の方向は、国会議員においても十分理解されていなかったということは、日本の政治を考えるときに重要である。

「政治主導とは何か」を聞いた国会議員アンケートで、「政治家個人が責任をもって政策を立案し実行すること」(51.3%)、「与党が責任を持って政策を立案し実行すること」(26.3%)、「首相あるいは内閣が責任を持って政策を立案し実行すること」(13.0%)、「その他」(9.3%)(「新しい日本をつくる国民会議」2000年10－11月衆参両院の国会議員730人を対象に実施したアンケート結果。有効回答者数は353人＜回答率は48.3%＞）で、本来の「内閣主導」の答えが、「政治家主導」「政党（与党）主導」に比べて少なかったのは、今後の「政治主導」考えるときに重要な課題である。

具体的には、2001年からの行政改革では、官邸機能の強化、首相のリーダーシップを発揮できるように、内閣府の設置をはじめとして、いくつかの制度改正がなされた。一言でいえば、議院内閣制の下で、首相がリーダーシップを発揮できるように改正されたのであるが、首相自身がその気にならなければ、あるいは内閣が実質的な政策決定の中心にならなければ、現実的に機能することは難しい。例えば、首相が動かせる人数は、首相補佐官を5人に増員するなど、増やしたが、現状ではまだ、それが十分に使いこなされているとはいえない。また、経済財政諮問会議もアメリカの大統領経済諮問委員会（CEA）や国家経済会議（NEC）を念頭に置いて作られたのであるが、そこでの民間議員は非常勤である。

もう一つの政治改革の文脈(こちらを小沢改革といってもいいが)では、国会改革も同時になされた。いわゆる国会活性化法が施行され党首討論（クエスチョンタイム）がもうけられ、政府委員制度が廃止された。また、副大臣、政務官制度もできたが、副大臣や政務官の役割を明確に規定した上で出発したのではない。

内閣主導による政治的リーダーシップの強化を考えるときに、問題とすべきは、内閣と与党の関係である。特に、与党審査が常態となっているときの内閣のリーダーシップ確保は難しい。これは、すなわち、政治主導を念頭に置いた行政改革は、単に対霞ヶ関の問題を整理すれば、解決がつくということを意味するものではない。

首相になって、官邸から自民党内をコントロールするのが、いかに難しいのか気が付く例が多い。このことは、すでに見た自民党内

の「与党審査」という制度的問題と「族議員」をはじめとする利害関係者が数多くいることが、既得権擁護に傾きやすい一般傾向を示している。

このような首相のリーダーシップが損なわれている現実からの解決策が「首相公選」であることは、理解できないわけではないが、議論が整理されているとはいいきれない。つまり、現行の議院内閣制を最大限利用すれば、首相のリーダーシップの確保は相当程度可能である。しかし、しばしば首相個人の資質の問題が制度の問題として批判される傾向があるし、政党や政治家に対する批判が、国民の直接的な選挙を求める声へと向かうことは当然予想される。だが、大統領制では、議会の多数党と対立する「分裂政府」の現象はしばしばある。

6 改革の4条件

中曽根行革や橋本行革を振り返ってみて、大きな改革を進めるためには、いくつかの条件が共通していることに気がつく。

第1に、大規模な制度改革を進めるためには、政治的リーダーシップと同時に「明確な理念とかビジョン」があるかどうかが問われる。「何のための行革か」の明確なビジョンと理念は進むべき方向性の理解を容易にする。また、同時に改革によって国民に「痛み」を求める際には、特に重要になる。

第2に「目玉とかシンボル」が必要になる。その点では土光さんはそのものが臨調のシンボルであった。あるいは「増税なき財政再建」も目玉の一つであった。

第3に、改革には「有効な手法・アイディア」が必要となる。例えば新自由主義派が言う民営化とか分権とか規制緩和とかがそれに当たるだろう。「エージェンシー」(「独立行政法人」)という方法も、改革の有効な手法になりうる。地方分権や市場における民営化、規制緩和も、今ではオーソドックスな方法である。

第4に改革の推進には「テコ」が重要となる。通常の場合、行革を唱えただけでは半分の人が反対する。その半分の人を動かすためには、何らかのテコが重要となる。テコの例としては、外圧がその一つとして考えられる。外圧の成功したのが明治維新だし、敗戦であった。もう一つのテコの例は市場である。たとえば、金融の世界

などは、ひとたびビッグバンが行われれば、市場がテコになってひとりでに動き始める。

　もちろん政治的なリーダーシップがなければ行革は進まないし、実体的には、実行部隊がなければ、それを実現することは難しい。土光臨調のときには、大蔵省が乗ったが、橋本行革のときには、大蔵省は自分の省の防衛に手一杯であった。与党や世論の支持が大規模改革では欠かせないことはいうまでもない。

II 土光臨調とグローバル・エコノミー
―土光臨調以降20年の経済政策―

21世紀政策研究所理事長　田中　直毅

　土光臨調以来の20年間は、日本にとってみると、政策の意思決定の背後においてグローバル・インパクトが滔々と入ってきたという時代だと断言してよい。しかしながらそうしたグローバリズムというものを本格的に受け止める土俵を知的に欠いていたというのが実情であろう。土光臨調における問題設定においてもこのことはいえよう。まずグローバリズムの趨勢について述べる。

1 グローバル・エコノミー成立の日付

　1988年に私はそれまで書いてきた国際経済に関しての論文をまとめて本にした。『グローバル・エコノミー』という題をつけたのだが、その時に、『グローバル・エコノミー』という題の本とか論文はあるのかなと思って調べてみた。英語の索引でも『グローバル・エコノミー』という本はなかった。そのあと、90年の頃に『グローバル・ポリティカル・エコノミー』という本が英語の文献で出た。これからしても私はグローバル・エコノミーは80年代の一つの大きな特徴だと考えている。その成立の場所と年をあえてあげればアメリカ経済における1984年ということになろう。

　アメリカ経済もまた他の経済においても、ある時期までは国際社会との関係を抜きにして議論することが通常だった。一国経済を前提としたマネタリズムは70年代から80年代のはじめにかけて、世界中において猖獗をきわめるが如くになった。これは次のような数量的把握を背景としていた。マネーサプライを出し続けると、18ヵ月ぐらいたつと名目成長率が上昇する。インフレ率が上がるケースも無視できない。したがってそのあとは中央銀行が引き締めに入らざるを得ないというのが歴史的な符合である。そこでマネーサプライはできるだけ安定的に、非常に簡単な話にすると、対前年比で伸び率を固定的に出すことが望ましいということになる。こうした規範命題に対する信頼が急上昇したのは1970年代初めの世界的なインフレを経験してからであった。オイル・ショックを引き起こしたがゆ

えに値上がり期待が全般化し、あらゆる財に対して超過需要を生んだ時代を経験してしまった。このためその後10年にわたってマネタリズムが世界を制覇したといえよう。そういう意味では、80年代に入るまでのミルトン・フリードマンはもう当たるところ敵なしという状況であった。彼が概念的（コンセプチュアル）に出したもののすべてを現実世界が拾い上げていくという時代であった。変動相場制、教育についてのバウチャーの提供、所得税率は一本化あるいは非常に簡素化したものであるべきだというフラット・レート・インカムタックスの主張などが然りである。

石油危機以降疑問なく受け入れられたのがマネタリズムであった。中央銀行はどこにおいても少しかったるいというので、マネタリスト・グループがシャドウ・コミッティ（裏の委員会）をつくり、表の中央銀行に対して監視機能を有するほどすごかった。

ミルトン・フリードマンは1983年にマネタリズムを前提とした予測値にしばしば言及し、そして1984年には退場した。なぜか。82年の夏にメキシコの中央銀行総裁が、当時のボルカー議長に電話をして、「もう金庫にカネがないからあすからデフォルトだ」といった。これは大変だというので、メキシコ中銀にドルを注ぎ込むことを決めた。輸血する時には金利が高くては返せなくなるので、ドルの金利は下げざるをえない。メキシコ向けだけ下げるわけにいかないため、大幅な金融緩和に入ることにならざるをえなかった。これが82年の夏の状況だった。これを受けて82年の暮れから83年にかけてマネーサプライの増加率が増えたため、これで84年は景気過熱になるという判断を彼は示した。もうすでに高齢だったけれども、なにせ、当たるべからざる勢いだったがゆえに「フリードマンが話せば聞く」という関係が成立していた。84年はこれは大変なことになるということになり、景気後退は避けられないというのでみんな身を縮めるようにした。

1981年の土光臨調発足以来、いくらドル安を予測してもいつも間違えるという驚くべきドル高が起きていた。とりわけ毎年の1月の予測はいつも大きくはずれた。なんで1月が当たらないのか。不思議な話なのだが次のように考えることもできる。忙しい世界の経営者も、クリスマス休暇はやっぱり取る。クリスマス休暇を取れば、もう日常的な延長線上の話ではないところで先行きを考える。来年はどういう年になるだろうと。日本のように、年頭見解を社長が出

さなければいけないかどうかはともかくとして、クリスマス休暇なり正月休暇を取ると、じっくり考えた結果を表に出そうとする。いままでよりは少し落ち着いていい成果を出すことを考えるというわけだ。それで大方針を立てることになる。いままでどうも変だったけれども、今度こそはドルは下がるという予測をアメリカの貿易赤字を理由に立てる。81年も82年も83年も84年も毎年1月になるとドルは下がるという予測に基づいて少しだけは市場でもドル安となる。ところが現実は必ずこれが覆されてその年のうちにドルは高くなっていくということになった。これがフリードマン予測の背後で働いていた要因である。異常なドル高のなかで1984年は世界中の生産者はアメリカのマーケットにひたすらモノを持ち込んだ。カナダはアルミを、日本は自動車を、北欧は紙パルプを持って行くというように世界中があらゆるものをアメリカに持っていった。

　フリードマンが、84年はダメだ、調整だというので、これは大変だということになったのだ。アメリカの景気が世界を引っ張っていたのだから、持ち込んだものが在庫増になったら大変なことになると心配をはじめた。持っていったのが過剰な流通在庫にならないようにする、また生産者在庫も早くはけさせたいということになった。アメリカのマーケットに値を下げてもっていくという行動が続いた。もちろんドル高は続いたので、アメリカのマーケットではアッという間にインフレ期待が冷し込まれた。叩きつぶされるが如くインフレ期待がへこんだといえよう。アルゼンチンは、小麦をこの際とばかりドーッと国際市場に持ち込んだ。ただでさえ対外支払いが苦しいので、値段が下がる前に売りたいというわけだった。このため借金して規模を拡大していたアメリカの農家が、安い小麦やトウモロコシでダメになり悲鳴を上げた。悲鳴が上がるほどのことが84年に起きた。これでマネーサプライを通じての予測は、完全にアウトになってしまった。

　エコノミストは許可業種でもなく、免許があるわけでもないので、いくら誤診をやってもヤブであっても、エコノミストといっている限りはエコノミストという面がある。それでも昨今の日本において多少のフィルタリングは働いていると期待すべきであろう。フリードマンのケースについていえばさすがにこれを潮に予測を廃業した。マネタリズムはガタガタになったといえる。要するにマネタリズムは一国貨幣主義だったのだ。84年に撃ち落とされるに至ったが

その背景の数字は歴然としたものだった。この年は、卸売物価がほぼゼロ、月によっては若干マイナスの時もあった。実質成長率は7％台という異常値中の異常値となった。結果として予測家としてのフリードマンは歴史の彼方に消えることになった。

2　ガバナンスの視点の欠如と一国主義

　問題はこれを受け止められなかった日本である。日本は一国主義の払拭に手間取っている。それは土光臨調における理解枠組においても然りであったといえる。歳入と歳出のバランスの維持をどうするのかが優先順位のNo.1であり、日本経済の構図を世界の中に描き出すことには優先順位を置かなかったといえよう。

　土光さんという人は渡辺美智雄という政治家を大変買っていた。その直前に亡くなった大平首相も同様だったといわれている。なぜ買っていたのか。彼の説得能力ならば、いまでいう消費税による増税が可能になるのではないかと考えたという。大蔵大臣は財政再建のために、とにかく手元の収支状態を誤解なく国民に知らせて、増税は不可避という国民の納得を調達できる人がいいというわけだ。そうした前提に立つともうミッチーぐらいしかいないというのが大平さんの認定だった。土光さんもそう考えていた。しかし、考えはグローバルな意味での政策形成過程の必要性については及んでいなかったといえよう。一国主義が強かったのだ。渡辺美智雄という政治家のパーシュエイション（説得）能力は確かに高かったが、例えば彼の国債に関する話を通じてわかることは日本のマーケットを彼は信じてはいなかった。当時、国債はなかなかはけなかった。なぜはけないのか。円が安いため、インフレはいつも引っかかる要因だったといえる。国債を保有するのは、当時にあってシンジケート団を組んでいた銀行とか一部証券会社であった。やっかいなものを政府から押しつけられているという理解のゆえに、常に売りっ放したい欲望を持っていた。ドル高・円安の時代は、債券価格にいつも不安定感がともなっていたといえよう。国債は押しつけれたいやな商品ということに終始していた。当時の大蔵省理財局の本音は、「銀行は売るな。満期までずっと持っていろ」というところにあった。いまでいえば、価格変動リスクを銀行が抱えろというわけである。銀行がリスクマネジメント業に変化せねばならなくなった今日とい

う時代からいえば到底許されざる話である。それはどういうロジックから来ていたのか。「大蔵省はこれまで随分銀行の面倒見をしてきてやったではないか、気にそまない商品だからといってマーケットに出すとは何事だ。」というわけである。渡辺美智雄は銀行の非協力に対して「利払いを受けられると思うな」とまでいったこともあった。これがマーケットでショックを構成し、海外の投資家は日本の国債の格付けを下げた。これで世界のマーケットは驚き、日本国の国債など買うものじゃないという了解になった。当然のことながら国債の値段は下がった。

　要するに、当時の意識はそのくらいであった。なぜいまそんなことをいうのか。バブルの発生時においても、またバブルの崩壊後の今日に至るまでも、リスクをどう管理するのか、バランスシートをどうマネジメントするのかという視点がわれわれに乏しかった。そしてこうしたガバナンスに関しては本来は国の仕事ではなく、個々の経済単位がやることだという了解がついぞ根づかなかった。

3　「官と民」の関係性の先にあったもの

　日本における構造改革は、ガバナンスをマイクロ・ストラクチャー単位でつくりあげることと解すべきである。それは、インターガバメンタル・ポリティックス（国家というものを構成する重要な単位の間の貸し借り）を通じたガバナンスから、マイクロ・ストラクチャー（家計とか企業とかの意思決定単位）ごとに切り分けられたガバナンスへの転換が課題となっているのだ。リスクを評価することが不可欠だし、これを前提とした統治（ガバナンス）の貫徹が欠かせない。そしてガバナンスを貫徹させるためには、インセンティブをいろいろな段階において設計していくことが重要である。

　土光臨調からの20年を回顧するとき、本来は一人ひとりの消費者や独立した企業に帰属する意思決定の過程について、政府によるどの程度の介入を許すのか、という視点が重要であった。しかしこの点は「官と民」との関係性としては受けとめられたものの、優位性の論には及ばなかった。政府の賢明さ、政府の善意、また大企業、経営者連合体、大手の組合の役割などをどうとらえるのかという観点が土光臨調でもありえた。それぞれの意思決定単位ごとに取れるリスクと、そこで貫徹しなければならない統治の仕組みとは何か、

という問いかけである。私は今日における構造改革論を土光臨調に遡って理解すべきだと判断している。

　日本よりも早くから、なぜ他の国で政府に委ねたものは何か、一人ひとりの国民が保持すべき具体的な権限は何かについての考察が進んだのか。なぜ日本はこうした点をあいまいなままにした状況から離脱できなかったのか。それは日本が相対的にうまくいっていたからだという人もいるがそれでは余りにも認識が浅いといわねばならない。ものごとを深く考える人に敬意をはらうという習慣が日本でどの程度あったのかということにも関わってくる。

　順接的にであれ、また逆説的にであれ、国家の関与は日本では自明のこととされたのではないか。ここでは三つの視点から点検する。

「国独資」とケインズ

　まず第一に国家独占資本主義という社会主義的理解にかかわる規定があった。

　一国社会主義は、ソ連邦の結成とともに出た。トロッキーの本は余すところなく一国社会主義の内側の病理を洞察している。封鎖された社会主義の内部腐敗の問題把握に端的にみられるように、ものごとを透視する能力において、これだけの力量をもつ人は20世紀に何人も出なかった。脆弱な構造をもったソ連邦が一国社会主義に入ると、トロッキーの主張はトロッキストと名付けられて排除された。そういうなかで、社会主義についての考え方もスターリンの影響を非常に強く受けることになった。資本主義は、ある時期まで本来は国をこえたグローバルな仕組みとし認識されていたはずである。それが国家の支えを得てというのか、国家が経済に優位する概念にしだいになっていく。国家は社会主義のなかに非常に根強く入る契機を得た。ここから国家独占資本主義という規定が始まった。厳しい不況を繰り返すなかで、国家体制という支えなくして資本主義システムはは自らを維持することができないという認識が「国独資」という規定につながった。

　いろいろな社会主義があったはずだが日本の知的風土のなかでは、この国家独占資本主義というとらえ方がものすごく強かった。大学の経済学の講座でもそういう講座が有力であり続けたのは、脆弱な日本資本主義の裏返し現象ともいえよう。

　第二には日本のいわゆるケインジアン・エコノミクスに言及すべ

きであろう。これも完全な一国主義である。ケインズ自身が管理通貨制度を主張したのだから一国主義は当たり前だろうという人もいる。処方箋の個々に至っては確かにそういう面もなくはない。しかし、本来のケインズは『貨幣論』を書いて、統計学的な貨幣の有り様についての研究に関心を寄せ、一国内管理主義という流れにはなかった。しかしたまたま大恐慌に遭遇した。とりあえず国際的なシステムは機能喪失に陥ったことを前提とせざるをえなかった。究極的な徴税権を背景として歳出増を決められるのはそれぞれの国だけであった。一国主義にならざるをえなかったといえよう。もっと歳出を増やして、なんとか大不況の歯止めを行うべきだということになった。

　しかし、これが日本に入るとどういう議論になったのか。ある種の不況恐怖症に裏打ちされることになった。無駄の正当化がこれほどまで入り込んだ国はない。要するに不況を避けるためならば無駄でもやっていてよいということに帰着してしまった。ケインズが『一般理論』でごく異常な時期に、穴を掘って穴を埋めるということだってやってよいと書いた。しかし、それは貨幣選好が無限大になるような極限的な状況を指していた。利子生活者に安楽往生のおどしをかけねばならない状況を指していた。利子生活という形で、リスクを取ろうとせず、預金の利息で食おうなんていうひとは、安楽往生しろといい放ったのだ。まったく投資が止まる状況のゆえに、アニマル・スピリットが必要だと人々を説きつけた。そういう局面においては、何かしら異常なことも要ると。その時は穴を掘って埋めて、掘って埋めてでもいいと一行書いた。ところが、この1行だけが日本に入り込んだ。不況を回避するためには無駄でいいのだと。「庭先漁港」といって釣堀にしかならないような漁港を巨大なコンクリートのかたまりでつくることになった。ケインズが日本の現状を見たら、「誰が庭先漁港をつくれといった」と怒るに違いないであろう。不況回避のための無駄の公認が、これほど入り込むとはケインズも考え及ばないことだった。なぜこうなったのか。

　たぶん、ある時期から国家独占資本主義とケインジアン・エコノミックスが一体化したのではないか。それは野合というべきであろう。これが日本においてグローバル・インパクトを受け切れない大きな要因となったと考えられる。

価格調整が優位する時代の到来

　3番目に、変動相場制を取れば隔離効果があるという経済理論への信頼が強かったことを指摘せねばならない。フリードマンは変動相場制を取っていれば隔離効果があると主張した。為替レートの変動を通じて水際でグローバル・インパクトを遮断できるというのだ。隔壁をつくって内側は独自のデザインができるんだという主張が正当性を得た。これを引っ繰り返したのは、マンデル・フレミング・モデルである。マンデルはお陰でノーベル経済学賞をもらったほどである。隔離効果はないという状況がありうるというのがマンデル理論であった。マンデルの前のところで勉強をやめた人が日本では多かったといえよう。変動相場制を採用していれば一国経済は隔離して運営できるから、一国主義で大丈夫だと考えた。これもグローバル・インパクトを真剣に考えることを妨げる要因となったといえよう。

　マンデル・フレミング・モデルの妥当性は、どういう現実から判断できたのか。その前のケインズとフリードマンの野合みたいな形の理論は数量調整を頭に置いた議論である。それは価格の硬直性を前提にした議論であった。しかし、現実には国境を越えてきわめて早い価格調整が行われている。この価格調整を前提に考えれば、政策の効果はぜんぜん別なのだというのがマンデル・フレミング・モデルである。とりわけ価格調整でも足が早いのはキャピタル・マーケットである。国債とか為替とかについていえば日々取引が行われている。金利と為替レートは毎日決まる。これだけ早い価格調整が行われるところでは、財政支出は効かないというのがマンデルの議論である。財政支出が効くのは一国モデルの限りであり、政府が歳出を増やせば、需要が増え、それで景気よくなるというわけだ。これに対して、マンデル・フレミング・モデルはどういうメカニズムを想定しているのか。数量効果は実は効きが遅いという事実認識が出発点であり、また価格の硬直性というのは嘘っぱちだという認識もある。為替だって金利だってすぐ動くではないか、というわけだ。財政支出を増やすという発表をしたとする。堅調な景気が実現するかもしれないということになれば、それが金利変動を呼び起こすことになる。そしてその金利変動が為替需給につながって、財政赤字を増やすと発表したところの為替が切り上がる可能性も出てくる。

土光臨調に重なる80年代前半の米国は、まさにマンデルが想定した状況であった。なんで米国であれだけドルが高くなるかを説明するのは唯一マンデル・フレミング・モデルだった。価格調整と数量調整のどっちが有効なのか。財政支出が効くのか効かないのかについていえば、まだ理論上の問題であった。検証されない限りは、ただ単に理論上の話に過ぎなかった。財政支出は、それでも数量調整を経てある程度日本の国内において効くということならば、一方的に為替が下落するばかりじゃないということになる。しかし、米国でそれをこえるすごい政策が行われるならば、それが結局、円が負けるということにもなる。80年代前半は円はいつも土俵下に転落することになる。結局のところドルに押し込められるというのが円がたどった道だった。土光臨調の80年代から90年代までを回顧してみると、国家独占資本主義、いわゆるケインジアン・エコノミックス、そして変動相場制のもとにおける隔離効果という三つがグローバル・インパクトなぞ考える必要はないという思考を裏打ちしていたことがわかる。グローバル・エコノミーなぞは横文字を読むことしか能がないやつが横文字を縦にする作業をしているだけだとみなして捨ておいたところがあるのではないか。これがその後の日本の敗北につながったといえよう。

4　ハーベイ・ロードか、合理的期待形成か

　こうした状況のもとで、結局、財政支出は効かないという学習が行われることになり、数量調整よりも価格調整の方が優位するという命題が現実性を増すことになる。ここからもう一度本来のケインズは何か、という原点に戻ることになる。ケインズは大変な知識人で、当時のケンブリッジには第一級の学者が群れをなしていた。知的風土が言説の背景で大きな意味をもってくる。
　ハーベイ・ロード仮説というみなし方がある。賢い人が政府に陣取って政策を実施に移す時には確実に政策効果があらわれるというみなし方である。政府が賢いのかそれとも個々の家計とか企業が賢いのかという問いかけが意味をもつ時である。何を基準にどっちが賢いかを決めるのかという点も重要だ。もし国民が賢い政府に判断を委ねて、政府のいう通りに動くとすればどうか。政府が財政支出を増やせば景気は回復すると信じて、それに合わせて個人消費の額

を決めたとしたらどうか。自己実現的予言となり、結果として政府は賢いということになる。ハーベイ・ロード仮説は検証されたということになろう。

　ハーベイ・ロードというIQの高い人がいっぱい住んでいるところに発する仮説で、彼らが政府をのっとってしまえば、あとはみながそれに依存してついていくという前提である。

　ところが、ある時期から、政府は賢くないよという議論が登場した。政府がやることを市場が先回りしているではないか、というわけだ。いま歳出を増やせば、そのあとは増税だろうと予測する。今期は財政赤字で確かに歳出を増やすだろう。しかしその次の時点で増税するということになれば、一人ひとりの消費者が合理的に振舞おうと思えば、政府のいうことなど聞いていてはバカをみてしまう。所詮、次は増税なのだから、それを前提に行動することが合理的となる。たまたま政府からことし仕事をもらっても、次はまた増税だというのだから、財布のひもは締めたままがよい、というわけだ。それは非合理的なのかとといわれれば、事実は逆でまったく合理的な反応ではないか、ということになる。一人ひとりの民間の経済単位はそのように先回りしてものごとを考えているのではないか、という仮説の登場である。

　そういう前提に立つと、政策は効かないということになる。ルーカスという人の功績に帰すということで彼はノーベル経済学賞をもらった。これを合理的期待形成と呼ぶ。この考え方によれば、政府の政策が効果を持つとすれば、ランダム・ショック（random shock）でなければならない、ということになる。「エーッ！」というようなことでなければならないのだ。

　小泉首相はそういう意味ではランダム・ショックかもしれない。なにせ政界の変人だから。変人だと効果持つかもしれないというところもある。すぐわかるような常識的な人だと、いま口でやさしいことをいって、次は増税に違いないと。増税に関しては「唇を読め」といういきさつが米国ではあった。増税といったとかいわないとかいう水掛け論争である。きっと増税するに違いないということだと、ぜんぜん効果がないといまでは受け止められるに至っている。

5 政府は賢明か

　いま取り上げていることは土光臨調とどのように関係しているのか。80年代から90年代の20年間の経済政策を考えるうえで、政府と民間とはどっちが賢者なのかという検討視点が欠かせない。政府が一方的に賢者といえるのかという視点からは政策の有効性に関する命題が登場した。それから政府という組織内で、ガバナンスが効くか効かないかという視点があった。マイクロ・ストラクチャーのレベルでガバナンスを効かすためには、バランスシートが決定的に重要であった。そしてそのバランスシートを中心に、企業経営を監視する仕組みに関心が寄せられた。監視するのは誰か。会社にとってみれば、それは株主である。株式資本を持ち込んだ人が、経営者を監視する機能を持つ。これによって全体はうまくいくはずだという命題が登場した。

　フリードマンの例でみたように、マネーサプライを通じて経済をコントロールできる時代は終わった。それから財政支出を増やしたらなんとかうまく景気を制御できるというのも嘘だということもわかった。このように考えたとき、一体、制御変数（コントロール・バリアブル）はどこにあるのかということになろう。それは個々の細部にあるという命題が新しい。ナショナル・エコノミーを構成する個々の主体にあるというわけである。あるいはもうナショナル・エコノミーという枠も外れはじめているかもしれない。トヨタとかホンダとかソニーとかという企業が今後の日本の柱だとすればどうか。トヨタの利益は北米で上がっている。ホンダはその前から北米が中心だ。ソニーは日本の売上は25％までに抑えるのがいちばん望ましいと経営者が公言している、などの材料が次々と出てくる。そうだとすれば、ナショナル・エコノミーというところで全部をくくる議論はもう成り立たないではないかということになる。ガバナンスとは個々のユニットごとに入る仕組みでなければならない。政府は何でもできるという幻想のもとに、「政府はけしからん」といってみても始まらないというところを出発点にすべきであるといえよう。排除されるべきは次のようなものであろう。政府がこれをやったらどうかと国民を誘導する。通常の経済行為に対しても規制の対象になることがあると企業を威嚇する。われわれはそんな政府行為

に効果があるはずがないし、望ましいわけでもないという原則の確認から始めるべきだ。しかし、バランスシートを通じての制御という課題には、土光臨調以後もわれわれはついに迫ることができなかった。

6 マイクロ・ストラクチャーの把握に至らなかった臨調路線

　1987年に、バーゼルで国際的な業務を行う銀行に対する自己資本比率規制案が採択された。当初の受け止め方としては、邦銀が腹切りスワップなどをやって攻撃的に過ぎるので、これに外から枠をはめるために自己資本比率規制を入れたのではないか、というものだった。このような種類のコメントが多かったし、また日本の銀行のほとんどがそう信じていた。しかし実際には、文献を拾ってみれば明らかなのだが、ガバナンスこそが問われていたのだ。銀行という経済単位を制御するにあたって、いちいち個別の貸し出しはいいとか悪いとかについて、政府が判断できるわけがない。それは銀行に判断させる。しかしその銀行をどうやってコントロールするのかという課題は別途ある。そこで最も有効にコントロールできるのは銀行の株主なんだということになった。なぜならば、株主が持ち込んだ資本は、銀行が破綻した時をとれば、一般債権者全部に対して支払いに応じたあと、もし残れば株主分として戻ってくるというにすぎない。債務超過に陥っていれば、銀行という企業組織の持ち株の評価はゼロになる。したがって株式資本を持ち込んだ人は銀行経営者の行動に厳しいコントロールを及ぼそうとするから、これで銀行をコントロールしようという国際的な合意ができた。なぜ間接的な制御に移行するのか。それはグローバリズムのなかで、いままでの基準に意味がなくなったことが大きい。マネーサプライを特定の数値にコントロールすればなんとかなるという立場があった。しかし、そんな話は有効ではないということになった。経済をコントロールするにあたって、財政支出を増やしたり減らしたりすることでどうか。これもダメだとわかった。そうすれば、ガバナンスは個々の単位ごとに導入せざるをえない。木津信組は、破綻後調べてみたら、貸金の9割が腐っていた。これはガバナンスが効いていないことの象徴的な事例である。信用組合とはどういう仕組みなのか。株主資本に相当にするものはある。木津信組の場合持ち込み資本が極端に

少なかった。銀行は資産と負債の両建てなので、株式持ち分は薄くてもあわてて預金を引き出すひとが続かない限り回っていくものだ。チラシ広告で「高い金利つけてあげます」といってそこらじゅうから預金を集めて、負債をどんどん増やした。一攫千金みたいなところへバタバタと資産を張りつけるようにした。9割コケていたというわけだ。なぜこんなことがチェックできなかったのか。こういう話になって自己資本比率規制とはこういうことかと当事者が了解しだしたのだ。持ち込んだ資本が大きければ、貸し出し資産の質に対して株式資本を持ち込んだ人はもう少し文句いったはずだ。ほんのちょっぴりしか株式を持ち込んでいないから、破綻したってどうでもよい、となる。どうせ預金は全額保護だから、納税者の財布でカバーしてくれるということになる。それならそれでいいという類の話が罷り通った。ということはマイクロ・ストラクチャーのレベルにおいてどういうガバナンスを植えつけるのか、そのためには評価のシステムはどうでなければいけないのかという視点が重要である。そして、その時のマネジメントの担当者に対しては、インセンティブを用意する必要があるということになろう。社会主義でもインセンティブは定義されていた。だからなにも拒否する話ではないということにもなろう。これが80年代における、一つ一つの積み重ねの成果である。土光臨調の取り組み後も、そういう考え方がなかなか定着しなかったことが重い。

　土光臨調の時に、「増税なき財政再建」というスローガンが掲げられた。これはマクロ・ストラクチャーのレベルにガバナンス問題が留まっていたことを示すものである。増税なくして財政再建が可能ればよいな、これは気分にも合うという話にとどまったのではないか。

　マクロ・ストラクチャーのレベルの問題として地方交付税法をとりあげたい。自治体ごとに基準財政需要額をはじき出す。他方、基準財政収入額があって、その差額は地方交付税交付金で埋めるというマクロ・ストラクチャーになっている。この基準財政需要額を見ると微細に規定している。河川、道路、橋梁等々があって、小学校、中学校、社会保障なども列挙され、それぞれに単位価格があり、掛け算をして足し上げるという過程が法制化されている。日本が本当に貧しかった時には、これも一つの手法であった。社会主義のある種の実践のようなところがあった。しかしある時期以降、国際的に

見ても豊かになった。例えばウルグアイランドのために農村に公共事業で5兆円とか6兆円というカネを使うことを決める段階で、世界中は引っくり返るほど驚いた。日本の農業人口は、専業農家数は、ということになる。渡り切りの金が専業農家1軒あたりにすると1000万円分以上に相当するものであった。500億ドルあれば、ベトナムにおける必要なインフラは全部整備できるほどであった。エエーッ！という異常なカネが、放出された。こうした時代に入っても基準財政需要額をはじいた上で地方交付税交付金をはじき続けた。しだいに国税だって入らなくなると、交付税特別会計から借金すればよいということになった。この結果交付税特会の累積赤字が42兆円までなった。これは一体誰が返すのという話になる。

7 必要だった行政評価と誘因の設計

　1995年から3年間、行革委員会の委員をやった。1日行革委員会を熊本で行ったとき、ある町の町議さんがやって来た。「みんなの前ではいえないけれども、是非メス加えてくれ」というわけである。自分の町役場から25分車を走らせればほかの4つの町役場にいけるというのだ。広域というほどでない、車で25分の範囲内に5つの町役場があることになる。地域の活性化のための町村の合併促進にメスを加えてほしいと、町議さんがこぼしたのだ。

　私が、住民自治なのだからご自分で提案されたらというと、「そんなことをしたら袋叩きにあいます。だから誰か知らない外から来た人が発言してくれなければ」というのだ。今日でいえば、ゴーンが来なければなにもできないという話である。問題は日本中でそんなにゴーンを探せるのかということになる。

　このようにマクロ・ガバナンスは効かないと考えた方がよい。構造改革はガバナンスが効く仕組みにしようということに尽きる。他に頼ることはできないとすれば自己評価の仕組みを入れる以外にはない。評価という問題をつきつめるとインセンティブ（誘因）をどう設計するのかにつながる。ガバナンスを決めているものは評価の仕組みであり、評価が貫徹するためには、インセンティブがいるという関係になる。ということは、ユニットごとにガバナンスのための仕組みが必要だということになろう。それがないところはつくらなければダメだということになる。

郵政3事業に関してなぜ民営化の手続きが必要か、という視点においてもガバナンスは最も重要なものである。いちばん懸念されるのは、中央省庁等改革基本法で郵政三事業は一体化で国家公務員で運営することになっていることである。しかしこれでは日本のキャピタル・マーケットが無茶苦茶になる惧れが出てくるのだ。郵貯250兆円、簡保110兆円の両方で360兆円という資金運用が前提となる。いままでは資金運用部という政府の銀行に丸ごと預けていた。それでかなりいいレートを獲得していた。国債の利回りに0.2％を乗せてもらっていたので、運用のことはなにも心配しなくてよかった。しかし2001年4月から、財投改革により預託が廃止された。7年の経過期間の最中は財投債あるいは財投機関債という形で保有し、一挙に回収はしない、少しずつ回収に入るという取り決めになっている。2003年郵政公社ができれば運用の主体は郵政公社になる。そしてこの郵政公社が結局のところ、国債の価格を決めることになるだろう。

なぜか。マーケットの規模を考えてみれば、このことが了解できよう。全国銀行の銀行勘定で貸出金約500兆円である。郵貯、簡保で360兆円に及ぶ。自由運用に入れば、値段が上がったり下がったりする国債の保有を増やさざるをえない。1999年12月、宮沢蔵相が資金運用部のほうも資金繰りが少し心配になるから、いままでのように資金運用部で国債の買い切りはできないと述べるとこれが運用部ショックとなった。この一言で一挙に国債の値段が下がった。高金利時代の定額貯金の10年満期の取り崩しに対する資金運用部の対応をきっかけとするものであったが、国債価格の決定環境がいかに不安定かを如実に示すこととなった。この意味は深い。資金の運用者は、受託者責任（フィデューシャリ・デューティ）を負う。われわれが積み立てる年金の運用者は、積み立てている委託者のために、自らの知識、腕のすべてを投入して運用の責務を負う。それでは受託者責任を果たしたとどうやって証明することができるか。運用は成功する時も失敗する時もある。しかし、委託者のために自分の知恵の限りを尽くして働いているということで、例えロスが出ても免責される。おまえの給料で穴埋めしろとは委託者はいわない。いい時も悪い時もあるから当然である。ただし、委託者のためにすべてをはかっているかは当然のことながらチェックの対象となる。

それはどういうことか。例えば日本の国債を買っていたとする。

運用部ショックで値段が下がったときはどうか。ごめんなさい、下がっちゃいましたですむのか。日本国債の利回りはマクロの指標では予測できない国だとすれば、そして運用部ショックがありうるようなところだとすれば、なぜそんなところにわれわれの命から2番目に大切なものを置いたのか、ということにもなりかねない。また360兆円の運用となれば、郵政公社・総裁も、それを監督する総務大臣も、いずれもとても責任は負えないだろう。なぜなら自分達が動けばマーケットに影響が出てしまうのだ。もし、運用方針を誰かが漏らしたとしたらどうか。インサイダー・トレーディングの嫌疑である。こうした違法がなくとも"池の中の鯨"のゆえに、これが跳ねたり尾をヒュッとやるだけで、バチャバチャバチャーッと国債価格の動きが起きる。機関投資家はこうした日本の資本市場にカネの運用を委ねることは避けようとするであろう。そんなところで運用していたのでは身が持たないのだ。したがって日本の資本市場に奥行きが欠けるようになり、日本で資金を調達しようとしてもその力量を頼むことはしだいにできなくなろう。ものすごくみすぼらしい資本市場ということにもなりかねない。

　そもそもなぜ郵便局なのか。明治政府は人民にとってひどい政府でまったく信用がなかった。農民から地租でカネを奪っていく。大事な働き手を徴兵で持っていく。明治政府の評価は極めて低かった。人民の膏血をすするという表現が出たくらいだった。それでも郵便制度を普及させなければいけない。しかし、政府にはカネもないし信用もない。前島密は地方の素封家を使って信用補完をしてもらうことを思いついた。素封家の家の端のところに郵便局を置いて、その後は電信柱もということになったという。いろいろやってもらうかわりに、国家公務員の地位を与えた。電信柱を国家に差し上げたというのはなかなか立派な話だが、それはそれで一区切りしてもらってはどうか。納得いかないという人も当然いるが、もっとひどく国家に裏切られた国民もいるのだから、ということになろうか。

8 マイクロ・ストラクチャー・レベルでのガバナンス

　郵政三事業の民営化という課題のなかで最も絞り込むべきは、資本市場にかかわるものである。これまで問題点が顕在化しなかったのは、資金運用部に全額預託していたからである。資金運用部はそ

れを道路公団とか住宅公団とかという特殊法人にさしたる基準もなくつけてきた。だからいわば国家的な資本蓄積過程なのだと一応の説明をしてきたが、実際にはガバナンスを欠いていた。このため資本蓄積といっても資産の質は問題で、穴があいている可能性も高い。なにが蓄積だということになる。そこから財投改革問題に収斂した。財投改革で全額預託を廃止したため、自主運用にかかわるガバナンス問題が一挙に全面化した。総務大臣や郵政事業庁長官は、一挙にあやうい地位に立ったことを自覚することになる。首はいくつあっても足りないと考え始めているのではないか。なぜならば、スキャンダルが起きる条件には事欠かないからだ。今度起きたら旧大蔵省どころの話では済まないだろう。高齢化社会において、日本の年金運用にかかわるところで価格操作などが露見すれば、あなた方は足蹴にされますよと警告せねばならない。国債価格の決定に郵政の資金は圧倒的な影響を与える。インサイダー取引が起きれば、短期的にも損失を与えるが、長期的な損失は測りしれない。資産運用の主要な市場を損うことになるからだ。もしそうなれば日本人にとっての年金運用といっても、日本以外の市場を前提にせざるをえなくなることだって考えられる。

　構造改革は、マイクロ・ストラクチャー・レベルにおけるガバナンスをどうやって確立するのかにかかっている。構造改革のキックオフにより、新しい斗いがはじまったといえよう。小泉さんが出てきた本当の理由がここにある。土光臨調から20年、日本の改革は間違いなく新しい局面を迎えたといえよう。

III 日本の市場開放と外圧

慶応大学教授　草野　厚

　今でもその言葉よく思い出す。1987年ごろの頃のことだったと思うが、国際金融情報センター主催の日米経済関係の国際会議で、私が「米国議会の圧力と日米関係」と題して報告した際のことである。一言でいえば、米国の議員は、選挙区の利害を反映させようとして、日本市場を開放させようと、決議案や法案を洪水のように提出している。したがって、その経年変化をみると、必ずしも、米国の対日貿易赤字が巨額のときにのみ、議員の圧力活動が大きくなるわけではないことがわかる、というような趣旨である。

　私の報告を興味深そうに聞いていた国務省勤務経験のあるリチャード・クーパーハーバード教授は、「でも、米国側の圧力は、ずいぶんと日本側からの要請で加えられてきたのですよ」「私の国務省時代にも、日本側から電話や、直接会っての陳情活動がずいぶんとありました」。

　つまり、現在の小泉首相の言葉を借りれば、日本国内の市場開放に消極的な抵抗勢力を排除するためには、米国の圧力（外圧）を借りなければいけないと考えた人々がいたということである。このエピソードは、たしかに80年代の、日本の市場開放と外圧の関係について、うまく説明している。

　しかしながら、本稿の後半で述べるように、1990年代以降、日本の市場開放は、外圧利用から内圧、つまり内なる改革の努力の時代に移りつつある。これは、経済大国として当然のことだが、そこに至るには、別の言い方をすれば、外圧利用の時代を経験しなければならなかったということでもある。

　以下前半では、日米経済摩擦を時代とカテゴリー別に区分して、米国の圧力と日本市場の開放について述べ、後半では、規制緩和、規制改革を中心とする日本市場の構造改革が、言われているほど外圧依存ではなかったことを明らかにする。

1 日米経済摩擦の原因

　第一は、日本の洪水輸出にかかわる摩擦であり、50年代から80年

代初頭までの、摩擦の中心であった。米国は日本製品がダンピングと輸出補助金によって安値販売されているとして、50年代の安全ピンなど雑貨製品から70年代後半の鉄鋼やカラーテレビ、自動車まで批判を強めた。米国国民の四人に一人が関連産業に従事しているといわれる自動車の場合は、81年にはじまる日本側の輸出自主規制によって事態は沈静化するが、その後も、工作機械、半導体などでも洪水輸出はみられた。

第二は、日本の市場閉鎖性に関連する。農産物および工業製品、サービス貿易といくつかのタイプがある。時代によりその比重は異なる。80年代後半まで、米国は農産物以外の製品輸出には、国内市場が巨大であるという理由から、関心を示してこなかった。しかし、国際経済システムの変化に合わせるかのように、漸く、医薬品、木材、板ガラス、特殊合金、半導体、自動車、さらには、弁護士、金融、流通、建設などサービス分野でも、輸出に力を入れるようになった。

具体的には、レーガン政権時代の1985年に作られた、新通商政策が象徴的である。この時期から、米国政府は、貿易相手国で米国製品やサービスが販売不振に陥っているときには、通商法301条を発動して、その貿易障壁を積極的に除去しようとしたからである。それまでは、業界の陳情を受けて、行政府は受動的に通商法を発動してきた姿勢を変えたのである。それだけ、米国政府が輸出に力を入れはじめたということである。

このように、米国がさまざまな分野で市場開放を求めたということは、日本国内で国内事業のみを行ってきた業界や官庁も、反対運動や業界の意見集約、さらには外交交渉に巻き込まれるということを意味した。日本では、自動車などいくつかを除けば、あらゆる業界が政府の手厚い保護に守られてきたから、米国の市場開放要求には、強い危機感をもつことになった。

そのほか、第三の摩擦原因として、80年代後半期のバブル時代に、日本企業が米国の不動産を過剰買収して、米国の反発をかったこと、第四に、日本企業の米国進出の際の、日本人と米国人の文化摩擦などがあるが、ここでは、省略する。

2 市場開放にかかわる交渉

　摩擦の第二の要因として日本市場の閉鎖性をあげたが、80年代末以降、米国の主たる関心は、この分野に集中する。議会が通商交渉の権限を有する米国では、議会につきあげられるように80年代から日本市場開放のための交渉が続けられることになる。

　80年代半ばまでは、繊維、自動車が典型的であるように個別品目ごとに両国の事務レベルで問題発生後（洪水輸出）に交渉し、合意が得られない場合には、首脳レベルの会談に移行するというパターンであった。85年1月のMOSS協議から、これが変化する。日本市場の開放を議題として協議し、定期的にその結果を報告書としてまとめるというスタイルが制度化された。

　定期的に開催されれば、メディアは報道する可能性が高くなり、市場開放を要求する米国にとっても、また、同じことを期待する日本側の関係者にとっても望ましい方式であった。

　MOSS協議では、レーガン政権は、対日輸出が伸びそうな、電気通信、エレクトロニクス、医療機器・医薬品、林産物の四分野をとくに重視した。米国は、競争力を有しているこれらの品目を個別にではなく、総合的に協議したいと考えたのだが、それは、1983年の日米円ドル委員会が、日本の金融市場開放で一定の成果をあげたことにならっていた。

　結局、MOSS協議は、四分野に関して、86年1月基準認証の公正化、承認審査の迅速化、規格の統一、関税の引き下げなど一定の合意に達している。

　このMOSS協議のあとに、ブッシュ政権が日本に提案してきたのが、89年秋にはじまる構造協議であった。日本の市場障壁を、従来のように個別品目、個別分野で除去するのは非効率であり、ならば、共通した市場参入を妨げているシステム、構造自身を変えてしまおうという提案である。具体的には、大店法にみられるような流通、基準認証など日本独特の規定、商習慣、独禁法などの改正を要求した。

　それまで、日本側でも、米国の圧力としての外圧を利用して市場開放を進めてきた政府、与党関係者でさえも、こうした日本の構造全体を問題視する米国の姿勢に驚きを隠さなかった。もちろん、そ

れまでの米国の市場開放要求に抵抗してきた農業や、中小企業など政府の保護下にあったセクターは、声高に反発した。

　もっとも、国内で、産業保護の目的で設けられた規制に阻まれて市場参入できなかった業者には歓迎された。日本側は構造協議は、日米双方向の協議だとして、米国の貿易上の障壁として、乳製品などの輸入規制を指摘したが、米国は、あくまで今回の協議の目的は日本市場の開放にあるとした。

　ブッシュ政権が、こうした新たな交渉方式に踏み切ったのは、米国議会の動向と関連する。88年に連邦議会は民主党の主導で、包括通商法を可決し、そのなかでスーパー301条を盛り込んだからである。報復を前提に相手国市場の開放を、期間を区切って求めるという、これまで以上の保護主義的な法案の可決に、行政府は強い危機感をもった。ならば、日本と協議し、輸出の障壁となっている構造の改革を求める方が、自由貿易の精神にもかなっており、結果的に議会の保護主義に歯止めをかけることができると考えたのだった。

　前述のように、日本側では、この新たな交渉方式には、反発も強かったが、結局は、一年あまりの協議を経て報告書が作成され、さらに92年までフォローアップの会合も開かれるなど、日本市場の開放に応じる結果となった。大店法など流通システムの改善、独禁法の運用強化、10年間で430兆円にのぼる公共投資などを約束した。

　1993年に登場した民主党クリントン政権の日米構造協議に対する評価は低かった。手続き問題や過程を重視しすぎて、成果があがっていないというのである。そこで、対日輸出を短期間に増大させるために、問題点をまず整理するという作業を行った。

　そして、マクロ経済、分野別協議、地球規模の協力の三つの大きな柱をたて、とくに輸出拡大では、第二の分野別協議で論点を整理した。スーパーコンピューターや、電気通信など政府調達関連、知的所有権、直接投資など経済的調和関連、金融サービス、流通など規制緩和関連、それに既存の貿易協定関連、自動車などその他の主要セクター関連等々である。クリントン政権がこの新たな交渉を包括協議と称したように、まさに全ての分野をカバーしていた。

　問題は単なる日米両国の協議ではなく、米国側は、一定期間に米国の日本市場でのシェアが一定規模に達するように求め、他方、それを達成させようと、ブッシュ政権が消極的だったスーパー301条の「脅し」を積極的に利用したことであった。一言でいえば結果重

視であり、経常収支黒字についても三年後に国内総生産（GDP）の２％以内に削減し、製品輸入をGDP比で三分の一増やすことなどを求めた。

　こうした強引とも思える米国の姿勢は構造協議以上に日本側を反発させ、1993年8月に発足した細川内閣は、94年初頭の日米首脳会談で、協議の続行を拒否するという事態にまで発展した。クリントン大統領は、会談で過去の日米間の30あまりの取り決めはその目的を果たしていないと、述べたといわれる。

　その後事務レベルですりあわせが行われ、政府調達、保険、板ガラスなど個別分野で一応の合意がなされたが、客観基準を数値目標とするかどうかで、包括協議はその後も、対立ぶくみとなった。米国は、日本市場で販売される製品の先進主要6カ国の平均マーケットシェアと日本のそれとを比較し、同等のレベルが確保されるべきと主張した。米国側には、既にレーガン政権時代に、日本側が半導体交渉で20％のシェアを約束し、事実上、日本は米国の期待に応えたという判断があった。

　米国側の、以上のような管理貿易と批判されるほどの、対日市場開放要求の高まりの背景には、なにより、輸出重視に政府の方針が転換したことがあげられる。前述したように、1985年の新通商政策で、行政府は、貿易相手国の市場障壁には、行政府自らの主導権で、これを除去するという姿勢を明確にした。

　こうした結果、ＧＤＰに占める貿易の割合は1987年で、輸出8.0％、輸入11.2％であったが、94年には、それぞれ12.3％、14.4％まで拡大した。

　クリントン政権発足時の米国経済の低迷は著しく、同政権の外交政策は、なにより国内経済の立て直しが目標だとされた。したがって、クリントン政権は、既に、ブッシュ政権時代に成立した輸出振興法を活用しながら、通商代表部、商務省、輸出入銀行など米国の輸出体制を整備していった。対日市場に続き、経済成長著しい、中国市場に強い関心をもちはじめたのも、そうした流れの一環である。

　米国の輸出拡大戦略と、それを実現するための管理貿易的手法は日本側に米国の予想を超える反発を呼んだ。第一は、日本の経済学者や識者、政治家、企業経営者が、米国の交渉姿勢を公然と批判し始めたことである。第二に、通産省が米国の対外貿易障壁白書に対抗するように、米国を念頭においた不公正貿易白書を1992年以降発

表するようになったことである。そのなかで、米国通商法301条、数値目標など管理貿易的傾向を批判し、明確に反対の立場を明らかにしていた。

　第三に、米国に対して反論するだけではなく、日本側独自の動きがみえはじめた。ガットの後身として、1996年に発足が予定されていたWTO（世界貿易機関）をも視野に、日本の市場開放に、米国の圧力、すなわち外圧を借りることなく実現しようという動きである。この第三点について、次節以降、より詳しくみていこう。

3　日本市場開放（規制緩和）と内圧

　1990年代以降、市場開放（規制撤廃・緩和）のスピードは後述するように明らかに加速された。それはなぜか。これを説明する方法は前述のような、継続的に加えられてきた米国を中心とする外圧論であろう。

　しかしながら、次のような点に注目すれば、95年以降の規制撤廃・緩和の進捗には外圧以外の要素が強く影響を与えているとみることができる。97年末の行政改革委員会の最終報告によれば、1995年3月の時点の政府の規制緩和推進計画では、住宅・土地、情報・通信など11分野で1091項目があがっていたにすぎなかったが、1997年3月の規制緩和推進計画（再改訂）では教育を加えた12分野で2823項目をあげたのである。

　重要なことは数ではなく質であるとの批判も可能だが、各省庁から撤廃・緩和できる項目を提出させたことを考えれば、明らかにこれは前進である。問題はこのすべてをアメリカの圧力、陳情による結果として説明することは不可能なことである。筆者は後に掲げる5点が規制撤廃・緩和を進捗させてきた理由と考える。

　日本の市場閉鎖性には事業者団体のもつ排他性、その結果新規参入者に対する強力な排除機能、いってみれば一種のカルテル的性格が存在する。業界団体、事業者団体と監督官庁の縁が深く、多くの場合、監督官庁から専務理事、常務理事クラスにOBを迎えている。業界側は監督官庁の意向を事前に知るという点で、監督官庁の側も天下り先確保に加え、意向の伝達を迅速に行えるという点で有益だからである。それぞれのアクターが相互に連携しながらこの既得権益構造を支えている。

こうした既得権益構造が存在する限り日本政府の決意表明があったとしても首相の強い指導力と与党の積極的協力がなければ規制撤廃・緩和がかけ声倒れに終わることは当然であった。したがってその状況のもとで規制緩和が進み、市場が開放されるには前述したような米国の圧力に頼らざるを得なかった。オレンジ、牛肉、半導体、医薬品、建設、流通など80年代以降の日本市場の開放はそれらの具体例である。ということは外国の関心分野以外は特に規制撤廃・緩和は進みにくいということでもあった。とまれ、日本政府の規制撤廃・緩和に対する取り組みぶりを振り返ってみよう。

4 繰り返される政府の決意表明

日本国有鉄道の民営化を実現した1981年の第二次臨時行政調査会（土光臨調）以来、官僚OB、業界代表、有識者で構成される各種審議会は引き続き規制緩和を実現すべく答申を行った。歴代内閣は答申を受け関連の閣議決定を行い、その答申を最大限尊重することを明らかにしてきた。

多くの審議会の事務局が官僚であることを考えれば、審議会の答申は時の官僚の意向を反映していたといってよい。官僚も、80年代以降、総論において規制緩和推進で一致していた。政府を支える与党、自民党も同様に規制緩和を建前では推進しようとした。

規制撤廃・緩和がなぜ必要なのか、おおよそ次の点で合意があった。公的規制は日本の産業の発展と国民生活の安定に寄与する一方、今となっては経済社会の硬直性を生み出している。したがって規制緩和を実現し、新しい産業を起こす環境整備を行う必要性がある。その結果、雇用も拡大し、消費者には多様な商品・サービスを提供できるようになるはずであり、同時に内外価格差の縮小にも役立つ。自由競争の促進は、日本の経済社会の透明性を高め、国際的地位も向上するであろう。

1985年9月24日の「当面の行政改革の具体化方策について」、85年の12月28日の「86年度に講ずべき措置を中心とする行政改革の実施方針について」、1988年12月13日の「規制緩和推進要項」と、いずれも上記の理由を確認したうえで閣議決定を行っている。もっとも、審議会へのOB委員を通じた各省庁からの既得権益擁護の働きかけも多く、答申は玉虫色、中途半端の批判を免れ得なかった。

このような基本方針を繰り返し発出せざるをえなかったことは、見方をかえれば、内閣の基本方針にもかかわらず、最も肝腎な点については既得権益構造に阻まれ規制緩和が行われなかったことを示すものである。94年9月22日の村山内閣の臨時閣議では、より具体的に規制緩和推進に関する内閣総理大臣の指示を発出している。ここでは、「規制緩和については、これまでに決定されている規制緩和方策の早期具体化を図るとともに、10月中を目途に内外からの規制緩和要望を把握し、11月には行政改革推進本部において、私（村山首相）を含め関係閣僚が内外からの要望を聴取する。これらを踏まえ、与党との連携も図りながら閣僚レベルで「規制緩和推進計画」をとりまとめる。さらに、規制緩和の進捗状況を監視する行政改革委員会設置法案の早期成立を期する」と述べていた。

翌1995年1月10日の閣議で村山内閣は再度、内閣総理大臣の指示を出している。

以上のように村山内閣は、海外からの要望にも応えつつ、規制緩和に本腰を入れて取り組む姿勢を示した。3月に決めた規制緩和5ヵ年計画（のちに3ヵ年に短縮）の対象項目は1091にのぼった。

日本政府は1995年3月に規制緩和推進計画（3ヵ年）を策定し、96年3月に同計画を改定、さらに97年3月に再改定した。95年以降は矢継ぎ早と言ってよい改定である。ここで日本政府の取り組みは明らかに積極的となった。改定のポイントは既存の計画実施の前倒しであり、あらたな項目の追加であった。規制撤廃・緩和が前進しつつあった証拠である。各計画では土地・住宅、公共事業、農水産物、情報通信、運輸、エネルギー、法務、金融・証券・保険、流通、競争政策、医療・福祉、雇用・労働などの分野について言及している。ここでそれぞれの中身について詳述する紙幅はないが、過去において行われてきた規制撤廃・緩和政策との関連で、対象分野、項目数からどのくらい撤廃・緩和が進捗したかを確認しておくことは意味があろう。

95年3月の推進計画ではまず1091項目が対象となったが、96年3月の改定計画ではこれに外国為替制度の抜本的見直しなど新規の569項目が加わり、その結果、1797項目が規制撤廃・緩和の対象となった。さらに97年3月の再改定計画では新規に890項目を加え、2823項目が盛り込まれた。

もっとも96年3月の時点で、当初計画1091項目のうち全部または

一部が実施されたのは約3分の2の706項目にとどまった。

それから一年後の1997年3月、政府は規制緩和再改定計画を住宅・土地、情報・通信、流通・運輸、金融・証券・保険、教育、医療・福祉などについて策定した。主な新規項目は、タクシーのゾーン制導入が典型的だが、これまで既得権益に阻まれ緩和が進まなかった分野、あるいは法案提出時期を限定するなど具体的な進展がみられた。

これらの再改定計画に対しては、3年がかりで進めてきた作業に一区切りをつけた。これからも規制緩和を大胆に進めていかなくてはならないが、同時に副作用に目配りすること、強化すべき規制があることも忘れてはならないなどと、一般的に好意的に受け止められた。では、こうした規制緩和、改革はなぜ可能になったのであろうか。

5 内圧としての諸要素

(1) 細川改革政権の誕生

第一は93年8月に登場した非自民政権の細川内閣が政治改革とならび規制緩和を重点政策としてとりあげ、進捗状況の監視機構としての行政改革委員会を設置することを決めたことである。この分野で首相は指導力を発揮した、少なくとも発揮しようとしたといってよい。

選挙後に召集された特別国会で8月23日行った所信表明演説で、細川首相は、まず政官業癒着の打破に全力をあげ、政治改革を断行することを明らかにした。ついで、景気回復に向けた積極的な取り組みと財政改革の推進であり、規制緩和の必要性を強調した。こうした考え方は9月21日に召集された臨時国会での所信表明でより具体的に説明された。

「政府規制の緩和や新しい時代にそぐわなくなった旧来の競争制限的な制度や慣行の改革などを推し進め、内外価格差の是正等を通じた消費者利益の増大や経済効率の一層の向上、広く内外に開かれた経済社会の実現を図ってまいらなければなりません。」

重要なことは、日本政府のこれまでの規制緩和策の草案を議論する場であった国家行政組織法に基づく審議会(行革審など)に代え

て、首相直属の私的な諮問機関として規制緩和を議論する場を設けることを明らかにした点であった。屋上屋を重ねるとの批判を敢えてかわしながら平岩外四経団連会長を座長とする経済改革研究会を設置したことは、これまでの方式では十分に規制撤廃・緩和の実はあがらないと判断したことを示していた。そこに細川首相の決意がうかがわれる。

宮沢内閣が同じ年の1月22日に行った施政方針演説と比較すれば、細川内閣の規制緩和への意欲的な取り組みぶりはより明らかとなる。宮沢首相は演説の中で規制緩和について最後に触れた行財政改革の推進のなかで、わずか一言、「私は、簡素で効率的な行政の実現という基本に立って、これまで進めてきた地方への権限委譲、規制緩和の推進に加えて、官民の役割分担そのものの見直し、セクショナリズムの打破に寄る雄号的な政策展開能力の強化などを断行する決意であります」と言及したにすぎない。

(2) 政治の偶然

規制撤廃・緩和を進めることになった第二の理由は政治の偶然といってよい。94年7月に発足した自社連立政権は、改革を標榜した細川、羽田内閣への対抗上、規制撤廃・緩和に取り組まざるを得なくなったからである。少なくとも建前上、細川、羽田内閣と同様に、あるいはそれ以上に改革を標榜したのである。本来、自民党、社会党は行政改革や、規制緩和といった分野は不得意であった。なぜなら日本政治に長期安定をもたらした両党による55年体制は、自民党が業界の利益を、社会党が労働組合の利益を保護するという体制であり、既得権益を侵す規制撤廃・緩和には慎重姿勢をとり続けてきたからである。その両党のいわば既得権益を自ら崩す決意を、村山内閣は政権維持のためにせざるを得なくなった。村山首相は政権を担った直後の所信表明演説のなかで、規制緩和について次のように述べた。

「生活者の立場から、また、我が国の経済社会の活性化の見地から、行政と経済社会活動の接点ともいえる諸規制が果たして今日の実状に照らし適切なものであるかどうか、経済社会活動のあるべき姿をゆがめるものになっていないかを今一度徹底的に検証しなければなりません。先日取りまとめた規制緩和策を速やかに推進することは当然として、さらに、五年間の「規制緩和推進計画」を策定し、

将来の新規産業分野への参入の促進や内外価格差の縮小に夜国民の購買力の向上などの視点も考慮しつつ、一層の規制緩和を実施していく決意であります。」

　文言こそ異なるが、細川の認識と変わるところがなかった。
　もとより自民・社会両党だけでは改革を推し進めるには力不足であったかもしれない。その意味では村山内閣に、細川内閣でも改革を下支えしてきたさきがけが加わったことが重要であろう。時として既得権益構造の保持に傾きがちな自民、社会両党にらみを効かせ、改革を少なくとも後戻りさせない機能を果たしたからである。
　村山内閣においてとりわけ重要なのは細川首相の私的諮問機関、経済改革研究会（平岩外四経団連会長）が強く提言した規制撤廃・緩和の進捗状況を監視する機構としての行政改革委員会を当初の予定通り94年末に発足させたことであろう（第三次臨時行政改革推進審議会も監視機構の必要性を提言した）。これは既に述べたが規制撤廃・緩和のありかたを論じてきたこれまでの審議会とは異なり、撤廃・緩和の進行状況について適宜提言を行うというところに特徴があった。

(3)　財政再建と規制緩和

　第三の理由は、1995年以降特に大蔵省が財政構造改革の必要性を強調し、政府・与党も96年11月の第二次橋本内閣において財政構造改革会議を設置したように、例外なき歳出削減を打ち出したことと関連する。つまりこれまで政府が常に採用してきたケインジアン的な景気対策としての公共事業を中心の財政出動を否定したのである。代わりに政府は規制撤廃・緩和による景気浮揚を積極的に主張した（もっとも、その後、橋本首相退陣の理由となった景気後退で、財政出動による景気刺激策が復活した）。
　経済界は景気回復には最も即効性のある財政出動を期待する。政府もバブル崩壊以降の不況脱出を狙って96年7月までに総額65兆円、計六回の経済対策を実施したが、期待した効果はあがらなかった。財政による内需拡大はもはや国内の生産、サービスの拡大につながらないと政府は判断し、国民に説明した。
　代わって経済成長には規制緩和が必要との議論が強調され、経済企画庁も「景気の牽引役が公共投資から個人消費や設備投資の民需に移りつつある中で、公共投資マイナスの影響は小さく、規制緩和

によるプラス効果の方が上回るはず」と主張した。景気回復を求めるアメリカにも政府は、財政再建に伴う景気へのマイナスは超低金利政策の継続と、規制緩和など経済構造の改革を通じた中長期の内需拡大策で補う政策の組み合わせを説明してきた。民間エコノミストも情報通信や流通などの規制緩和で1990年度以降、国内総生産（GDP）は年平均1.69％をあがったことを証拠に、規制緩和も短期的な経済対策になりうると指摘していた。

以上のような証拠はいずれも間接的であり、大蔵省首脳が、公共事業に代えて景気対策として規制緩和を推進すると述べたような直接的なものではない。しかし、間接的な証拠であれ、政府が財政再建を最優先させたことは、96年度、97年度補正予算で公共事業の積み増しを行わず、しかも98年度で公共事業費の7％削減、ODA（政府開発援助）の10％削減を決めたことからも明らかである。その間、日本の景気は低迷するばかりであり、それには別の処方箋が必要であった。行政改革、規制緩和を第二次臨時行政調査会以来長年にわたりウォッチしてきた並河信乃行革国民会議事務局長は「大蔵省による規制緩和推進は、皮膚感覚として感じられる」と述べている。

(4) 行政改革委員会の審議方法

第四の理由として特筆されるべきは、新たに発足した行政改革委員会の構成および審議手法の変化である。行政改革委員会はこれまでの審議会と異なり官僚OBを委員から排除するとともに、利益団体と委員との討議を公開して、世論の喚起をはかった。

一般的に日本の政策過程においては、法案が内閣によって国会に提出される前、与党審査を受けるが、それ以前に次のような手続きを経る。法案の骨子ともいうべき中身が、各省庁に属する審議会により検討される。この審議会は、学者、業界団体代表、消費者団体代表、評論家やメディア人など有識者、さらには官僚OBから構成される。法案の骨子が形成される過程で利害が調整されることを考えれば極めて重要な役割を果たしているといってよい。

問題は審議会が関係者の利害調整の場と化し、総合的な角度から最も望ましい政策の草案を準備する場では必ずしもないという点だ。審議会の会長は学者、有識者が就任することが多いが、一般的に通産省や建設省など各省の行政に詳しい学者と同省OBの委員が審議の実質的なリード役となる。利害調整を審議会の主務省庁の

OB委員が行うことにより、各業界への影響力を当該省庁は保持することができる。多くの審議会で最終報告を準備するのは各省庁の事務方である一方、官僚機構の一般的な行動パターンは前例踏襲主義である。

　行政改革、規制緩和などを扱ってきた審議会にも、各省庁の権益を維持する、少なくとも他省よりも不利な扱いを受けないようにするとの役割を担って官僚OBが多数送り込まれていた。したがって、日本の将来全体にとり必要な優先順位にしたがい、各省庁の業務を整理するなどということは時の首相など政治の指導力が強くなければ不可能であった。1983年に国鉄の分割・民営化を答申した第二次臨時行政調査会の審議過程では中曽根首相、土光会長の指導力は、マスコミの支持も受けて極めて効果的に発揮された。しかしこれは極めて希有な例といってよかった。

　行政改革委員会が1994年12月に発足する段階においては様々な形で、審議会の弊害が指摘されていた。官僚OB委員の多さ、機能に加えて、審議の過程がほとんど公開されていない点、各省庁が数多くの審議会を抱えており縦割りの弊害を招いている点などが問われていた。行政改革委員会はその点に配慮して、従来の審議会とは大幅に異なる委員構成、審議方式を採用した。

　行政改革委員会は財界人、シンクタンク役員、ジャーナリスト、労働組合幹部、経済評論家から構成され、その下に規制緩和小委員会と官民活動分担小委員会を置いた。前者では、19名のうち、7名が学者、7名が企業関係者、労働組合幹部1名、ジャーナリスト1名、シンクタンク役員2名、作家1名であった。それも学者の大半が名だたる規制緩和支持者であった。このような委員構成は、既得権益を離れ、日本にとり必要な規制緩和はどのようなものか、冷静な議論を行うには必要不可欠であった。

　委員会の審議方式も従来の審議会とは趣を異にしていた。透明性の保持という観点から、議論を整理し、問題点を明快にした。特に、規制維持・緩和双方の考え方を対比した「論点公開」を七回にわたり作成し公開した。さらに、規制に関係する官庁・業界・有識者による公開討論を開催し、どの主張に合理性、説得力があるかを明らかにした。この点はこれまでの審議会の議論が、公開されれば自由な議論がしにくいという理由で非公開で行われたきたことを考えれば画期的であった。

公開討論の報道は、行政改革委員会の目論見にもかかわらず地味なものであったが、各紙社説がこぞって規制緩和を支持し、政府を叱咤激励したことに見られるように一定の効果をあげた。しかしながら、委員の構成、審議の手法にもかかわらず、最終報告書を作成する過程では、各省庁、業界の強い抵抗にあった。したがって委員の思い通りに完全に報告が書けたというわけではない。たとえば委員会の意見がほとんど反映されなかった次のような例がある。

1996年3月、通産大臣は商工会議所の陳情団を前に「皆さんの気持ちはよくわかっている」として、大規模小売店舗法について要望通り、現状維持をはかる考えを明らかにした。緩和策は、届け出書類の店舗図面を六色にするように義務づけていた規制を廃止するという小さなものにとどまった。この背景には商工会議所が系列の政治団体をもち、日本商工会議所には、通産OBが専務理事や常務理事に天下りしていることと無関係ではない。商店街は選挙となれば与野党を問わず、ポスターはじめお世話にならざるを得ない。政治家としては最も敵にまわしたくない業界である。もっとも、それから約2年後の98年2月24日、政府は大型店の出店の是非は地方自治体に任せることとし、大店法の廃止を決め、新たに大規模店舗立地法案を閣議決定した。

画期的な試みを行った行政改革委員会も、多くの壁にぶつかったのである。

(5) グローバリゼーションと企業

第五に第一、第三の理由とも関連するが経済の実態の急速な変化、すなわち直接投資や企業合併、提携など国境を越えた企業活動を目の当たりにして、政府はもとより業界、企業が規制撤廃・緩和に後ろ向きであってはもはや生き残れないとの認識を示しはじめたのではないかということである。

政府が規制緩和の重要性を改めて確認したのは大阪で95年秋に開かれたアジア・太平洋経済協力会議（APEC）と思われる。会議のキーワードは自由化であった。自由化を推進し、海外からの投資や技術移転をうながすことで各国の認識が一致した。

政府に近い経済同友会の牛尾治朗は「アジア・太平洋の潮流は、間違いなくその方向にある。日本だけが、かけ声とは裏腹に、規制をどこまで守れるかに苦心している。国による規制の代表は税だ。

例えばシンガポールの法人税率は、1986年当時の40％から段階的に引き下げられ、今は27％。香港は16.5％。税負担が少なくて済むのを武器に、国家が外資の呼び込み合いをしている。世界を相手にする貿易財のメーカーがどちらかを選ぶかははっきりしている。自由化を阻む規制は、一刻も早く取り除かなければならない」と述べていた。

　95年前後から、日本の地方企業が世界に進出しつつあった。たとえば愛知県の豊橋市の精密部品メーカーは、ドイツ、英国、韓国などに、それぞれ5－10名という小規模な生産拠点をもち、年間約10億円を売り上げていた。富山市にある社員600名の業界第六位の家庭用プラスチックメーカーは米国の世界一の大手家庭用プラスチックメーカーからの誘いを受け、提携した。94年3月末で、中小企業一万社のうち6.1％が海外投資を行っており、検討中は19.6％に上っていた。

　他方、日本市場への投資も小規模企業を含め増加し、イスラエルのプリント基板の配線チェック装置の企業は日本に100％子会社を96年春に開設し、米国のパソコンの大手直販会社も、日本法人を構えた。日本貿易振興会によれば95年度の外国の対日直接投資は、金額では7.6％の減となったものの、件数では12.1％増の1272件に達した。

　この間、96年6月にはテレビ朝日株21％をメディア王マードックとソフトバンクが取得し、同じ年の11月にイギリスのブリティシュテレコム（BT）とアメリカの長距離電話会社NMCコミュニケーションズが合併した。これまで大型製造業に傾斜していた国境を越えた企業提携はサービス業においても本格化しつつあった。このようなグローバリゼーションの流れを、企業、業界、政治家は敏感に感じ取り、規制緩和の流れを押しとどめることは不可能と判断したと考えられる。

　以上のような日本企業にとってのグローバル化の進展は、規制撤廃・緩和を政府が進めるにあたり、追い風となったことは間違いがない。この追い風なしに、規制緩和・撤廃を国内世論に主として期待して進めることはほとんど不可能であったろう。その解釈はこれまでの記述から明らかなように、規制の問題が幅の広い分野をカバーし、しかも極めて技術的且つ専門的な事柄であることからも理解できよう。

6 結　論

　1995年以降、実質的な進展を見せつつある規制撤廃・緩和の状況を促した要因は、これまで日本の市場開放の原動力となった米国の圧力、すなわち外圧だけでは十分に説明できない。むしろ新たに日本国内に生じた五つの要因、すなわち内圧によってこの変化を説明するほうが説得力がある。もとより、米国の圧力は日本の市場開放にとっては通奏低音としての役割を果たしており、その機能は今後も、米国の輸出意欲が衰えず、利益団体の請願が基礎となる米国の政治システムが変化しない限り続くであろう。しかし外圧に注目するあまり、日本の国内の諸政治力における変化を、小さいからといって見過ごすことは適切ではない。この変化が規制撤廃・緩和にとどまらず日本の今後の制度上、構造上の大きな変化を促すことになるかもしれないからである。

　他方、これまで日本の規制撤廃・緩和の障害であった各省庁の圧力、すなわち、通産省（経済産業省）、運輸省（国土交通省）、農林水産省など各種事業の許認可権をもつ当局が、既得権益を有する各業界、企業の圧力、抵抗に晒され規制の撤廃・緩和を遅らせてきたという見方も、完全に過去のものとなったわけではない。依然として、ミクロのレベルで問題を観察すれば、許認可権が残る限り、鉄の三角形は続く。しかし、その許認可権も、その数でトップを争う国土交通省は需給調整規制を原則として目標期限を定めて廃止することを決めた。さらに1997年末に、市場閉鎖性の象徴ともいうべき大店法の廃止を政府は決めた。これからは地方自治体独自の規制が行われるとはいえ、今後は日本政府が少なくとも中央レベルで大規模店の出店に関して、一律に規制することはない。日本の規制撤廃・緩和は新たな段階を迎えた。それを可能にしたのは構造変化につながる小さくはあるが着実な変化である。

第3部

各論 ▶▶▶
行政改革の軌跡と今後の課題

検証
行政改革

Ⅰ 財政改革

北海道大学教授　宮脇　淳

1 第2次臨時行政調査会以降の財政運営

(1) 80年代、財政再建の矮小化とリスク移転構造

　　第2次臨時行政調査会以降の日本財政は、増税なき財政再建、民活、バブル経済の発生とその崩壊、構造不況と財政構造改革、理想なき財政出動など多くの局面を経ながら、確実にその体質を劣化させてきた。国債の年度新規発行額は、80年度の14兆円台から30兆円台に増加、発行残高も70兆円から400兆円弱にまで膨れ上がっている。もちろん、赤字の規模だけで財政の善し悪しを判断することはできない。日本経済、社会全体として如何なる資源アロケーションが形成されたかが重要なポイントとなる。その資源アロケーションが財政システムと共に硬直化し深刻な問題を抱えるに至ったのである。
　　なぜ、財政システムの硬直化が全体として進行したのか。その経過をまず概観すると以下のとおりである。80年代の財政再建は、第2次臨時行政調査会土光会長の「増税なき財政再建」路線によってスタートした。「増税なき」を明確にすることで、財政の歳出規模そして構造を変革しようとする取り組みであった。それまで繰り返された増税措置による財政肥大化体質に歯止めを掛けるために、極めて有用な方針であった。また、同時に「官民関係の見直し」を打ち出し、行財政改革が官の領域内の問題ではなく、官と民の関係を見直す取り組みであるとする新しい思考を提示している。しかし、この方針が実際の歳出削減そして官民関係の見直しにおいては、国鉄民営化などの大きな成果は生み出したものの、基本的には一般会計という日本財政の「客間」に矮小化されたことに資源アロケーションを硬直化させ財政赤字を実質的に増大させる原因があった。すなわち、財政需要を一般会計から特別会計、財政投融資、地方財政へと転嫁する中で、客間である一般会計の掃除が進められたのである。この結果、一般会計はある程度整理できても、周辺部に位置していた財政は見えずらい姿で従来の財政需要を受けとめ硬直化する

第3部　各論・行政改革の軌跡と今後の課題

結果となった。

　財政の歳出削減は、リスク移転の存在に留意し進めなければならない。歳出削減は、リスク移転を伴う。一般会計の歳出削減は、財政投融資や地方財政にリスク移転されやすい。リスクを移転しても民間企業と異なり、倒産等の制度を有しない特殊法人や地方自治体では赤字を拡大させながらも移転されたリスクを抱え続けることが可能だからである。リスクを抱え続けることは、最終的に財政システム全体を支える政府信用を長期的に劣化させる結果をもたらす。今日の日本国債の格付け低下や財政赤字の急増の背景には、過去のリスク移転が財政本体に逆流するブーメラン効果が根底に存在していることを忘れてはならない。

　リスク移転は、中曽根内閣の民活路線でさらに加速された。第三セクターなどの官民連携の取り組みは、官と民のリスク移転のキャッチボールの仕組みに変質していた。それは、第三セクターにおけ

【参考図表】　　1975年（昭和50年）以降の中央財政の姿

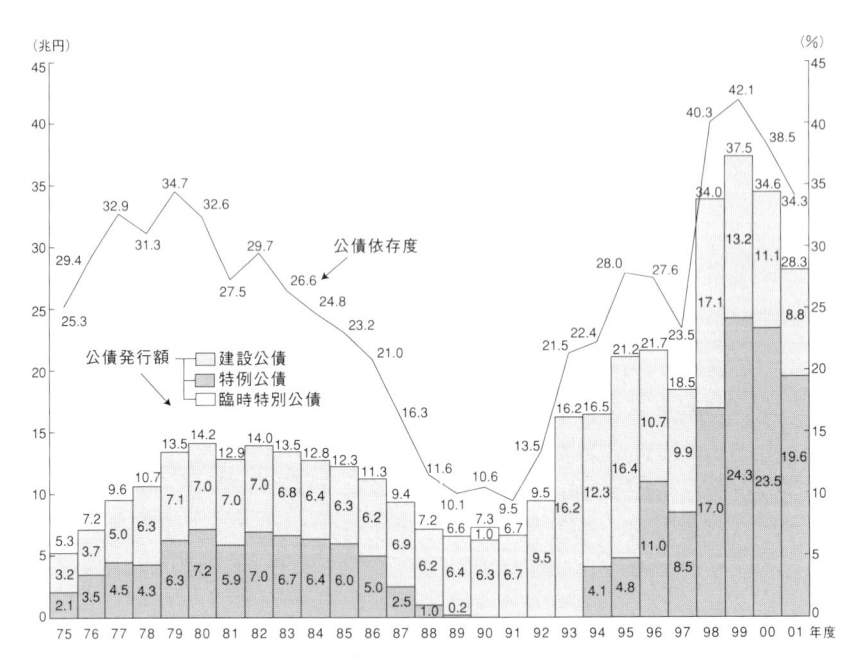

出典：「財政の現状と今後のあり方」財務省ホームページ所収

る官民の責任と役割分担が明確化されず民間も最終的に官側がリスクを負担することを暗黙の前提とした関わり方を続けたこと、第三セクターの機動性等のメリットを引き出す周辺の制度設計や官民の体質改革が進まなかったことなどに原因がある。いずれにせよ、民活も財政需要を一時的に官民の中間領域にリスク移転する構造はもたらしたものの、本質的に官民の関係を変革するものとしては力不足の結果をもたらしている。

80年代の増税なき財政再建は、日本の貯蓄超過体質と重なり合い、行財政の外延化と財政錯覚を深刻化させる結果となった。とくに、リスク移転の構造を通じて、官から民への領域・機能移転ではなく、全体としては官の影響力の拡大、民間部門への包摂の構図を深層化させている。80年代の財政運営は、一律削減方式や増税なき財政再建姿勢の下で行政におけるインクレメンタリズム（増分主義）と包摂の構図をより深化させている。資源アロケーションの抜本的見直しではなく、一般会計を中心としたコスト削減を柱とした財政再建策の弊害といえる。日本財政は、財政肥大化体質を残しつつバブル経済の発生という新たな局面を迎えることになる。

(2) 90年代、揺れ続けた財政運営

続く、90年代の日本財政は、極めて基本的かつ対称的な軸である「財政再建と景気対策」の間を大きく揺れ動きながら展開された時代である。その振幅は、決して小さなものではなかった。91年からのバブル経済崩壊を契機とした景気低迷に対して90年代前半では93年度予算（実質補正額5兆円強増額、対前年度補正後比8.3％増）を中心として景気刺激策が実施された。しかし、96年度に実質経済成長率が4％台に達し景気回復が明確になると、80年代以降財政運営の根底に流れ続けていた矮小化された財政再建路線を再び顕在化させている。97年度予算では当初ベースでこそ対前年比3％の増加となったものの、歳出総額では対補正前年比1％増、対決算前年比では0.5％減と順次緊縮傾向を強めている。その後、97年度年央から実態経済面で景気減速が生じ98年度に落ち込みが明確となるに至り、再び98年度予算では補正予算（対補正前年比12％）を中心に大型景気対策が実施されてきた。さらにこの間の実態として、財政主導型金融政策の強まりも指摘せざるを得ない。

90年代の財政政策が揺れ動いた背景としては、①経済の成熟化等

に伴い世代間・地域間の資源アロケーションの歪みや政策・施策等の効率性に対する批判が高まったこと、②米国を中心とした外国政府からの積極財政への期待が強まったこと、などが指摘されている。土地バブル崩壊後の日本経済では、財政需要の拡大を通じて各民間経済主体がバランスシート調整（債務負担の上昇に伴い信用制約が強まるファイナンシャル・アクセレーター効果等の克服）を進め、同時に日本経済における長期的成長要因の再構築を図ることが最重要課題であった。90年代は、そうした民間部門が抱える構造的課題の克服と自然治癒を前提としたケインズ政策の効果、そして民間部門のバランスシートの改善と財政部門のバランスシート悪化の流れが輻輳しながら進行した時代である。

90年代の財政政策は形式的には三期に分けることができる。第一期は土地バブル崩壊後、減税、公共投資両面から景気刺激策が実施された91－94年度予算、第二期は景気回復が極めて脆弱な過程のなかで消費税率を引き上げ、歳出削減を打ち出し財政構造改革を前面に出した95－97年度予算、第三期は景気低迷のなかで本格的な大型景気対策を実施した98－2000年度予算である。

第一期を総括すると、第一に80年代の形式的財政再建体質を内包していたことが政策判断としてのラグを結果的に強く機能させたこと、第二に民間のバランスシート悪化が景気対策の効果を減殺させたことが指摘できる。企業の設備や住宅等バブル期における過剰投資が民間経済主体のストックを依然として積み上げていた時期であり、そのストックの積み上げに資産価格の低下が重なりバランスシートが加速度的に歪んだ。こうしたバランスシートの歪みが財政面からの景気対策の効果を大きく減殺させる結果となったことは否定できない。第一期の予算規模はかなり拡大しているものの、実質的には一般会計を中心とした形式的財政運営を根底でもつなかで、バランスシートの悪化によってもたらされる経済のマイナス成長を防ぐ限られた範囲での効果であった。

第二期のうち95－96年度は引き続き予算規模としては積極的景気対策が実施され、減税、公共投資両面から刺激策が基本的には展開された時期である。その結果、日本経済の総需要は拡大し、第一期で生じていた民間企業のバランスシートの歪み、ストック調整も徐々に一巡することで95－96年度の実質経済成長率は平均3.7％に達している。バブル期の過剰投資によるバランスシートへのマイナス

【参考図表】　　　　　　1983年以降の経済対策

年　月	内閣	名　称	財政上の措置の概要
1983. 4. 5	中曽根	今後の経済対策について	上期契約済額目標　70％以上
1983.10.21	中曽根	総合経済対策	公共事業等規模約1兆8800億円の拡大
1985.10.15	中曽根	内需拡大に関する対策	公共事業等規模約1兆8000億円の拡大
1985.12.28	中曽根	内需拡大に関する対策及び対外経済対策について	上半期公共投資等に約1500億円追加
1986. 4. 8	中曽根	総合経済対策	公共事業等の施行促進
1986. 5.30	中曽根	当面の経済対策	
1986. 9.19	中曽根	総合経済対策	公共事業等事業規模約3兆円の拡大
1987. 5.29	中曽根	緊急経済対策	公共事業等事業規模約5兆円の拡大 上半期契約済額目標　80％以上
1992. 3.31	宮沢	緊急経済対策	上半期契約済額目標　75％以上
1992. 8.28	宮沢	総合経済対策	公共投資等の事業規模8兆6000億円の拡大
1993. 4.13	宮沢	総合的な経済対策の推進について	公共投資等の事業規模10兆6200億円の拡大 上半期契約済額目標　75％以上
1993. 9.16	細川	緊急経済対策	生活者・消費者の視点に立った社会資本整備の推進（事業費約1兆円の追加）
1994. 2. 8	細川	総合経済対策	公共事業等の事業規模7兆2000億円の拡大
1995. 4.14	村山	緊急・円高経済対策	阪神・淡路大震災からの復旧・復興事業、各種円高対応策等の実施に必要な財政措置
1995. 6.27	村山	緊急・円高経済対策の具体化・補強を図るための諸施策	公共事業等の施行促進
1995. 9.20	村山	経済対策―景気回復を確実にするために	公共事業等の事業規模12兆8100億円の拡大
1997.11.18	橋本	21世紀を切りひらく緊急経済対策	規制緩和を中心とした経済構造改革、土地の取引活性化・有効活用、中小企業対策等
1998. 4.24	橋本	総合経済対策	社会資本整備の事業規模7兆7000億円の拡大 上半期契約済額目標　81％以上
1998.11.16	小渕	緊急経済対策	信用収縮対策の推進（事業規模5兆9000億円の拡大） 社会資本整備の事業規模8兆1000億円の拡大
1999. 6.11	小渕	緊急雇用対策及び産業競争力強化対策	
1999.11.11	小渕	経済新生対策	社会資本整備の事業規模6兆8000億円
2000.10.19	森	日本新生のための新発展政策	社会資本整備の事業規模4兆7000億円
2001. 4. 6	森	緊急経済対策	金融再生と産業再生、証券市場の構造改革、都市再生と土地の流動化等

出典：加藤治彦編　図説「日本の財政」平成13年度版（東洋経済新報社　2001年8月）p.259

効果が薄らいだことで、景気対策の効果が第一期に比べ直接的に反映された時期である。とくに、96年度経済の住宅投資前年度比14.6％増は、低金利と税制面からの住宅・土地関連税制の見直し、財政投融資計画を通じた住宅金融公庫の融資枠拡大など政策的効果が直接的要因として反映されている。この時期の特色的な点は95－96年度の平均3.7％実質成長を受け、97年度予算編成では根底で維持されてきた緊縮型体質を名実ともに顕在化し、所得税特別減税の停止、消費税率の5％への引き上げ、公共投資の削減などが積極的財政再建路線が実施されたことである。95－96年の成長率の拡大は、バブル期に生じた過剰投資によるストック積み上げが一巡したことに大きな要因があり、自立的回復局面に入ったものの企業など経済主体の体力強化、長期的成長要因の再構築は依然今後の課題として位置づけられていた。ケインズ政策による自然治癒を前提とした有効需要の自律的回復はみられたものの、もうひとつの大きな構造的課題は残されていた。このため、この段階での所得・消費両面にわたる増税措置は、可処分所得の減少と消費税引き上げによる需要の攪乱を生じさせ、設備投資の循環を折る結果をもたらした可能性がある。

　第三期は、大きな景気落ち込みが明確となる98年度からスタートする。実質経済成長率は、97年度第三・四半期から5期連続でマイナス成長となる。こうした経済の落ち込みに対して、98年度予算補正予算において総額16兆円の景気刺激策が実施されている。98年度当初予算編成段階では、歳出全体について聖域を設けず徹底した見直しを行い一般歳出については前年度の当初予算を相当程度下回ることが編成方針とされていた。しかし、経済の大きな減速が認識されるに至り大規模補正が実施されている。その結果、住宅取得促進税制等による住宅投資の拡大、同時に実施された金融政策等によって中小企業を中心とした企業マインドの安定などに寄与し、実質成長率は99年度第一・四半期にはプラスに転じる動きとなっている。

　この期の問題点として、第一に政策決定に関する認識のラグが強く働いていること、第二に第二期までに生じた経済の攪乱が企業の設備投資の回復に大きな時間を要する結果を招いたこと、第三に公共事業を中心とした景気対策による需要拡大が構造的に需給ギャップを埋め自立回復に結びつく構造ではなく、経常的に需給ギャップを埋める前提として経済にロックインされたことなどを指摘することができる。自立回復に向けてマクロ経済政策によって補うべ

I 財政改革

【参考図表】 経済政策の規模（公債発行額）とGDPギャップ

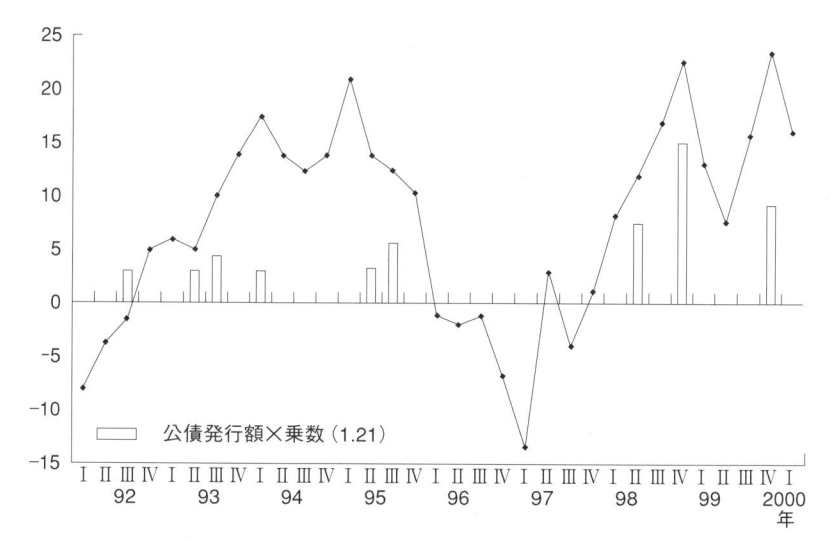

出所：GDPギャップは経済企画庁「日本経済の現況」の各年
出典：小川・竹中編「政策危機と日本経済」（日本評論社 2001年3月） P.125

【参考図表】 一般会計歳出、一般歳出の推移

一般会計　歳出　　　　　　　　　　　　　　　　　　　　　　　　（％、兆円）

年度	対当初比	対補正比	対決算比	決算額
1991	6.2	1.4	1.8	70.5
92	2.7	1.2	▲0.1	70.5
93	0.2	8.3	6.5	75.1
94	1.0	▲5.2	▲2.0	73.6
95	▲2.9	6.3	3.2	75.9
96	5.8	▲0.3	3.8	78.8
97	3.0	1.0	▲0.5	78.5
98	0.4	12.0	7.5	84.4
99	5.4	1.2	−	−
2000	3.8	−	−	−

一般歳出　　　　　　　　　　　　　　　　　　　　　　　　（当初ベース、億円、％）

年度	一般歳出額	増加額	前年度比
1991	370365	16634	4.7
92	386988	16623	4.5
93	399168	12180	3.1
94	408548	9380	2.3
95	421417	12869	3.1
96	431409	9992	2.4
97	438067	6658	1.5
98	445362	7295	1.7
99	468878	23516	5.2
2000	480914	12036	2.6

出典：宮脇「90年代の財政政策にみる意思決定機能上の問題点」小川・竹中編上掲書　p.143

きGDPに対する需給ギャップは、第一期、第二期に比べ第三期ではむしろ10％程度に拡大しているのが実状である。

以上、三期に分けて90年代の財政政策の流れをみてきたが、まず確認すべき点は、決算額の推移にみられるごとく、第一期から第二期にかけて根底に緊縮型財政運営の思考が流れ続けていたこと、そして有効需要政策が維持され構造的要因に対する政策展開が不足していたことである。

90年代の財政運営は、景気対策と財政再建の間で大きく揺れ動いた。その中で行財政改革の視点も中央省庁改革基本法に見られるように、官民関係の見直しから再び行政組織の見直しへと実質上の視点を土光臨調以前に戻す流れを生み出している。バブル経済の崩壊と共に80年代の財政再建におけるリスク移転が逆流した結果、官と民が一体化して不良資産を抱える今日的問題を生じさせている。

(3) 有効需要政策の限界とミクロ的対応の必要性

ケインズ政策では、需給ギャップは経済主体が形成する合成の誤謬等による価格調整機能の阻害（たとえば、賃金の下方硬直性が強いこと等）により発生し基本的には時間の経過と共に自律的回復を果たすと考える。しかし、過度な振幅を防止するために財政金融の拡大型マクロ政策を発動する。こうしたケインズ的処方箋の前提には、需給ギャップと有効需要の問題は循環的課題であり、有効需要の不足を生じさせる構造的問題に対する思考は重視されない。そこでは、長期的な経済成長は労働投入や技術力といった供給側の要因によって変動するものであり、需要サイドの要因では変動しないと思考する。このため、消費者をはじめとした各経済主体の需要構造が変化し、産業的に衰退し需要不足が生じる分野に対してより多くの財政支援等による有効需要の嵩上げ政策が展開されやすくなる。それは、産業構造や雇用構造に対する変革を回避しようとする政治、行政両面からのインクレメンタリズム体質の強まりと密接な関係を有している。リンドブロム（Lindblom）が指摘したインクレメンタリズムの特性のひとつは、「目的に対する合意は高い抽象的レベルでは別として、実際の行政の企画・執行段階では合意された目的を達成する手段として施策・事業を選択するのではなく、媒介要因と属性を通じた意思決定のなかで目的と手段が同時並行的に選択される」ことにある。このため、抽象的な景気対策の目的が掲げられ

ても、実際の予算編成における個別事業や施策の実質的な内容は従来の財政再建路線から少しだけ異なる選択肢に限り取り上げる本質的体質が続く。現状と少しだけ異なる選択肢を取り上げる背景には、①行政において抽象的な目的を掲げる政治との間で受け入れられやすい選択肢を抽出しやすいこと、②現状と大きく異なる結果を予測する手段と情報に欠けることなどが指摘できる。

　また、ミクロ的体質変化に対する配慮が重要である。長期的成長要因の問題は、マクロ面だけでなくミクロからもとらえることが必要である。90年代の経済低迷に対する構造問題としては、市場メカニズムに対する阻害要因たる規制緩和や媒介要因のたる情報革命を通じた新規産業の創造などの構造問題が提示されている。その背景には、国際化、市場経済への経済・社会システム、そして財政システムの対応の必要性が存在する。規制緩和等の取り組みは必要不可欠である。しかし、規制緩和だけに依存することは、手段たる規制緩和の威力を減殺すると同時に財政負担の拡大をもたらす。規制緩和は、財源移譲を含めた地方分権をはじめとした行財政改革が実態的に伴うことではじめて成果がもたらされる。

　規制緩和や情報改革は、第一に市場メカニズムの阻害要因を緩和し、経済の非効率性や経済・社会システムの非適応性を改善する要因として作用する。もちろん、ミクロ面からの効率性の追求は企業等個別経済主体における収益改善をはじめとした「部分均衡」として追求されるため、雇用の減少や流通過程の簡素化などマクロ面からは「合成の誤謬」が発生し経済全体の有効需要を結果として減少させる要素としても機能する。リストラの取り組みが個別企業の収益を改善させても、雇用者の減少やコストの節減を通じてマクロ経済ではマイナスに機能するのと同様である。第二に、規制緩和や情報革命には新規産業の創造が新たな有効需要を生み出すことが指摘される。この面において重要な点は規制緩和や情報革命がどの程度の新規産業の創造に結びつくか否かであり、仮に期待した程の有効需要の拡大に結びつかなければ、第一で指摘した合成の誤謬と同じ結果を生み出しかねないからである。

　この問題に対する重要な示唆として19世紀後半から末期にかけて発生したイギリスの大不況時における経済学者アシュレー（Ashley, William J.）のミクロ面からの指摘がある。1870年代に直面したイギリスの不況（1873－96年の大不況）は、壮年期の深刻な病

気すなわち慢性疾患であった。すなわち、当時のイギリスの不況は、それまでの成長期をもたらした自由貿易と税財政政策（関税等）を前提とできない歴史的に大きな構造転換期における不況であった。その克服にあたっては、構造改革が必要とされ有効需要の拡大を目指した景気対策など従来型の治療を実施しても回復は難しい現状にあった。そのため、イギリスはその後100年不況へと陥っていく。この構造転換議論においてアシュレーは、「変革期におけるマクロ経済の低迷が企業や行政、個人といったミクロ的局面に根ざしていることへの認識の必要」を指摘している。

　アシュレーは、資本主義の変化に対応できる人材が不足していることをまず指摘している。植民地経営に基盤をおいた19世紀のイギリスは個人の資本力を基礎とするいわゆる「所有者資本主義」に立脚していた。しかし、20世紀の世界経済においてはアメリカを中心とした「法人資本主義」が発達し、そこではこれまでの所有者資本主義における人材とは異なる企業や社会を効率的に運営する人材の育成が求められたのである。アシュレーの言葉を借りれば、「自由と秩序の中間を施行する大きな専門家集団が必要」とされ、民間企業、行政機関を問わず専門的経営能力を育成することが必要とされたのである。社会・経済の体質変化とそれに対応して求められる人的資源の変化に対する指摘であった。こうした指摘は、90年代の日本においても重要な示唆を提示する。規制緩和や情報改革による新規産業の創造には新たな人的資源が必要である。雇用の流動性と同時に新規産業を支える人材の育成が必要となる。

2 財政情報の質と行革理念

(1) 取引コスト理論とエイジェンシー制度

　80－90年代において発生し官民間のリスク移転の構造の根底には、財政実態の把握と財政面からの政策判断に適しない財政情報の質的問題が横たわる。行財政の実態を棚卸し的に把握すると同時に未来を見た財政情報による政策判断が求められる。

　その際、重要となるのは、取引コスト理論とエイジェント理論である。取引コスト理論は、政策に関する取引コストを事前と事後に分離し、コスト認識をめぐる行政の意思決定の特性を整理する理論

である。事前コストは、企画・立案、契約締結プロセス、契約執行プロセスに関するコスト、事後コストとは、事後的な瑕疵に対するコスト、事業等の更新・維持コスト等を意味する。こうしたコスト配分の決定、とくに事後コストは、本来リスクの存在、情報の非対称性（経済活動の主体間において把握している情報の量と質に格差があること）などによって大きく影響を受け変化させなければならない。しかし、現実の行政活動では、リスクの存在や環境の不確実性、行政が確保している情報が限定的であること等に対する認識と対応が不十分であり、政治などの属性も影響することから、前例を踏襲することで意思決定に関わる不確実性等の存在を回避し、自らの意思決定の正当性を確保する傾向を強めやすい。そのことは、同時に事後コスト把握を回避することを意味する。とくに、意思決定や事業への参加者が固定的なかつ多い領域（多属性問題が深刻化している状況）ほど参加者変更のコストが高くなるため、リスクの存在や環境変化に対する対応を回避する姿勢が強まる。こうした傾向は、行政組織が肥大化し行政内部における組織間の情報の非対称性（いわゆる縦割り問題）が深刻化すること、意思決定の調整コストが拡大すること、形式主義による組織の維持コストが拡大すること、そして財政投融資や地方財政へのリスク移転による歳出削減を主体とすることなどにより一層深刻化する。

　次に、エイジェント理論とは行政の垂直的関係において企画立案部門と業務執行部門間の情報が非対象化を深め、企画立案部門の業務執行部門に対するコントロール力が低下し、前例踏襲型の業務執行が固定化する問題点も指摘する理論である。エイジェント理論では、企画立案部門と業務執行部門間の利害関係は一致しないことが一般的であり、加えて情報についても実際の業務を担っている業務執行部門が優位に保有するため行政サービスの質は前例踏襲型となりやすいと指摘する。また、企画立案部門は業務執行部門の情報を十分把握せず、また、利害関係も一致しないなかで制度や政策の企画立案を行うことで、業務執行部門との乖離と軋轢を拡大させる。

　財政情報の質的改善に際しては公会計改革などを通じて、これまで決定的に欠如していた予算に関する事後コストの把握に努め、同時に行政内部における情報の非対称性を少しでも克服する努力が必要となる。この意味でもIT革命に伴う行政内部のナレッジ化なども不可欠となる。

(2) NPM理論の台頭

　　90年代、とくに橋本政権以降の行財政改革の根底には、「小さな政府」を求める行政改革の要請、経済の成熟化とインクレメンタリズムの終焉、金融改革の進展などの要因がある。こうした改革の大きな流れは、79年に誕生したサッチャー政権の民営化政策をスタートに80年代を中心として行財政の現場からのマネイジメント理論として形成されてきた、NPM（New Public Management）理論が重要な影響を与えている。国や地方自治体を中心に取り組まれている貸借対照表の作成をはじめとした公会計の見直し、政策評価・事業評価制度の導入、PFIなども、NPM理論に根ざすものである。NPM理論には、次の四点の基本的思考がある。

　　第一は、出来るだけ最終的なサービスの受け手である行政部局あるいは責任単位に対して可能な限り、行政サービス提供方法等に関する裁量権と責任を提供することである。従来は、規則や運営等によって行政サービスの提供方法等が統制され、いわゆる「ルールドライブ型」の行政組織体質を有していた。このため、国民のニーズに敏速かつ適切に対応することが困難な状況を深めてきた。こうした問題点を克服するため、可能な限り裁量権を行政サービス提供の部局に広げること、すなわち「ミッションドライブ型」の行政組織体質を形成しようとするものである。同時に、裁量権を拡大させることで公的部門に対する民間部門からの資金や人材等さまざまな資源投資を可能にし、行政サービス提供に対するコントロールを担保するため、業績と成果によって監督・統制し意思決定の合理性を確保する考え方である。このため、責任単位の明確化と責任者への権限集中が必要となる。

　　第二は、市場原理と競争原理の活用である。民営化、外部化、官民連携の相互主義、エイジェンシー化（独立行政法人）、PFI制度などもNPM理論を基本として公的セクターに市場原理等の導入と活用を拡大させるものである。英国では、80年代以降公営企業の民営化が進められ、それと同時に公的部門全体についてサービス提供とコスト分析が市場化チェックの下で進められている。NPM理論で同時に重要な点は、単に従来型の行政に対して市場原理的発想を当てはめるのではなく、制度やサービス提供の方法自体を見直すことで、公的セクターに対する外部資源の投入を拡大すると同時に、

Ⅰ　財政改革

【参考図表】　　　　　　　PFIと民活の違い

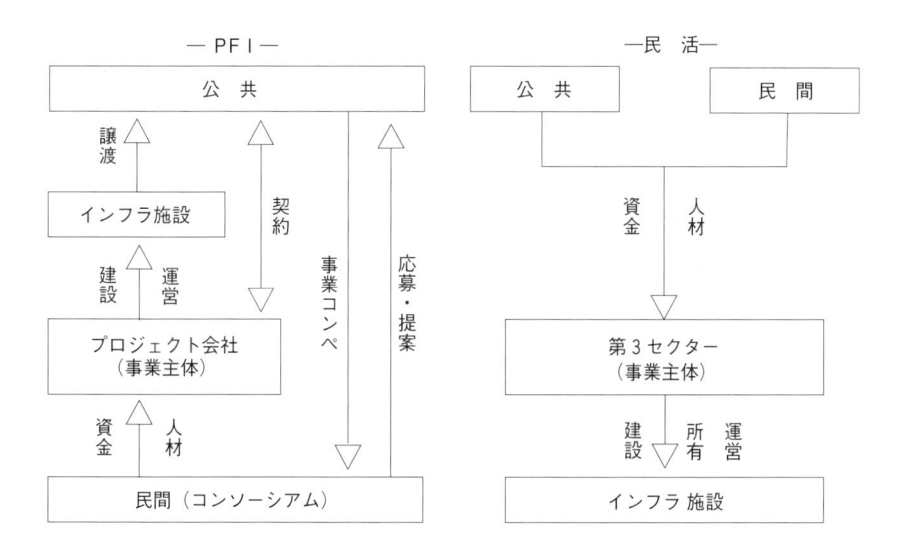

― PFI ―

```
            ┌─────────────┐
            │    公 共     │
            └─────────────┘
         譲渡 △    △ 契約   △
              │    │       │
         ┌─────────┐      │ 事業コンペ   応募・提案
         │インフラ施設│      │
         └─────────┘      │
         建設△ △運営        │
              │              │
         ┌─────────────┐    │
         │プロジェクト会社│    │
         │ (事業主体)    │    │
         └─────────────┘    │
         資金△ △人材        ▽
              │
         ┌─────────────┐
         │民間(コンソーシアム)│
         └─────────────┘
```

― 民　活 ―

```
   ┌─────┐      ┌─────┐
   │公 共│      │民 間│
   └─────┘      └─────┘
        │          │
     資金│          │人材
        ▽          ▽
   ┌─────────────┐
   │  第3セクター  │
   │  (事業主体)   │
   └─────────────┘
   建設△ △所有 △運営
        │
   ┌─────────────┐
   │ インフラ施設 │
   └─────────────┘
```

事業形態		ポイント
第3セクター型		・公益性と事業の線引が不明確 ・官民の役割と責任が曖昧 ・民間事業ノウハウの発揮が困難 ・社会的負担の増大 ・官民の癒着
市場原理型	民営化型	・純粋民間企業の創設 ・公共支出の解消 ・民間事業ノウハウの発揮
	PFI型	・民間部門の活動領域の拡大 ・事業責任の明確化とリスク配分の適正化 ・政府部門の純化と政策分野への専念
	外部委託型	・民間移転による市場の創造 ・採算性、サービスの向上 ・公共支出の削除

(資料)　A Lawton and D. Mckevict, *Case Studies in Public Services Management,* Blackwell Business. 1996.
　　　経済企画庁経済研究所編『社会資本の構造改革に向けて』(97年8月)、
出所：宮脇「行財政改革の逆機能」東洋経済新報社　1998年　p.171

官民の役割分担や責任領域を明確にするなかで、事業運営に対して民間的運営を取り込む努力を展開する。

すなわち、市場原理や競争原理を公的部門に活用することによって、①資金、ヒト、情報等公的部門に投入される資源の多様化を図ること、②市場原理、競争原理に対する公的部門の対応力を強化することが上げられる。資源投入の多様化は、財政制度、公務員制度等の改革も含め公的部門の組織文化やそこで形成される意思決定等を変えていこうとする取り組みであり、市場原理等の活用は、これまで十分果たされてこなかった債権者、市場への説明責任と説明能力を向上させることにある。もちろん、民営化からエージェンシー化に至るまで、官民の関係は異なる。たとえば、民営化の場合、公的資源の支配から民間資源の支配に組織体自体を移行させ、移行後の組織体への公的部門の介入は必要最小限度にとどめられることになる。これに対して、PFIは事業や組織体に関する官民の間で資源投入と管理運用等の責任も含めた役割分担を契約関係で明確にする（公的分野への「契約システム」の導入）。そして、エージェンシー制度は、公的統制は極めて限定的となり、公的部門に対する固有責任のみをエージェンシー組織は負担する姿となる。

第三は、行政サービスの提供や事業展開を司る統制基準の見直しである。NPM理論の実践においては極めて重要となる点である。これまで国や地方自治体等で取り組まれてきた外部委託等の方式は、行政サービス提供等に関する統制基準（意思決定の媒介要因、多属性問題等）は行政側の理念型によるルールドライブ型のままでその提供作業だけを民間側に委ねる方法が採用されてきた。このため、コスト削減には資しても、行政サービスの有用性を高めることには充分に貢献することができなかったのが実態である。この点は、外部委託方式だけでなく、民営化等の手法においても共通する点である。

前述したように、80年代の中曽根内閣のなかで導入された「第三セクター」方式は、多くの実質上の事業破綻の実態を生み出し、特殊法人や地方自治体本体の財政にも深刻な影響を与えるに至っている。こうした事業破綻の原因は、第三セクター自体以上に、第三セクターに関与した官民関係の硬直的体質にある。とくに、公的部門では民間との共同業務である第三セクターの意思決定に対して官の統制基準を持ち込み市場原理や競争原理活用の利点を相殺してきた

点が上げられる。これに対して、NPM理論に基づく統制基準は、ミッションドライブ型で行政サービスの受け手たる国民のニーズを基本として形成する。このため、当然従来の行政組織における統制基準を再構築することが必要となる。

第四は、以上の基本的思考を具体化するための積極的な組織改革である。この組織改革では統制基準を従来のまま温存したいわゆる行政整理型の組織改革が求められるのではなく、意思決定を結び合わせる要因である媒介要因（人事、予算）、そして意思決定に影響を与える属性の見直しを実現することが求められる。加えて、行政機能の明確化を進めるため、政策や事業形成と執行過程の透明性が不可欠となり、情報共有を積極的に進めることが必要となる。

90年代の行財政改革の取り組みは、産業構造等経済社会システムの変革の前提となる政策形成においてNPM理論的発想は取り込んだものの、その大部分はすでに指摘したように土光臨調が示した官民関係の見直しではなく第四の組織改革が中心となり、市場原理や競争原理の活用、統制基準の見直しなどの実質的な要因に至らなかった。行財政改革の面においても構造転換を形骸化し、組織の組み替えにとどめようとする圧力が強く機能する。こうした圧力による逆機能の発生を克服し、日本経済の長期的成長要因の再生による本格的回復を実現するためには、財政と金融の関わりの変化、政策形成における財政規律の意義を再認識する必要がある。

3 地方行財政改革の位置づけ

80－90年代そして今後の日本財政を考える場合、地方財政を抜きにして考えることができない。それは、第一に、80年代の行財政改革がリスク移転の構造の中で地方行財政との関係を深層部でさらに深めたこと、第二に、90年代に入り村山政権において初めて本格的な地方分権の視点からの行政改革の議論がスタートすること、第三は、地方分権の議論はスタートしたものの中央集権の構造が実質的に深まる構造となったこと、などによる。

地方財政は、現在、制度的に危機に直面している。制度的危機とは、税収の減少、さらなる地方債残高が急増し元利返済が財政運営を一時的に圧迫するといった70年代以降繰り返されてきた従来型の危機ではなく、地方債、地方交付税そして自治体と金融機関との関

係なども含めた地方財政制度全体の維持が困難となっていることを意味する。このことは、今回の危機が、将来の景気回復や国からの財源移転の増加を期待して歳出抑制に努めるだけでは克服することができない財政と金融に跨る制度的、本質的課題を抱えていることを示している。

加えて、地方財政の危機は、2000年初頭から2010年頃までを中心としてさらなる深刻化する。そして、同時にこの期間において地方債発行事前協議制導入など新たな地方財政制度が模索されまた始動する。この10年間の変化を踏まえた新制度の創造とそれへの着実な対応が自治体には求められている。

今後10年間を中心に直面する第一の課題は、過去の政策で積み重ねてきた資産や負債の構造が大きな変動期を迎える「ストックサイクルの到来」であり、第二の課題は、「財政と金融の循環構図の限界」の到来である。こうした課題の克服には、自治体の資源アロケーションを把握し、国の信用から自律した地域を自ら形成できるアロケーションに少しでも変革することが必要となっている。

(1) ストックサイクルの到来

第1の「ストックサイクルの到来」は、国も含め戦後はじめて自治体が本格遭遇する重大な課題である。戦後50年以上経過した現在、経済の成熟化と共に過去展開してきた政策や事業が堆積した結果、地方財政が抱える資産、負債等の構造とその変動がフローの財政活動に大きな影響を与えざるを得ない時期を迎えている。80年代以降の行革過程におけるリスク移転の逆流もこれからが本格化の時期を迎える。ストックサイクルは、大きく三つの波によって構成されている。

第一は、「国債や地方債の償還の波」である。国及びほとんどの自治体では、今後10年以内に借金の返済額がピークに達する。右肩上がり経済のなかで、増加する貯蓄や閉鎖的金融市場を背景に増やし続けてきた国債、地方債を本格的に純減させなければならない局面に至る。国債や地方債が満期を迎えれば自動的に借り換えによって資金調達し、新しい政策や事業のためにさらなる新しい借金を増加させることができた恵まれた環境（財政主導型金融政策）はすでに過去のものとなっている。地方債の商品性が投資サイドから厳しく評価される時代となった。

この問題の本質は、「流動性リスク」の顕在化にある。日本では、これまで「信用性リスク」を中心に議論が展開されてきた。信用性リスクとは、投資サイドからみれば貸し倒れリスクを意味する。公的部門に対する融資・投資では、信用性リスクをほとんど認識する必要性がなかった。今日でも、自治体の債務は交付税措置等を通じて国が実質的に保証する制度となっており、従来と大きな変化は制度的に生じていない。問題は、従来あまり認識されてこなかった流動性リスクの顕在化にある。流動性リスクとは、投資家自身が資金を必要とした時に必要な投資資金を回収できないリスクを意味する。自治体への融資は、返済期限があっても実質的に借り換えが行われるため、永久債に近い資金の固定化を余儀なくされてきた。市場のグローバル化が進むなかで、こうした資金運用の固定化は困難となってきている。さらなる重要なことは、資金の流動性の高まりが政策形成にも影響を与えることである。コスト変動的な資金の調達傾向が強まり、政策の対象領域の絞り込みと多様な政策手段の導入が不可欠となっている。

　第二は、退職する職員数がピークを迎えることである。退職給与等に対する積み立てがほとんどない自治体（退職手当条例を独自の団体で設定せず退職手当組合に加入している自治体では当該問題は比較的小さい）では、大量の職員退職による退職給与の支払によって資金繰りを困難にするケースが今後増加する。こうした資金需要の拡大に対して、すでにみた金融環境の変化が重なり合うことになる。加えて、退職後の共済運営問題にも繋がる。

　加えて、大量退職後の人事構成に大きな歪みが生じる自治体も多く、その修正に向け採用の流動化や給与体系、新人も含めた研修体制の見直し、外部化の推進など公務員制度等の見直しも喫緊の課題といえる。

　第三は、社会資本の維持更新がピークを迎えることである。既存社会資本の老朽化による更新や維持管理に関する需要の拡大が今後本格化する。このため、既存施設の維持更新費用の確保が重要な課題となるほか、今後整備する社会資本についても維持更新や運営コストを事業を開始する前に把握し政策決定することが必要となっている。社会資本整備の地域振興としての側面は認識しつつ、建設だけではなく維持・運営・更新のコスト（ライフサイクルコスト）を把握し、事業の中止や見直しも含めた政策検討にライフサイクルコ

第3部　各論・行政改革の軌跡と今後の課題

ストを反映させる努力が広がりつつある。このため自治体の長期計画では、首長の公約や政策の図柄を総花的・バラ色的に描く従来型ではなく、社会資本をはじめとした政策や施策のライフサイクルコスト等を認識し、政策展開に対する全体としての財政制約要因を明らかにすることも必要となっている。

このほか、少子化・高齢化という人口構成の変化が住民税等税収に影響を与え、歳入構造が変化し急速に財政状態が悪化する自治体が都市部を中心に今後多く生じてくる。こうした都市部の自治体の財政悪化は、都市と地方の財源再配分の見直し議論をさらなる活発させる要因となる。また、新規の財政需要も拡大傾向にある。たとえば、高齢化対応だけでなくリサイクルやゴミ処理など環境問題等への対応は、規制の強化と財源確保措置が一体として進められておらず、国の規制強化策の実施が自治体の財源負担によって担われているなどの実態が存在する。

ストックサイクルの発生とその克服は、これまでの資源アロケーションを形成してきた既得権構造の見直しを不可避とする。従来の

【参考図表】　　　　　地方財政の借入金残高の推移

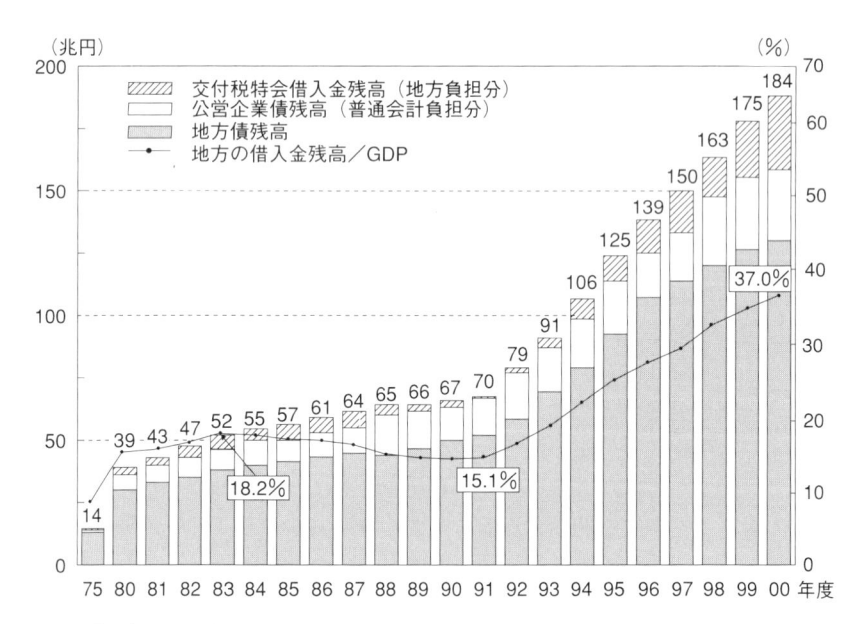

凡例：
- 交付税特会借入金残高（地方負担分）
- 公営企業債残高（普通会計負担分）
- 地方債残高
- 地方の借入金残高／GDP

年度別データ（兆円）：
75年度：14
80年度：39
81年度：43
82年度：47
83年度：52（18.2%）
84年度：55
85年度：57
86年度：61
87年度：64
88年度：65
89年度：66
90年度：67
91年度：70（15.1%）
92年度：79
93年度：91
94年度：106
95年度：125
96年度：139
97年度：150
98年度：163
99年度：175
00年度：184（37.0%）

出所：「地方財政の状況」総務省ホームページ

政策形成過程では認識してこなかった財政情報の形成と政策議論への反映が求められる。それは、事業等をスタートさせたことにより必然的に必要となる将来コストとそれによる財政負担の変化を当初より組み込んだ財政情報に基づく視野から行政が担うべき領域の選択と政策優先順位を議論し判断する仕組みの構築である。それを通じて行政には限界があることを明確にし、行政と住民との役割分担等を再構築することになる。

(2) 財政と金融の循環構図

第二の課題は、地域における財政と金融の循環構図の限界である。この点は、80年代の行財政改革では直面していなかった90年代における新たな課題である。財政調整基金をはじめとした地方基金は、ほとんどを現金預金として地元金融機関を中心に預け入れられてきた。それにより、自治体の発行する縁故地方債の引受け等地域の資金循環を支える機能を果たしてきた。すなわち、地方基金の存在を前提として金融機関は自治体の地方債を引受け、指定金融機関としてのコスト等を負担してきた。この担保ともいえる地方基金の激減で、金融機関と自治体の関係を従来通りに維持することが困難となり、地域の資金循環の構図が限界に達しはじめている。資金ありきをまず前提とした財政運営の時代は終焉し、自治体も市場・投資サイドを踏まえ自らの地方債発行のための信用確保に努力する時代となっている。金融改革に伴う金融機関の体力強化の取り組みは、地方債といえども長期にわたって固定化し保有することへのリスク（流動性リスク問題）を勘案しなければならない状況を生み出している。加えて、2001年度から本格化する時価会計の導入は、株式市場のみならず地方債制度全体にも大きな見直しを迫るものともなっている。財政と金融の関係を考えるには、新BIS規制の適用そしてペイオフの問題を踏まえなければならない。2004年の適用を目指して協議されている新BIS規制では、公的部門のリスクウェートのあり方が大きな議論となっている。国、自治体、そして特殊法人等公的部門も格付けによりリスクウェートが上昇する得る仕組みへの移行である。

金融・経済環境の変化は、財政を通じた自治体の信用力、説明力の質を問い直す。中央集権型として国の規則や指導の下で画一的な信用を形成し、国の実質的保証を基盤としてきた自治体と金融機関

の関係は限定的となり、地域の信用からなる政策や施策ごとの信用を自治体自体が形成する努力が必要である。とくに、これまで多くの自治体を支えてきた地方交付税制度の信用を再構築しなければならない局面となっている。地方交付税特別会計の近年の資金繰りをみると、地方交付税特別会計自体が行った借金の額が40兆円台に達し、2001年度以降借金の返済と利払いを本格化させなければならない。しかも、地方交付税制度の資金繰りを支えるため毎年度少なくとも8兆円程度の新規借入が構造的に不可欠な状況となっている。こうした厳しい状況を反映し、すでに普通交付税額の削減が強化されているほか2001年度からは赤字地方債制度が導入されている。地方交付税特別会計で一括して自治体の赤字を支えるのではなく、個別自治体の財務状況を表に明確にしていく仕組みの導入である。地方交付税措置は全体として限界に達しており、交付額の実質的減額等が顕在化しているなかで、将来の交付税措置を理由とした安易な財政運営は、地方財政の危機を一段と深刻化させる要因となる危険性がある。また、国の財政再建と共に議論されることの多い地方交付税額の削減については、単なる総額的削減政策ではなく、税源と税制度の地方移譲そして標準団体の意味を抜本的に見直す等地方と国の関係を構造的に見直すことが先行しなければならない。

(3) ローカルスタンダードの重要性と公民関係

　グローバル化した社会では、そこで展開されるグローバルな基準の内容設定に影響力をもつことが生き残りをかけた大きな戦略となる。今日の不良債権処理においても、国際決済銀行が作成するいわゆる「BIS基準」の内容がどのようになるかで日本の金融そして経済が大きな影響を受ける状況にある。BISという国際基準を満たさなければ国際的活動はできない。そこでは、BISの基準をクリアーすることではなく、BIS基準そのものの形成に如何に影響力をもつかで一国の国際競争力が決まってくる「独占市場」たる性格を有している。そうしたなか、ローカルスタンダードの価値観を一方で強く形成していく必要がある。グローバル化と同時に、地方分権を進め地域ごとの価値観を強く形成することである。国際関係のグローバル化と国内関係のローカルスタンダート化であり、その大きな鍵を握るのが地方分権である。

　90年代、地方分権の議論が行財政改革のひとつの柱として登場し

たことは大きな進展として評価するべき事項である。しかし、依然として行政組織や官民関係の見直しの視点は国の視点から進められているのが実態である。財政運営においては、むしろ中央集権が強まっている。こうした中で、地方分権を地域の視点から進めるには、官民関係に加えて公民関係の再構築が必要となる。公民とは、NPOや地域ネットワーク等の存在である。従来、行政が担ってきた役割を民間だけでなく公民の領域で分担する仕組みである。こうした仕組みの形成には、基礎自治体を中心とする視点からの取り組みが必要となる。

(4) 財政投融資制度改革

80年代以降の行政改革でリスク移転が進んだ領域として地方自治体に並んで指摘できるのが財政投融資制度である。特殊法人問題も特殊法人自体の課題と共に財政からのリスク移転に伴って生じている課題を視野に入れ議論しなければならない。

また、地方自治体の財政運営は民間金融機関との関係だけでなく、郵便貯金等を原資とした財政投融資制度に大きく依存する状況にある。このため、財政システムの中でリスクや不良的資産が輻輳し一体化する結果をもたらしている。財政投融資制度も財政と金融の関係が変わるなかで、2001年4月より新制度に移行している。この移行は、中長期的に自治体の財政運営に影響を与えるものとなる。

新財投制度（財政融資資金制度）では、資金運用部資金法等の一部を改正する法律に規定される事項に基づき、郵便貯金として受け入れた資金及び年金積立金に係る資金運用部への預託制度を廃止するとともに、資金運用部資金特別会計に代わって設けられる財政融資特別会計の負担において公債発行を行うことができるなどの措置が行われている。旧財投の最大の原資であった郵便貯金が自主運用となり、新財投では自動的・受動的に資金が集まる仕組みではなく、必要となる資金を必要量だけ能動的に債券を発行して市場から調達する仕組みとなる。旧財投では、財投対象機関の資金の必要性とは切り離された形で郵便貯金等から原資が流れ込んできていた。有償資金である以上、入ってきた資金を運用しなければならず、そのことが旧財投制度全体の肥大化を加速させる要因となっていたことは否定できない。そこで、債券を発行し市場から資金を調達することで必要な資金を必要なだけ調達する仕組みとしている。

90年代の地方分権議論でもっとも不足していた点は、この財政投融資に対する議論である。財政投融資については、旧大蔵省、旧郵政省等旧財投制度をめぐる関係省庁の議論に委ねられ、地方分権の視点からの財政投融資改革議論は皆無に等しい状況であった。一方で地方財政の資金繰りが逼迫するなかで、自治体の財政投融資資金への依存は、直接・間接的に高まりをみせている。加えて、新財投への移行後には、郵便貯金の自治体に対する直接融資制度も新設されるなど、実質的に地方財政との関係を深めている。そうした実態に至っても、地方財政の視点からの財政投融資議論は遠い存在のままとなっている。

　財政投融資制度は、地域にある資金を国に集め国の規格で再配分し政策的に活用する仕組みが基本となる。この仕組みは、日本経済の右肩成長を支えるとともに、民間金融機関の国内的な資金運用が東京に集中していくなかで、投資資金を地域へ還元するという機能を担ってきた。それは一方で、政策金融、社会資本整備両面で中央集権的な性格を色濃くする原因ともなっていたのである。地方交付税が補助金的体質を強めたのと同様に、財政投融資も資金のもつ「性格」から直接・間接的に補助金的体質が強めてきた。こうした体質は、政・官・業を通じた既得権益が生み出すと同時に、自治体自らが事業を創造し信用力を確保する能力の育成を阻む要因ともなっている。財政投融資を自治体からみることで、①財政投融資対象機関による資金供給を通じて国中心の政策執行機能を強力に推進する、②行政責任の不明確性を助長する、③補助金との組み合わせにより自治体の地域ニーズに合わせた政策の最適選択を財源面から困難にする、など自治体を取り巻く行財政の各種問題点が浮かび上がる。

　財政投融資改革と地方財政をめぐり留意すべき第二の点は、長期固定の融資を可能にしてきた長期金利の右肩下がり構造が変化する局面を今後迎えた場合、財政投融資による政策コストを高める可能性が生じる点である。長期金利の右肩下がり構造と経済の右肩上がり構造による郵便貯金、年金資金の拡大のなかで、財政投融資は長期固定そして中期から長期への期間変換機能のメリットを引き出すことが可能であった。そうした環境が構造的に変化する局面を迎え、財政投融資の資金運用も長期固定領域の絞り込み、中期変動へと軸足を移すことが求められる。従来同様の運用は、財政全体のコストとリファイナンスリスクを高める要因となる。

従来の財政投融資資金は、地域にある貯蓄を中央に集め、中央の規格に基づき配分されてきた。資金の量としては地域に還元するものの、その資金の質は中央の規格となり必ずしも地域において使いやすい資金とはなっていない。こうした地域の資金を中央に集め地域に還流させる大循環の構図から、地域にある資金は地域で活用する小循環の構図が求められる。その小循環の構図を担える金融機関として、地域金融機関は大きな役割を果たす必要がある。しかし、そこにおいても郵便貯金、政策金融との厳しい競争関係が存在する。財政投融資改革では、既存制度による預託資金と新たな制度が実質的に併存し徐々に移行する形となる。その間、郵便貯金の運用も含め財政投融資改革の成果が真に問われると同時に、地域金融機関の質が問われ続けることになる。

4　財政再建への戦略

　経済のグローバル化が進む一方で財政赤字を支えてきた貿易黒字や国民貯蓄の大きな伸びを期待することはできない時代を迎えた。そうした中で、他にリスク移転する形の歳出削減型財政再建に限界があることは明確となっている。官民そして公民関係を見直し、地域を主体とした財政システムの形成が必要となる。そうした視点からの財政再建の戦略の前提として、従来の行政領域や手法にまで立ち入った体質改革を進めるため行政活動の相対性とコーポレート・ガバナンスの考え方が重要となる。

　第一の「行政活動の相対性」とは、行政活動のパフォーマンスを民間の活動との比較を通じて客観的に評価・検証することを意味する。したがって、「公益性・政策性」の言葉だけで官の役割とするのではなく、公益性・政策性のあると思われてきた領域でも民間が担える仕組みをまず積極的に模索する姿勢が求められる。

　第二の「コーポレート・ガバナンス」の考え方は、本来企業活動を株主、取引先、消費者、地域住民などが監視する企業統治を意味するが、議会、市場、住民などが多面的に監視・評価できるシステムを構築し自治体行政の情報を共有することで、住民等の行政依存や財政錯覚の実態（受益と負担の乖離）を見つめ直す必要がある。

　金融改革そして情報化・市場化・グローバル化の進展は、国・自治体をめぐる経済をはじめとした環境変化を恒常化し、その深度を

強める。この環境変化に対応するためには、機能・リスクの分散化を図ることが求められる。

金融改革に際し、国・地方を問わず日本の行財政が全体として抱える共通の課題として、第一に「リスク回避型から管理型」への転換が上げられる。これまでの市場リスク回避型における政策展開の本質は、市場外の所得再配分によるセーフティネットを前提とした「負担・責任の転嫁と利益誘導」であり、市場リスク管理型の本質は、市場内も含めたセーフティネットの再構築を前提とした「評価・責任の明確化と選択均等の実現」にある。この意味から財政再建の最終的な目的について、「社会全体のリスク配分の現状を明らかにし、その再構築を図ること」との言い換えが可能となる。すなわち、国を中心とした官の権限のスリム化、機能の効率化を進める一方で、民による過度な官依存を改め、官民ともにリスクを自ら受け止め積極的に管理できる領域を拡充した行財政システムの構築が行財政改革の最終目的として位置づけられる。それは、資源アロケーションの見直しにほかい。

政府の存在意義として指摘されるのは「市場の失敗」の存在である。社会・経済活動は「市場の失敗」を常に伴う。行財政の本来の役割は、この市場原理がもたらす歪みを補完するため、所得の再分配等を行うことである。市場の失敗は、情報の非対称性、取引費用の障害、独占・寡占等市場支配力の存在、交換の限界、外部性の存在などさまざまな要因によってもたらされる。しかし、市場の失敗は、すべての政策の正当性を担保するものではなく、また、政府が自ら積極的な行為をなすべきことの必然性を意味するものでもない。市場の失敗への対処として、第一に「私的メカニズムによる克服」が優先されるべきであること、第二に市場の失敗を克服する手段として「何もしない」選択肢が常に存在することである。私的メカニズムによる克服とは、市場の失敗を民間セクターのなかに存在する非市場的原理の活用によって克服する方法であり、パートナーシップやボランティアなどによる公共財の供給が代表例である。また、市場の失敗が政策の失敗によって誘発されている場合、政策の失敗を是正することで私的メカニズムを正常化することができる。そうした理念の下で、公民領域を中心とする第三の道を取り入れていく必要がある。日本では、単純化した官か民か二極分化した議論が主体となりやすい。そうした議論体質を生み出す大きな原因は、

実態の明確化と官民共通言語の形成が遅れていること、そして議論のスタートとプロセスの透明性を含めたルール化が遅れていることにある。

II 税制改革

行革国民会議事務局長　並河　信乃

「増税なき財政再建」という標語で始まった土光臨調以降20年、税制は大きく変貌した。消費税の導入、所得税率のフラット化、法人税率の国際水準への引き下げなどである。また、最近では地方独自課税の検討も活発となってきている。その概要を簡単にスケッチしておきたい。

1　「増税なき財政再建」

「増税なき財政再建」の役割

1980年12月、自民党税調は法人税率の2％引き上げなどを含む1兆3900億円という大幅な増税を内容とする81年度税制改革案を決定した。そのうたい文句は「財政再建のための現行税制の下における増収策」というものであり、印紙税や酒税、物品税など幅広い増税であった。一方、所得税減税は見送られ、それについては消費税と抱き合わせで82年度に実施することが予定されていた。第2次臨時行政調査会が発足したのはそうした大増税の動きのさなかのことであり、ろくろく歳出削減のための努力も行わずに、財政再建のために増税（特に企業増税）を繰り返されてはたまらないという経済界の強い意識があった。

また、一般国民の間では所得税減税や不公平税制是正（クロヨンとかトーゴーサンといわれた所得の把握問題）に強い関心が示されており、所得税減税と消費税導入との抱き合わせには拒否感が強かった。臨調会長に内定した土光氏が「増税なき財政再建」を主張したとき、こうしたモヤモヤ感を一掃するものとして歓迎され、それが土光臨調の活動を下支えする原動力となった。

土光臨調はさまざまな分野で合理化案を提言したが、当然のことながら各論については国民の間では意見が分かれることとなった。しかし、唯一、「増税なし」という点に関しては幅広い支持が得られたのであり、まさに「扇の要」としての役割をこのスローガンは果たしたのである。もちろん、このスローガンは政府に歳出の削減

努力を行わせるための枷という重要な役割を担っており、いうなれば内と外両面において、このスローガンはまさに土光臨調の柱石であった。

「増税なき財政再建」の変質

当然のことながら、このスローガンに対しては財政当局は反発した。しかし、世論の支持を受けている臨調路線に正面から挑むことは避け、一方では歳出削減に土光臨調の力を借りながら、他方では新税導入の機会を窺うという作戦に出た。その切り口は不公平税制の是正である。不公平税制の是正、直間比率の是正、所得・消費・資産課税のバランスといった言葉が繰り返し繰り返し臨調の席上でも繰り返され、「不公平を是正する結果、仮に増税となってもそれは『増税なし』の原則に反しない」との主張も繰り返された。

その結果、81年7月の第1次緊急答申においては、「新規増税は行わない」と単純明快な方針をかかげたものの、同時に、「税負担の公平確保は極めて重要な課題であり、制度面・執行面の改善に一層の努力を傾注する必要がある」との文言が税負担の公平確保という項目のなかに書き込まれているのである。

翌82年7月の基本答申においては、「増税なき財政再建とは」と定義が行われている。それによると「増税なき財政再建とは、当面の財政再建に当たっては、何よりもまず歳出の徹底的削減によってこれを行うべきであり、全体としての租税負担率（対国民所得比）の上昇をもたらすような税制上の新たな措置を基本的にはとらない、ということを意味している」ということになった。同時に、税制については、公平確保の観点から「税制の在り方を検討する」との文言も書き込まれ、財政当局は1年前の緊急答申よりもジワリと1歩踏み込んできた感がある。すでに半年前の82年度予算編成においては、企業の交際費などを中心に3500億円ほどの増税が行われ、土光会長が激怒した経緯があったが、これも不公平税制の見直しの一環ということになるわけである。

その後しばらくは大きな動きは途絶えたが、臨調の後を受けて発足した第1次行革審が解散するときに出した最終提言（86年6月10日）では、再度この「増税なき財政再建」という言葉がとりあげられ、臨調基本答申の定義を繰り返したあと、さらに続けて、「租税負担率を上げない範囲内で税制改革の一環としての税目や税率の新

税制改正の主な動き

年月	内閣	事項
1980.12.19	鈴木	自民税調、財政再建のための増収策決定 法人税率2％引き上げなど1兆3900億円の増税
1981.12.20		自民税調、交際費など企業増税3480億円決定
1984. 1.18	中曽根	自民税調、所得税減税と企業増税など抱き合わせ決定 法人税率を2年間に限り1.3％引き上げ
1984.12. 3		中曽根首相、直間比率の是正など税制の抜本改正を表明
1986. 6.10		第1次行革審、租税負担率を上げない範囲での税制改正を容認
1986. 6.14		中曽根首相、大型間接税導入を否定
1986.12. 5		自民党税調、「基本方針」。増減税同時実施による売上税の導入
1987. 1.16		政府、87年度税制改革要綱閣議決定
1987. 4.23		売上税法案、議長預かりで事実上廃案
1987. 9.18		税制改革3法案、可決成立。所得税の軽減、マル優廃止
1988. 7.29	竹下	消費税導入など税制改革6法案、閣議決定。
1988.12.24		税制改革6法案、成立。法人税率の段階的引き下げ、消費税の導入。所得税率10～50％の5段階へ
1989. 4. 1		消費税導入。自動車消費税は2年間6％
1991. 2.18	海部	自民税調、91年度に法人臨時特別税導入決定（湾岸戦争経費負担）
1991. 4.24		地価税法成立。実施は92年1月から暫定税率0.2％。93年1月からは0.3％
1991. 5. 8		消費税法改正。簡易課税制度の見直し、家賃・教育費など非課税範囲の拡大
1991.12.19		自民税調、法人臨時特別税2年間延長、自動車消費税4.5％の2年間延長、地価税一般財源化決定
1993.11.19	細川	政府税調中期答申。所得税減税と7％の消費税の抱き合わせ
1994. 2. 3		国民福祉税構想発表。翌日取り下げ
1994. 2. 8		総合経済対策。5兆4700億円の所得税・住民税の減税。財源は国債で
1994. 9.22	村山	税制改革大綱決定。消費税率の5％への引き上げ、5.5兆円の所得減税を95、96年度継続。うち3.5兆円が恒久減税、2兆円は消費税実施とともに廃止
1995.12.15		地価税、税率を3％から1.5％に引き下げて存続決定。与党税調
1996. 6.25	橋本	消費税率、97年度から5％に。閣議決定
1997.12.16		自民税調、大綱決定。法人税率の引き下げ、地価税凍結
1997.12.17		首相、年度内減税実施表明。所得税1兆4000億円、地方税6000億円。
1998. 4. 9		首相、98年度は減税4兆円、99年度は2兆円を継続
1998.12.16	小渕	自民税制改革大綱決定。99年度は9.3兆円の大幅減税。所得・住民税4兆円、法人税2.3兆円、1.2兆円の住宅ローン減税。3000億円の子育て減税など所得税率の最高税率の引き下げ、法人税率の一層の引き下げ（40.87％）

設改廃や見直しまで否定しているものではないことは当然である。また、税の自然増収、不公平の是正等の結果、租税負担率が上昇することも否定されるものではない」とご丁寧な注釈までも書き込んでいる。

実は既に84年12月に中曽根首相は税制の抜本改革を提唱し、翌年からは政府税調が消費税の検討に着手しており、すでに一般には大型間接税の導入論は公然と議論されていたときであり、この第1次行革審の最終提言はそうした動きにお墨付きを与えるものであった。もっとも、中曽根首相は6月14日、選挙演説で大型間接税の導入を否定し、7月の衆参同日選挙で自民党は304議席を得て圧勝した。

選挙で大勝した自民党は早速その年の暮れには増減税同時実施による売上税の導入を内容とする税制改革大綱をまとめ、翌年には中曽根内閣は売上税法案を国会に提出した。しかし、選挙演説の問題なども絡み審議は紛糾、結局、法案は議長預かりという形で廃案となった。

「増税なき財政再建」の放擲

第1次行革審は86年6月27日に解散したが、第2次行革審の発足は翌年4月まで延期された。察するに、内閣としては(既に牙を抜かれたとはいえ)臨調の流れを汲む行革審があってはなにかと面倒だ、との判断があったのではないか。

いずれにせよ、第2次行革審(会長大槻文平氏)の発足は売上税の一件が落着した87年4月になった。第2次行革審は発足にあたって会長談話を発表、そのなかで自民党が決定した大型補正予算を含む総合経済対策要綱をやむなしと認め、ここに財政政策は内需拡大路線へと大きく舵を切ることとなった。中曽根首相はこの行革審のお墨付きをもらって日米貿易不均衡是正が議題の日米首脳会談に旅立っていったのである。しかし、既にこのときは実態経済は回復基調にあったため、積極財政への転換は景気の過熱を招き、日本経済は狂乱地価、そしてバブルへの道を突き進むことになる。

なお、第2次行革審は7月には第1次答申を出しているが、その中では回想的に「増税なき財政再建」に触れた個所はあるものの、今後の方針としては一切それに言及しておらず、代わりに、「所得・資産・消費の間に適切な課税のバランスを確保する等、速やかに

その抜本改革を推進する」と内閣の方針を全面的に支援する文言を書き込んでいる。

このあと第2次行革審は、地価問題や規制緩和、国・地方などの問題を扱うようになり、財政全体について検討することはなかった。解散に当たっての最終答申（90年6月）はごく簡単なもので、すでに行革審は財政・税制面で内閣や財政当局を縛る存在では全くなくなったことをあらわしている。さらにその後の第3次行革審（90年10月〜93年10月、会長鈴木永二氏）においても、同じであった。結局、「増税なき財政再建」は、土光氏1代で終わったのである。また、それと同時に、「増税なき」に結集していた一般国民の行革への関心や熱意も急速に冷めていったのである。もちろん、その背景にはバブル経済の熱狂など別の要因もあることはもちろんである。

2 消費税の導入と高齢化対策

消費税の導入とゴールドプランの策定

中曽根内閣の下での売上税の導入は失敗したが、中曽根首相は党税調に再度検討を依頼、87年10月には自民党税調は新型間接税の導入方針を決定した。11月に竹下内閣が誕生し、自民税調の検討結果をもとに88年7月には消費税導入の閣議決定が行われた。法案は秋の国会に提出され、衆参それぞれ強行採決や牛歩戦術などが行われて、12月24日に成立、89年4月1日から税率3％で導入されることとなった。

この消費税の狙いについては、政府税調や財政当局はあくまでも税の不公平是正であると主張し、国会答弁でも福祉目的税については明確に否定してきたが、党内ではその実現を容易にする狙いもあって福祉目的税の議論が繰り返されてきた。政府も、87年10月には、福祉の実現のためには安定財源が必要であると強調し、社会保障と行政改革のビジョンを急遽国会に提出するなど、消費税の導入の狙いは当初の不公平税制是正から社会保障財源の確保に次第に移行していった。翌年、竹下内閣の退陣のあと宇野内閣が誕生したが、89年7月に宇野首相は消費税は福祉優先と表明、大蔵省も特定財源化には否定したものの消費税を福祉に使うのは当然と若干の軌道修正をした。

消費税の審議過程で出された福祉ビジョンは、その後関係審議会の検討を経て89年12月には「高齢者福祉推進10ヵ年戦略（いわゆるゴールドプラン）」として発表され、ここに高齢者対策が消費税導入の副産物として登場した。なお、このプランは、86年6月に閣議決定された「長寿社会対策大綱」を拡充・強化したものであるが、この「大綱」の決定そのものも当時の中曽根内閣の売上税構想と無縁ではない。

国民福祉税と新ゴールドプラン、消費税率の引き上げ

　ゴールドプランは94年12月、新ゴールドプランに改められ、サービスの供給目標などの引き上げが行なわれたが、この94年という年は消費税率を5％に引き上げることが決定されたときでもある。

　94年2月3日、当時の細川首相が何の前触れもなく「国民福祉税構想」を発表、翌日否定した。しかし、それが引き金となってそれまでくすぶっていた消費税率引き上げ問題が顕在化した。細川首相は4月に辞任、羽田内閣も極めて短命に終わり、94年6月末に村山内閣が誕生した。消費税が導入された89年7月の参院選挙で自民党は惨敗し、社会党は大きく議席を伸ばしたが、その社会党委員長の内閣の下で消費税率が引き上げられるという皮肉な運びとなった。

　94年9月に政府・与党が決定した税制改革大綱によって、96年4月から消費税率が5％に引き上げられることになった。それと同時に、引き上げに先立って95・96年度にわたって5.5兆円の所得税減税を実施するということも決定された。ただし、3.5兆円が恒久減税で、2兆円は消費税率引き上げとともに廃止するという2階建て減税である。細川首相は国民福祉税7％を提唱したが、その後の議論でも消費税率を7％まで引き上げることには抵抗が強く、結局5％としたが、2兆円の特別減税廃止によって1％分ほどの財源が新たに確保されたことになる。なお、この消費税率5％への引き上げに伴って、このうち2％分を地方消費税とすることになった。年末の大蔵・自治・厚生3省による新ゴールドプランの策定はこのような中で行われたのである。

3 法人税制、所得税制の改革

法人税の国際水準化

　こうして見ていくと、80年代の初めの単純な「増税なき財政再建」路線が、所得税減税のための消費税導入、さらには社会保障充実のための税率の引き上げへとなし崩し的に移行してきたことがわかる。国民の意識も、単純な増税アレルギーから「必要なものならば払ってもいい」というニュアンスへと変わってきているようである。そうした場合、その必要な財源をどう調達するかということになるが、80年代の初めのようにいざとなれば企業増税という方法が国際化の進展によってとれなくなってきたこと、所得税減税が既にこれ以上減税できないほどにまで下がっていること等、環境がこの20年間で大きく変化していることが、こうした国民意識の変化にも反映していると思われる。

　法人税については、土光臨調発足直前に財政再建のための増収策として法人税率は2％引き上げられ、さらに84年には所得税減税と抱き合わせで1.3％の引き上げが行われた。この税率引き上げは2年後の大型間接税導入を見越して2年間の臨時措置とされたが、このときに法人税率は43.3％と過去最高となった。

　経済界からは当然不満の声があがらないわけがない。もともと経済界内部には土光臨調のときから大型間接税導入に積極的な意見が強かったが、一応その意見は抑えられていた。しかし、84年の増税以降、経済界は間接税導入に走りこんでいくこととなった。その際の最大の主張点は国際比較した場合の日本の法人税の高さであり、国際競争力をこれが大きく損なっているという問題提起であった。事実、企業の海外進出・海外生産の比率は80年代から急速に高まり、企業税制において国際化を前提としないわけにはいかない。いざとなれば海外に移ることは個人よりも企業のほうがはるかに容易である。

　87年と88年の両年にわたって行われた税制改革はシャウプ勧告以来の抜本改正といわれているが、法人税については88年の改正で消費税の導入と同時に法人税率を42％から90年までに37.5％へ段階的に引き下げることとなった。その後、98年の改正によって法人税率

II 税制改革

法人税率の推移

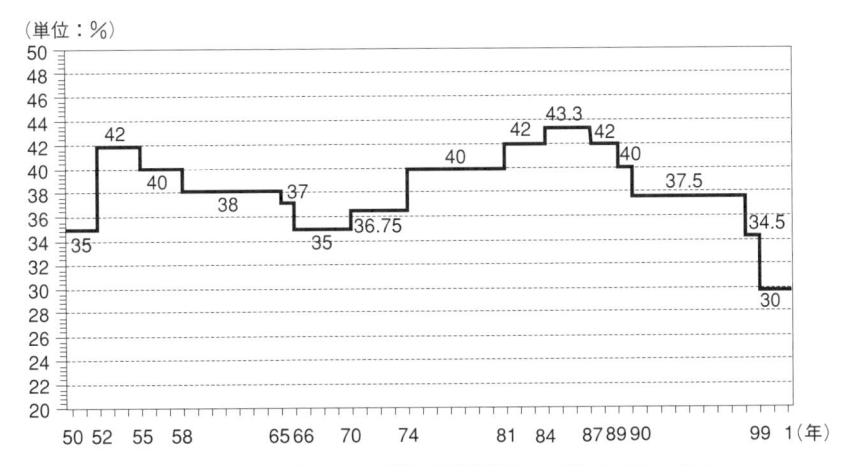

(単位：%)

グラフデータ：
- 50年: 35
- 52年: 42
- 55年: 40
- 58年: 38
- 65年: 37
- 66年: 35
- 70年: 36.75
- 74年: 40
- 81年: 42
- 84年: 43.3
- 87年: 42
- 89年: 40
- 90年: 37.5
- 99年: 34.5
- 1年: 30

出所：財務省ホームページ、図説日本の税制（財経詳報社 刊）などから作成

法人所得課税の実効税率の国際比較（2001年7月現在）

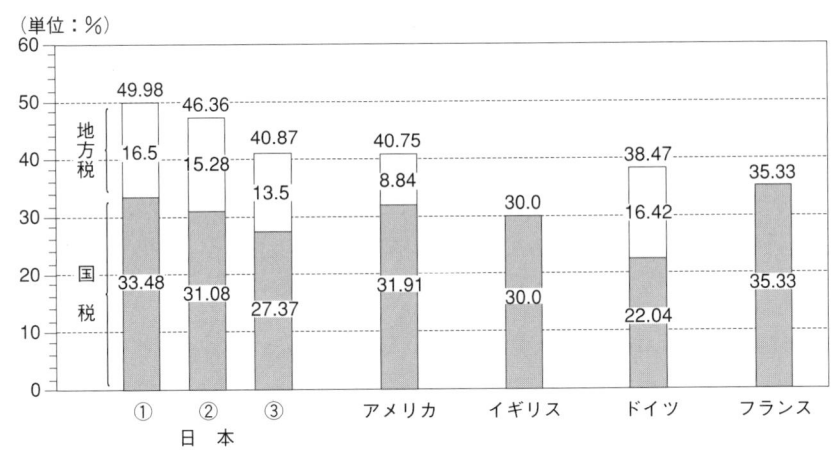

(単位：%)

	地方税	国税	合計
日本 ①	16.5	33.48	49.98
日本 ②	15.28	31.08	46.36
日本 ③	13.5	27.37	40.87
アメリカ	8.84	31.91	40.75
イギリス	30.0	30.0	—
ドイツ	16.42	22.04	38.47
フランス	—	35.33	35.33

注：日本の
　①は98年改正前　　法人税率37.35%　　法人事業税率12.0%　　法人住民税法人税額×17.3%
　②は99年改正前　　　　　　34.5%　　　　　　　　11.0%　　　　　〃
　③は99年改正後　　　　　　30.0%　　　　　　　　 9.6%　　　　　〃
　技術的な注は、財政省のホームページを参照されたい
出所：財務省ホームページ

は34.5％に、さらに翌年の99年改正によって30％と戦後最も低い水準にまで税率は引き下げられ、これによって日本の法人の実効税率は40.87％となり、ほぼ国際水準なみになったといわれている。

所得税減税と税率のフラット化

　所得税に関して大きな動きは、度重なる所得税減税と所得税率のフラット化の動きである。

　まず、所得税減税は財政危機の中でも常に政治課題となってきたが、それを実現するための手段として消費税の導入がワンセットとして、繰り返し繰り返し論議されてきたが、これについては既に述べたので、ここでは繰り返さない。こうした動きと微妙に絡みながら、景気対策として大幅な所得税減税が実施されてきた。その主なものを上げれば、87年5月の緊急経済対策の一環としての1兆円減税、94年2月の総合経済対策としての6兆円弱の減税、98年4月の総合経済対策における4兆6000億円の減税、98年11月の緊急経済対策による6兆円の減税などが挙げられる。

　所得税について、さらに大きな変化は税率のフラット化と最高税率の引き下げである。土光臨調発足のころは税率は2～5％刻みで19段階に分かれ、最高税率は75％であった。その後、若干の累進緩和がとられたが、88年の改正により89年度からは5段階、最高税率50％と大幅に簡素化され、また最高税率の引き下げが行われた。さらに99年度からは最高税率は37％に引き下げられ、刻みも4段階となった。同時に地方税である個人住民税も15％から13％に引き下げられ、最高税率は地方も合わせて50％となった。こうした最高税率の引き下げと税率のフラット化の推進は、個人の努力を税制が阻害しないとの考え方がこれからの日本の経済の活性化のために不可欠であるとの判断によるものである。

　こうした度重なる減税と制度改革によって、所得税の税収（源泉分と申告分の合計）は91年度の26.7兆円をピークとして99年の15.4兆円にまで激減している。源泉徴収分だけでみても、91年度の19.6兆円が99年度には12.6兆円に落ち込んでいる。勤労者所得がこんなに落ち込んでいるわけではないから、所得税減税の効果がかなりあったということになろう。なお、法人税収について見てみると、89年度の19兆円をピークとして99年度には10.8兆円激減しており、90年度からは所得税の源泉徴収分の方が法人税収を上回る状況となっ

ている。

　こうした所得税、法人税の落ち込みをカバーしているのが消費税であり、消費税によって税収がなんとか下支えられている状況が次頁のグラフからも明らかである。

所得税・個人住民税所得割の税率構造の推移（イメージ図）

抜本改革前 昭和62年9月改正前	抜本改革前 昭和63年改正後	平成6年11月 改正後	現　在
所得税＋個人住民税 88% 所得税 個人住民税	所得税＋個人住民税 65% 所得税 個人住民税	所得税＋個人住民税 65% 所得税 個人住民税	所得税＋個人住民税 50% 所得税 個人住民税

出所：財務省ホームページ

主な国税収入の推移（一般会計分）

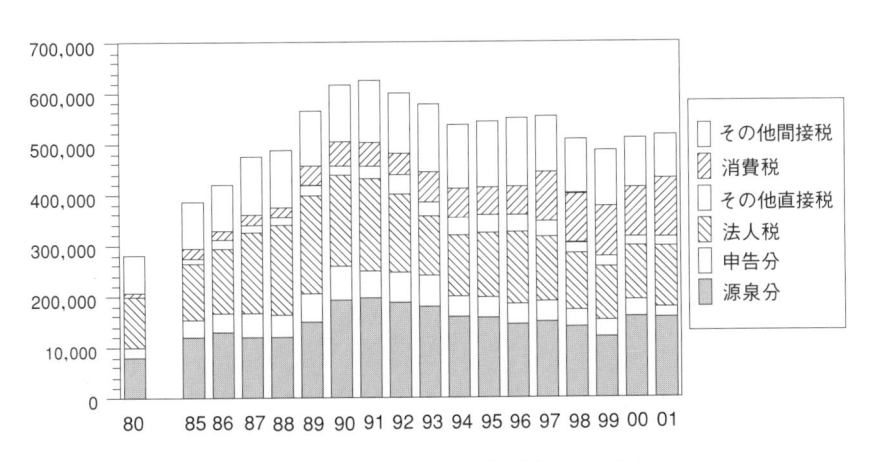

凡例：その他間接税／消費税／その他直接税／法人税／申告分／源泉分

出所：参議院予算委調査室編「平成13年度財政関係資料集」より作成

第3部　各論・行政改革の軌跡と今後の課題

国税収入に占める主要税目の比重

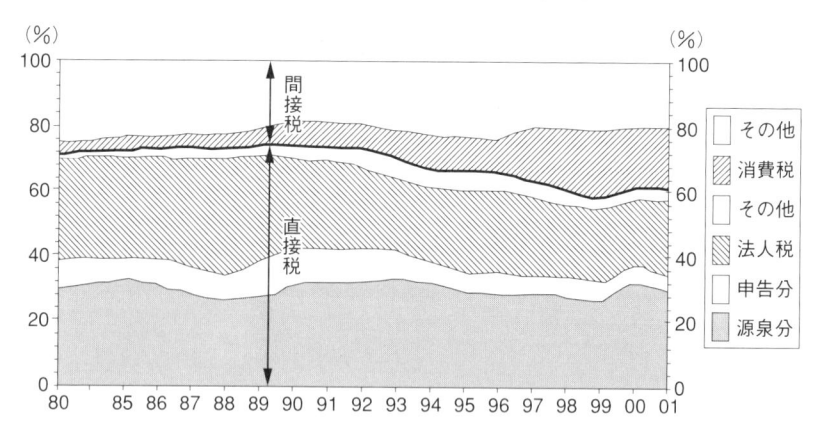

出所：前図と同じ

4 国民負担率の推移

　土光臨調は「増税なき財政再建」のスローガンを掲げるとともに、国民負担率の上昇をもたらさないことを判断基準に採用した。そこで、最後にこの20年間の国民負担率の推移を振り返っておこう。

　国民負担率の推移をみると90年度まで一貫して国民負担率（租税負担と社会保障負担の合計）は上昇している。それが90年度を境として今度は減少に向かっている。とくに国税の負担率の現象は顕著であり、逆に社会保障負担率は近年大きく上昇している。もちろん、これはこれまでみてきた所得税、法人税の減税の結果と経済危機の結果としての税収（特に法人税収）の落ち込みによる結果である。

　さらに、租税負担率と社会保障負担だけでなく、これに財政赤字を加えた潜在的国民負担率で見てみると、90年度までは国民負担率の上昇は財政赤字を減少させる形で進んでおり、全体の負担率は横ばいで推移してきた。ところが、90年度以降は国民負担率の減少は財政赤字を増大させているが、しかし財政赤字は国民負担率の減少以上に大きく増大しており、全体の負担率（潜在的負担率）は大幅に上昇している。もちろん、これは累次の景気対策の結果であることはいうまでもない。

　すでに国税収入の推移については見てきたが、税収と国債発行収

入の推移をグラフに掲げておく。これで見ると、90年度には87％にまで高まった国税収入の比率は99年度には53％にまで低下している。補正後の予算では2000年度には56％、2001年度の予算では61％にまで上昇するとのことであるが、楽観は許されない。

真の財政構造改革とは

　「増税なき財政再建」からはじまった行財政改革であるが、現状はややジャーナリスティックに表現すれば、「減税による財政破綻」とでもいうべき状況ともいえる。しかし、だからといって、これは今後一挙に増税路線への転換が必要だということにはならない。98年度以降の財政膨張は異常であり、なによりもまず、現在の歳出規模、内容が本当に必要なものであり、有効に機能しているかどうかを検証し、まずその圧縮に努めるべきことは当然である。将来の税負担のあり方を考える前に、そのような手順を踏むことが不可欠である。現在始まろうとしている財政構造改革はその意味を持つものであろう。

　しかし、財政構造改革を論ずるにあたっては、これを中央財政のレベルだけで論じては甚だ徹底を欠くことになる。特定財源の一般財源化などは、関係者にとっては重大な問題であろうが、財政構造というほどの話ではない。単に中央財政レベルの水平的なやりとりだけでなく、垂直的な、つまり地方財政までをも巻き込んだ、全体としての財政構造の改革が必要である。もちろん、地方交付税制度の見直しも必要であるが、それが国の財政負担を軽減するだけの発想ならば、これまでの金庫番の議論の繰り返しに過ぎない。

　たとえば、既に社会保障財源の確保のための増税論が何度も出されているが、それを消費税何％がいいかなどと論ずる前に、そもそも社会保障とはどこが主体となって行うものなのかという議論が必要である。国が主体ならば国税でもいいが、もし自治体が主体で行うものであるならば、地方税の問題となる。増税するかどうかはサービスの水準を考えて、それぞれの自治体で決定すればよい。そうしたことが可能なように、税源の移譲や新たな財政調整制度を考えていくことこそが真の財政構造改革といえるのではないか。

　おなじことは公共事業費についてもいえるだろう。つまり、現在の財政赤字を縮小するためには、財政規模を圧縮することと税負担へ振り替えていくことの併用が必要となろうが、それを分権的な発

第3部 各論・行政改革の軌跡と今後の課題

国民負担率の推移

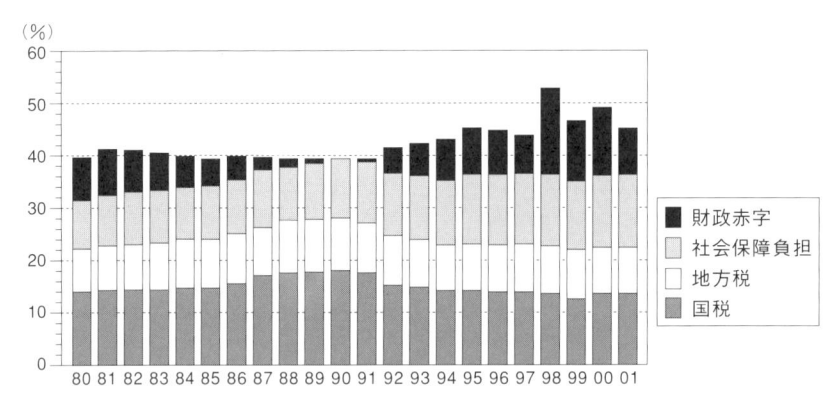

出所：財政制度等審議会財政構造部会第1回提出資料（財務省ホームページ）より作成

税収・公債発行収入の推移

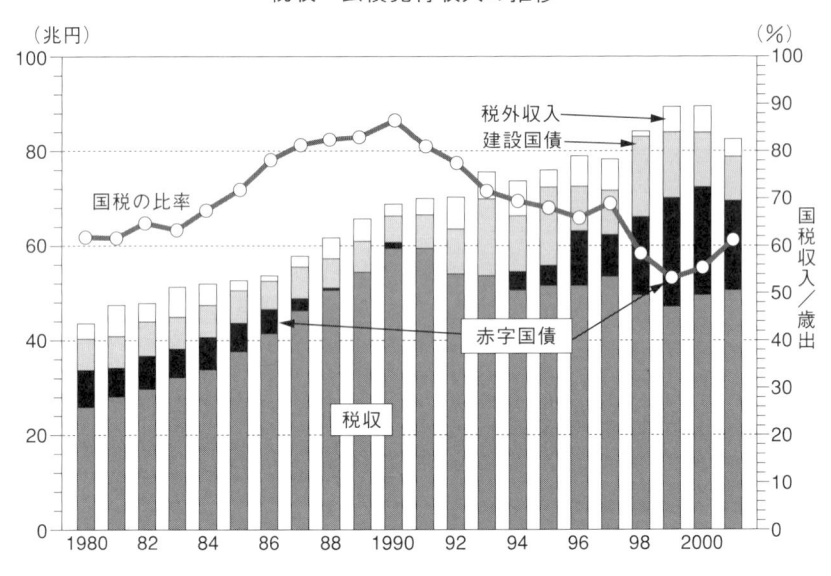

出所：参議院予算委員会調査室「平成13年度財政関係資料集」より作成

想で解決していくことこそがこれからの財政構造改革の道であろう。

　現在、いくつかの自治体で独自課税の試みが始まった。まだ、単なる財源探しの傾向が強く、独自の政策とリンクさせたところは少ないが、いずれ、こうした流れがさらに強まり、それぞれの自治体で、サービスのメニューや水準に応じた負担のあり方が論ぜられるようになれば、構造的な財政赤字の問題の解決も糸口が見つかるだろう。

III 規制改革

旭リサーチセンター社長　鈴木　良男

1 規制緩和のあゆみ

(1) 第三のステージに入る規制緩和

トラホームで始まった規制緩和

　トラホーム、地ビール、全運輸分野での需給調整規制の廃止、医療・福祉・環境。何のことかと思われるかもしれないが、規制緩和の歴史の変遷を象徴する規制緩和テーマの変化の跡である。

　1981年3月発足の第二次臨時行政調査会（土光臨調、以下臨調というときは第二臨調を指す）は「増税なき財政再建」の旗印のもと、政府部門の減量・効率化を迫る役割をもってスタートした。この年の7月には早くも、当面行うべき行政改革に関する緊急答申をする。許認可の削減は当然その一項目となった。何を削減するか？　当初用意できた削減案はわずか7個。その筆頭が「トラホーム患者の診断届出の廃止」だった。

　時は1981年、トラホームといっても、その名前さえ知らない世代がいる。これでは答申の態をなさないというので急遽仕立てられたのが、車検や運転免許証の更新の簡素化だった。ついでに言うと、このトラホーム、臨調の新発見ではない。遡ること17年、第一次臨調でも廃止すべき規制として例示されていた。規制緩和がどれだけ重い足取りだったかは、これだけでも分かろう。そういうワケで、トラホームは実に本格的行政改革史のなかでの規制緩和の第一号となった。

低調を託った第三次行革審までの流れとようやく訪れた転機

　第一号のトラホーム以来、規制緩和は臨調、それを引き継いだ三次に及ぶ行革審、そして今日まで、行政改革の主要なテーマとして常に登場する。しかし、中だるみの時期もあった。第三次行革審の第三次答申（92年6月）の頃は飽きの頂点か。「需給調整規制の10年以内の廃止」を折り込むのが精一杯だった。繰り返し言われてき

規制緩和推進の流れ（その１）

年	内閣	推進体制	指摘内容
1981 1982	鈴木 中曽根	第二次臨時行政調査会	第１次答申（81.7）　緊急提言 　・トラホーム患者の診断届出（廃止） 　・運転免許証更新の簡素化 　・車検制度の見直し 第２次答申（82.2）　許認可等の合理化に関する提言 　国民負担の軽減、行政事務の簡素合理化、民間活力の助長 　・バス停留所の位置の変更の認可 　・データ通信の原則自由化 第３次答申（82.7）　基本提言 　・３公社の民営化、合理化
1983			第５次答申（83.3）　最終提言 　・許認可等の253事項の改善を指摘
1984 1985 1986		第一次行革審	行政改革の推進方策に関する答申（85.7） 　・規制緩和計画の計画的推進 　　許認可等の総数の把握 　・個別規制（金融、運輸、エネルギー等）258事項の改善を指摘
1987 1988	竹下	第二次行革審	公的規制の緩和等に関する答申（88.12） 　・流通、物流、情報・通信、金融、エネルギー、農産物、ニュービジネス等の事業規制の緩和
1989	宇野 海部		規制緩和推進要綱の決定（1988.12） 公的規制の在り方に関する小委員会報告（89.11） 　・内外価格差縮小、民間活力活用、制度の国際的調和、制度・運用の透明性、行政の簡素・合理化
1990 91 92	宮沢		最終答申（90.4） 　公的規制の実質半減を目指す 　経済的規制については、原則自由化 　社会的規制についても合理化を進める
93		第三次行革審	国際化対応・国民生活重視の行政改革に関する第３次答申（92.6） 　・旅券取得手続き等の簡素合理化 　・需給調整規制の10年以内の廃止 　・独禁法適用除外制度の見直し 最終答申（93.10） 　・公的規制緩和のためのアクションプラン策定 　・第３者による規制緩和推進の監視

たこの需給調整規制に何とか廃止の時期を入れただけがマシだとはいうものの、実現は実に10年先という話だった。

そこに転機が訪れた。93年夏の細川内閣による規制緩和大作戦の展開である。

長引く平成不況で騒然とする各界の景気回復に向けての政府の取組に対する要望を受けて、発足したばかりの細川内閣がその経済対策として初めて取り上げたのが、規制緩和と円高差益の還元だった。こうして「規制緩和の大合唱」の第一幕が切って落とされ、日本列島はさながら規制緩和策のブレーンストーミングの嵐の中に入った。

緊急経済対策では94項目の個別の規制緩和策が決定された。珍しさの点で地ビールが注目され、目玉だと囃された。まさか地ビール程度で景気が回復するワケがない。だからこの対策、細川内閣が主要な経済政策として規制緩和に向け第一歩を踏みだしたという以上の評価はできない。その第一歩の象徴が、地ビールだということである。

地ビールを目玉とした細川内閣による規制緩和だが、時代はこのころを境に大きく変化しようとしていた。日本経済の基盤が本質的に変化し始めたからである。それは、長らく続いたキャッチアップ時代が終わり、行く先の定かでないポスト・キャッチアップ時代に日本が入ろうとしていることによる。そして、その意味するところは、経済運営についてこれまでの仕組みの抜本改革を迫っているということである。

規制緩和小委員会が火をつけた

変化する時代の要請に応えるため、本格的な規制緩和に手をつけたのが1994年11月に発足した行政改革委員会のもとに設置された規制緩和小委員会の活動であった。1995年3月には規制緩和推進計画（当初は5ヵ年計画、後に3ヵ年計画となる）が閣議決定された。この推進計画の実施の監視を役割として同年4月に行動を開始した規制改革小委員会は、これまでの規制緩和のための各種の機関がとった方法とは異なった思想で規制緩和の諸課題に取り組んだ。取り組んだ分野は、およそ規制が現に経済活動を支配しているあらゆる分野に及んだ。目玉も輩出した。95年度の情報通信分野、96年度の運輸分野、97年度のエネルギー分野の改革など、それまでの規制緩

和が到底接近することができなかった大物規制をつぎつぎに廃止していった。これが日本の本格的規制緩和の始まりであり、この時期が完全なターニングポイントとなった。そこでの象徴が運輸分野の需給調整規制の全廃という、1991年の第三次行革審が「10年以内の廃止」を謳った課題の5年繰り上げての実現であった。

　規制緩和小委員会以前の規制緩和は、いわば不要となった規制の整理といわれても仕方がない側面があった。トラホーム患者の届出の廃止などが好例だ。もちろん使っている規制の廃止もある。だが、それを廃止することの意義は、規制緩和小委員会が取り組んだ規制緩和に比べれば、質的な違いのあると言って差し支えない。規制緩和小委員会は、不要となった規制の整理ではなく、日本経済の活性化を妨げている大きな規制に目を向け、それを取り除くことにより日本の再生を目指した。

規制改革という発想の台頭

　規制緩和小委員会の思想は、設置期間満了後規制緩和委員会（1998年4月発足）に引き継がれた。この委員会は翌99年に規制改革委員会と名前を変えた。慣用されてきた「規制緩和」に代わって、「規制改革」という用語の登場である。その意味するところは、それまでの規制緩和（deregulation）は規制の撤廃ないしは緩和であったが、これを一歩進め規制改革（re-regulation）という視点を取り込む、そして個々の規制に限定せず、規制に関連する税や補助金を含め規制の仕組み、すなわち制度全体を時代対応型に作り直すというところにある。そのような視点をも検討範囲に含むというのが規制改革委員会の役割となった。この規制改革委員会は、第一次3ヵ年計画につぐ、1998年度から2000年度までを対象期間とする第二次規制緩和推進3ヵ年計画の推進と監視を役割とした。

　2001年度以降、規制改革は装いを新たにして、内閣府令に基づく8条機関としての総合規制改革会議が受け持つこととなり、2001年5月から活動を開始した。規制改革推進計画も現在、第三次3ヵ年計画に入っている。現在進められている規制改革推進計画における最大のテーマは、医療・福祉・環境といったいわゆる社会的規制といわれる分野の規制改革である。

　規制改革といっても、規制改革委員会時代は、従来型の経済的規制の撤廃という方向性が依然主流を占めていた。長年の各種委員会

規制緩和・改革推進の流れ（その2）

年	内閣	推進体制	規制緩和・改革の具体例
1993 1994	細川 羽田 村山		**緊急経済対策** ・ビールの製造免許に係る最低数量基準を年間2000kℓから60kℓに引下げ ・携帯電話等の売切り制導入 ・運転免許証の有効期限を優良運転手については3年から5年に延長 ・行政手続法施行
1995		行政改革委員会	**第1次規制緩和推進3ヵ年計画** ・一般旅券の有効期限を5年から10年に延長 ・卸電気事業の許可を原則廃止し、入札制度を導入 ・自家用自動車の6ヵ月点検、前整備・後検査の義務付け廃止
1996	橋本		・国内航空における幅運賃制度の導入 ・特定石油製品輸入暫定措置法の廃止 ・国内公専公接続の完全自由化 ・携帯電話などの移動体通信料金の届出制
1997			・有料職業紹介事業のネガティブリスト化 ・NTT法の改正（経営形態の再編成） ・国際公専公接続の完全自由化 ・国内航空におけるダブル・トリプルトラック基準の廃止 ・タクシー運賃の弾力化・多様化
1998		規制緩和委員会	**第2次規制緩和推進3ヵ年計画** ・外為業務の原則自由化 ・国際電信電話会社法（KDD法）の廃止 ・大規模小売店舗立地法の制定（大店法廃止、新たな枠組みを整備） ・金融システム改革法の成立
1999	小渕	規制改革委員会	・運輸分野における需給調整規制の廃止（航空、鉄道、貸切バス、旅客船、タクシーなど） ・電気事業の大口小売の導入 ・ガス事業の自由化拡大 ・ドリンク剤などの販売自由化 ・有料職業紹介事業の大幅自由化 ・労働者派遣事業の原則自由化 ・指定訪問介護事業への民間企業の参入解禁 ・国立大学教官等の民間企業役員兼業の可能化 ・パブリックコメント
2000	森		・酒販店の距離基準廃止 ・民間の認可保育所参入
2001	小泉	総合規制改革会議	**規制改革推進3ヵ年計画** ・IT関連の規制の見直し ・NTTの経営形態、NHKのBS受信料 ・総合規制改革会議の設置　システム全体の抜本的見直し

の活動により、経済的規制の分野での規制緩和は、ほぼテーマとしては出尽くした感があった。対して社会的規制と称する分野での規制改革の遅れが目立つようになりだした。そこで、医療、福祉、教育、労働、都市再生というテーマに重点を置いた活動が本年以降の中心課題としてクローズアップされてきた。規制緩和、規制改革の歴史も、こうして第三のステージにいま入ろうとしている。

(2) 規制緩和から規制改革へ —市場と規制のバランスが重要

1995年から本格的に進められてきた規制緩和により、情報通信、運輸、エネルギー、金融、流通などの分野では大きな規制はほぼ姿を消した。しかし、医療、雇用、教育などいわゆる社会的規制といわれる世界の改革には、ほとんど手がついていない。それがいま本格的取り上げられようとしていることは、前述した。そこでの指導原理は、規制システムの時代に対応した作り直しである。

社会的規制の分野では、「市場は万能ではない」ということが声高にいわれる。特に社会的規制の分野では市場原理に対する不信感が強い。だが、この10年の日本経済の停滞ぶりをみれば、「政府の失敗」が経済社会に深刻な影響を及ぼしていることも事実だ。

要は、市場と規制のバランスをとり、いかに公正な競争を行う土俵を作り出すかということだ。その意味で、社会的規制の見直しにあたっては、単に規制を撤廃すれば良いというわけではなく、公正な競争を確保するために、規制を強化することも必要になってくる。

ポイントは社会的規制が行われている分野にも、競争原理を導入し、新しいサービスの創造を図ることである。その意味で、社会的規制の見直しにあたっては、単純な規制緩和ではなく、公正な競争を確保するために、従来、独占が許されていた事業体に対して規制を強化することも必要になってくる。規制のあり方、すなわち規制改革という視点がますます重要になってきているゆえんである。

規制緩和への反対論として、規制緩和はデフレを悪化させるという懸念が表明される。だが、携帯電話の急速な普及にみられるように、国民のニーズの高い、国民が喜んで消費する分野での規制に的を絞って戦略的に実行すればその心配は無用である。その点からも、ITに次ぐ成長分野である医療、教育、雇用、司法サービスといった分野の改革に取り組むことの意義はおおきい。規制緩和の先進国といわれる米国でも社会的分野での規制は環境規制を中心に増加し

ており、それは従来の規制の枠組みを再編成することにより、その世界のルールを一新し時代の要請にマッチしたものとするとともに、関連してそのような変更が新しい需要を呼ぶという意味で、規制緩和のニューフロンティアとも言われている。

(3) 規制緩和の推進母体　―民間委員が中心の異色の審議会

　1995年から、規制緩和の推進母体となったのが、民間委員を中心とした委員会だ。名称は規制緩和小委員会から始まり、規制緩和委員会、規制改革委員会となり、2001年5月以降は総合規制改革会議となっている。

規制緩和推進3ヵ年計画の運用

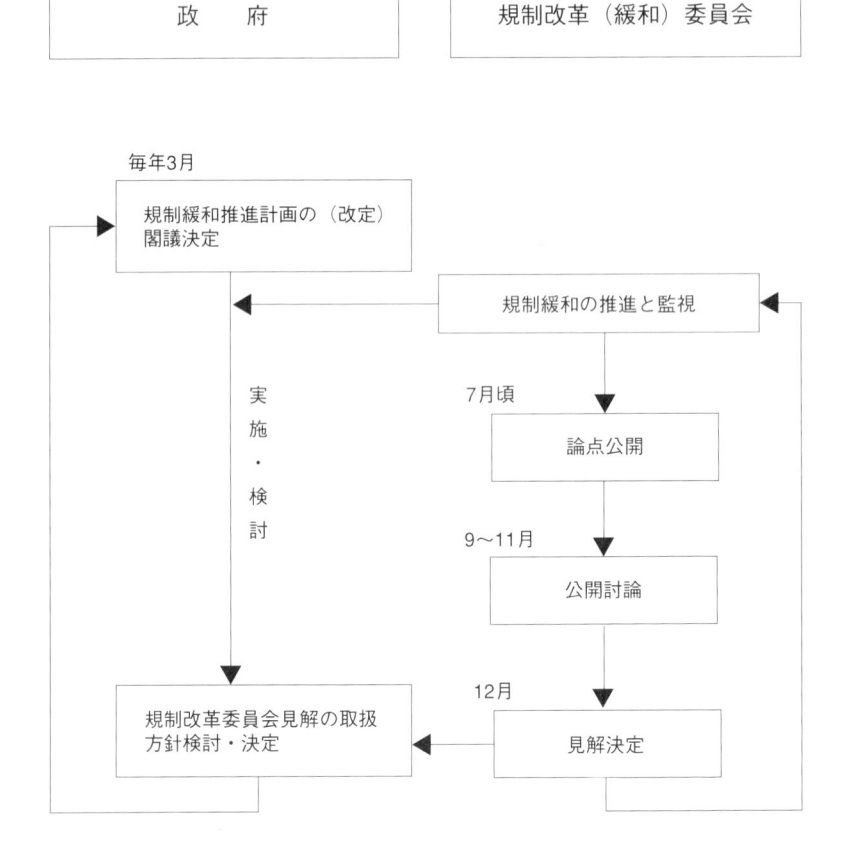

```
         政　　府              規制改革（緩和）委員会
```

毎年3月
規制緩和推進計画の（改定）閣議決定

規制緩和の推進と監視

実施・検討

7月頃
論点公開

9～11月
公開討論

12月
見解決定

規制改革委員会見解の取扱方針検討・決定

名称は変わったが、変わっていないのが、完全な民間委員主導型の審議会だという点だ。通常の政府の審議会では、テーマを選ぶのも、答申を書くのも官僚の仕事だ。審議会は隠れ蓑に過ぎないことが多い。しかし、規制緩和・改革に関しては、もちろん有能な事務局のサポートを受けるが、テーマを探すのも、それに対しての論点を作るのも、各省庁に規制緩和・改革の実行を迫るのも民間委員である。ここが大きく違っている。

つまり、民間委員が手分けして規制改革の重要テーマを自分で選ぶ。そして、官庁、業界団体の人を招いて、公開の場で審議する。最後に関係省庁に、「この規制は撤廃すべきだ」ということを直接折衝する。毎年、これを繰り返す、結構力仕事である。

規制緩和が、1995年以降目に見える形で進み出した背景には、時代が規制緩和を強く要求していたこともあるが、民間委員の献身的な努力があったことも忘れてはならない。

(4) 規制緩和の経済効果

1990年代に経済的規制の緩和が進んだことにより経済にどの程度効果があったのか。

規制緩和の経済効果は主に三種類に分けられる。規制緩和が行われたことにより供給サイドで新たな投資が行われる効果、新たな財・サービスが提供されたことによる消費の増加、この二つを合わせて「需要効果」と呼ぶ。これに規制緩和により価格が低下し、財・サービスの購入を増加させる。こうした価格低下がもたらす「利用者メリット」がある。

1999年3月に発表された経済企画庁による「近年の規制緩和による経済効果の改定試算」では、90〜97年度平均で、情報通信、大規模小売店舗、定期借地権付住宅、車検、国内航空、卸売電力、労働者派遣などで8.2兆円程度の需要効果があったとされている。ただ、98年以降は名目経済成長率が3年連続でマイナスを記録するなど景気の低迷が続いていることから、投資、消費がマイナスになっている年もあり、需要効果の測定が難しく試算は行われていない。

2001年6月に発表された「近年の規制緩和の経済効果－利用者メリットの分析（改訂試算）」によれば、2000年度時点で利用者メリットだけで累計15.7兆円（2000年度単独では1.5兆円）、国民一人当りでは12万4千円、2000年度の名目国民所得比では4.1％に相当す

第3部　各論・行政改革の軌跡と今後の課題

規制改革による利用者メリット

(単位：億円)

分野		2000年度における規制改革による利用者メリット[1]	前年度差[2] 99年度	前年度差[2] 2000年度	主要な措置事項等
電気通信	国内電気通信	42,671	2,486	4,644	NTT民営化、参入規制緩和、料金規制緩和、携帯電話売り切り制導入等
	国際電気通信	3,624	388	261	KDD民営化、参入規制緩和、料金規制緩和等
運輸	国内航空	3,589	301	201	ダブルトリプルトラック化基準の廃止、運賃割引制度等
	鉄道	19,100	2,132	2,062	JR民営化、上限価格制の導入、ヤードスティック査定方式の強化等
	タクシー	44	4	8	初乗り短縮運賃制度、ゾーン運賃制度等
	トラック	23,648	3,215	2,832	参入規制緩和、料金規制緩和等
	自動車登録検査制度	6,326	377	352	車検、定期点検項目の簡素化
エネルギー	電力	19,550	0	3,018	ヤードスティック査定方式による料金低下
	都市ガス	773	188	201	ヤードスティック査定方式による料金低下
	石油製品	18,999	2,542	−1,952	特石法廃止前後からの価格低下
金融	株式売買委託手数料	3,737	1,278	1,276	手数料率の自由化
飲食料品	米	8,520	472	1,869	新食糧法の施行
	酒類	6,519	680	400	酒販免許制度の緩和、再販売価格の拘束に対しての独禁法の運用強化等
利用者メリット合計		157,099 (4.1%)[3]	14,063	15,172	(参考) 名目国民所得は以下の通り。1999年度：383.0兆円(前年度差＋0.9兆円) 2000年度：387.4兆円(前年度差＋4.4兆円)
国民1人当たり利用者メリット		12万4千円	1万1千円	1万2千円	

(備考) 1. 基準年と比較した2000年度における規制改革による消費者余剰の増加分。利用者は2000年度において、規制改革がなかった場合よりも、この金額分だけ大きい消費者余剰を享受している。

2. 2000年度については見込値である。計算方法等については付注1及び2を参照。

3. 2000年度の名目国民所得は「経済見通しと経済運営の基本的態度」(平成13年度)での見込値を用いている。(　)内は、消費者余剰創出額／国民所得である。

4. 国民1人当たり利用者メリットは、2000年度における規制改革による利用者メリット／2000年10月1日現在の人口で求めた。人口データは総務省『人口推計』による。

出所：内閣府ホームページ

るメリットがあったとしている。

　この分析では、国内及び国際電気通信、国内航空、タクシー、車検、電力、石油製品、都市ガス、株式売買委託手数料、鉄道、トラック、米、酒類の13分野を対象に限って試算している。大店法の規制緩和に伴うスーパーの競争激化による消費者物価の下落などひとつの規制緩和が及ぼした副次や波及の効果は考慮されていないから、これらの数字はかなり控えめなものだといえよう。

　対象分野の中では、国内電気通信、トラック、電力、鉄道、石油製品の順で大きな効果があったとしている。利用者メリットについていえば、市場規模がもともと大きいか規制改革により急速に拡大した分野で、かつ、規制改革による価格（料金）の低下（又は上昇の抑制）が顕著な分野で大きくなるが、上記の分野はこれらの特徴を備えている。他方、タクシー、都市ガスなどについては、市場規模がそれほど大きくないことに加え、料金の低下もこれまでのところ小幅であったことから、メリットも比較的小さなものにとどまっている。

　規制改革による利用者メリットは極めて大きく、かつ、増加を続けており、厳しい経済情勢下にあって生活の質を改善する貴重な力となっている。

(5) 規制緩和に反対する3つの間違った議論

　「聖域なき構造改革」を掲げた小泉内閣の改革3本柱の一つに、21世紀に相応しい競争社会をつくるための「規制改革」をあげている。

　かつて官僚はこぞって反対したものだが、規制改革が日本再生に不可欠だという理解は霞ヶ関でも次第に普及しつつある。しかし、いまだに、規制改革をすれば弱肉強食の競争社会になり、社会が混乱するといった反論も根強い。規制改革への反論としてよく引き合いにだされるものに、①規制緩和は雇用を奪う、②国内産業は高コスト体質なのだから内外価格差はあっても仕方がない、③社会的規制は経済的規制のように簡単には緩和できない、という3つの反対がある。それらの考えが間違いである点をここで指摘しておきたい。

規制緩和は雇用を奪うのか

　「規制緩和と呼べば失業の増大と答える」と、よく言われる。規

制緩和に対する反対論者は、多くの場合雇用の喪失を規制緩和の問題として取り上げる。本当にそうだろうか。異なった2つの問題を1つに取り違えているからではないのか。

雇用の問題は、総量としての雇用と個別の人の失業と、2つの問題に区別しなければならない。よくいわれるアメリカの航空の規制緩和では、70年代の終わりから80年代にかけて200社が潰れて200社が参入するという凄惨な競争時代があった。マスコミなどは、失業したパイロットとスチュワーデスが職を求めてさまようシーンを報道して、規制緩和は失業を増やすという論調を張る。だが、競争は敗者と勝者を生むのは当然のことである。となると、敗者の従業員が短期的に失業するのはやむをえない。

問題は、規制緩和は何のためにするのかという点である。競争を促進して経済の活性化、効率化を図り、それにより経済を発展させるために行うのである。雇用の総量は経済成長に比例する。経済が成長しなくて雇用が増えるわけがない。もし街に、失業者が溢れたとしたら、それは、経済が成長していないからだ。経済が成長しない原因には、競争が制限されていることによる場合が多い。つまり、総量としての雇用が減少するのは、規制が緩和されてない結果だということになる。こうして雇用の全体量は、規制緩和の総量を量るバロメーターにもなるということだ。

一方、競争は敗者を生む。敗者の企業の従業員は就職を変えなくてはならない。これは短期的な摩擦の問題だ。だから、敗者が多く、そのために転職を求める人が多いというのは、競争が活発である証拠でもある。したがって、街に失業者はいないが、職を求める人は多いという状態になったなら、それは規制緩和が進んでいるということだ。逆に、街に失業者があふれ、職を求める人はあまりいないというのは、規制緩和による経済の活性化に失敗している世界だ。この2つを混同して、短期的な失業者が生ずるから、規制緩和は雇用を危なくするというのは、耳には聞こえはいいが、経済の基本的なところを見落とした議論で、間違いである。もちろん、そのような短期的な失業者がミスマッチのない仕事に容易に復活できるセーフティネットは用意する必要がある。これが雇用における規制緩和の問題で、民間参入を含めて社会全体で雇用の流動化に対応するシステムを作るのは、規制緩和後の世界の最も重要な社会的インフラの整備の問題であり、これまで規制緩和に取り組んできた各種の委

規制緩和の主なもの

規制緩和の狙い	分野区分
1　経済・産業の活性化、起業機会・新規雇用の創出	
・国立大学教官の民間企業役員兼業	教育
・厚生年金基金および国民年金基金の自家運用	金融・証券・保険
・マーケットメーカー制度の導入など店頭登録市場の活性化	〃
・CP（コマーシャルペーパー）のペーパーレス化	〃
・市街地における未利用・低利用の土地の有効利用促進	住宅・土地
・電力供給の自由化と競争の促進	エネルギー
・ガス事業における競争の更なる導入	〃
・倉庫業の参入規制および料金規制の見直し	運輸
・NTTの在り方	情報・通信
・高齢者介護及び児童保育に係る福祉サービスへの民間企業の参入	医療・福祉
・有料職業紹介事業の規制の見直し	雇用・労働
・無料職業紹介事業の規制の見直し	〃
・労働者派遣事業規制の見直し	〃
・需給調整規制の見直し・廃止（銀行の営業免許、中央卸市場の卸売業者の許可、割賦斡旋業者の登録など）	【分野横断】参入規制
・公的な業務独占資格の見直し（資格要件や業務範囲のあり方など）	【分野横断】資格制度
2　消費者の選択の幅の拡大	
・保険商品認可制の届出制への移行	金融・証券・保険
・専門医資格、医療機能評価の結果など広告規制の見直し	医療・福祉
・特定療養費制度の見直し	〃
・保険者によるレセプト審査の許容など保険者機能の強化の検討	〃
・薬剤の宅配禁止の見直し	〃
・保育所の配置、運営、利用に係る制度の見直し	〃
・大学設置・運営の自由化・弾力化	教育
・大学入学資格検定制度の見直し	〃
・社会のニーズに応ずる大学院教育の促進	〃
・単位互換及び学外学習の単位認定制度の拡大	〃
3　国民及び事業者負担の軽減	
・行政の情報化の推進（各種申請のオンライン化、ネットワーク化）	情報・通信
・自動車運転免許証の有効期限の延長	運輸
・自動車検査証の有効期限の延長	〃
・自動車登録関連手続きの見直し	〃
・労働者募集に関する規制の見直し	雇用・労働
・石油コンビナートに係る保安4法関係の規制の見直し	保安・環境
・在宅医療に係る規制・手続きの見直し	医療・福祉
4　各国との相互の国際整合化	
・基準・規格及び検査・検定（国の関与範囲の見直し、自己確認を基本とする制度への移行、国際整合化・性能規定化、重複検査の排除）	【分野横断】基準認証等
5　規制緩和推進のための基盤的条件の整備	
・法曹人口の大幅増員と関連問題	法務
・独占禁止法に係る諸問題	競争政策等
・規制の制定、改廃にかかわるパブリックコメント手続き	【分野横断】

員会がもっとも意を注いできたところである。

国内産業の高コスト構造は当然なのか

　人件費と土地代の高い日本では内外価格差はあって当然という議論がある。そのほとんどが規制産業である国内型の産業が、高コスト構造の言い訳にする議論がこれだ。この考え方も間違っている。

　高い人件費と土地というが、日本の輸出産業は全部海外進出して、日本は空洞化してしまったというワケではない。トヨタは豊田市で自動車を製造しており、もちろん輸出もし、国際競争力を十分持っている。

　電力などは、日本で発電立地している以上、高い土地代と人件費により、内外価格差はあって当然だという。しかし、電力の発電所もトヨタの工場も日本に立地している。従業員も両方ともほとんどが日本人を雇用している。ところが、一方は内外価格差は当然だと言い、他方は内外価格差があっては輸出競争力がなくなるから解消すると言う。違いは、国際競争に晒されているかどうかだけだ。したがって、自動車も電力も購買力平価は同じであって当然だ。同じでないのは、一方は国際競争にさらされて必死の合理化努力を尽くしているのに、他方は規制に守られて非効率を温存しているという点だ。規制緩和は、そういう国内型の規制産業に、先頭を走る国際競争型の産業が日本に居留まれるためにも、頑張って追いつけ、追いついて当然だということを迫るものだ。

社会的規制に名を借りた経済的規制

　社会的規制に名を借りた経済的規制が規制緩和を阻害している例も多い。

　最近話題となった、酒の小売販売の自由化に対する、自民党勢力を巻き込んでの反対ではこの典型が繰り広げられた。

　酒の免許は、これまで距離基準というものがあって、既存の店と新規申請の店との間に、一定以上の距離がないと免許しないという規制があった。この規制を撤廃することになったら、実行の段階で酒屋と政治からクレームがついた。

　距離基準を撤廃すると、アル中患者の出現を促進し、未成年者に飲酒の害が出る。だから出店は規制しないといけない。さらに、廉売合戦が多い業界なので、不当廉売の取り締まりを強化しなくては

Ⅲ 規制改革

ビジネスコストの国際比較

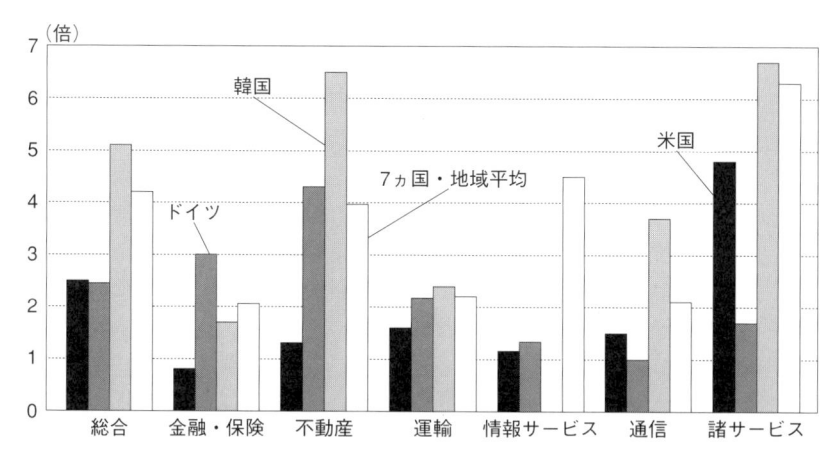

(備考) 1. 通商産業省「産業の中間投入に係る内外価格調査」により作成。
2. 7ヵ国・地域平均は調査対象国・地域（米国、ドイツ、韓国、台湾、香港、シンガポール、中国）の平均値。
3. 韓国の「情報サービス」については、データを入手できなかったため、表示がない。

出所：経済企画庁「物価レポート'99」p.52

ビジネスコストの内外価格差の推移

	アメリカ				ドイツ				韓国			
	95	96	97	98	95	96	97	98	95	96	97	98
総　　　合	1.61	1.71	1.25	1.26	2.84	2.22	2.52	2.64	4.29	3.34	3.35	4.85
金融・保険	1.40	1.09	1.06	0.86	3.63	7.71	5.39	5.00	1.36	1.46	1.66	1.84
不　動　産	2.05	1.67	1.35	1.26	4.70	3.15	3.92	4.29	5.59	3.97	3.72	6.64
運　　　輸	1.64	1.40	1.40	1.32	1.16	1.36	1.50	1.65	2.01	2.10	2.57	3.00
情報サービス	0.91	3.23	1.08	1.11	1.13	1.05	1.04	1.03	－	－	－	－
通　　　信	1.86	1.26	1.32	1.61	1.09	0.76	1.05	0.90	3.68	3.15	4.23	4.66
諸サービス	1.32	1.07	1.02	1.32	1.16	0.77	0.80	0.84	5.21	4.14	3.58	4.25

(備考) 1. 通商産業省「産業の中間投入に係る内外価格調査」により作成。
2. 本文中の「－」については、データを入手できなかったことを示す。

出所：経済企画庁「物価レポート'99」p.52

ならない。というので、1999年の暮れから大反対が起こり、とくに決まっていた距離基準撤廃の実施時期を4ヵ月延ばした。4ヵ月後に実施のときにもさらに揉めた。結局不当廉売を公取委が厳しく取

り締まる、お酒の販売店にあらたに販売管理者を置くということで、実施された。販売管理者は既存の酒店ではこれまでの人がその資格を自動的に取得できるというから、新規参入者だけに適用される新たな参入規制である。未成年者飲酒防止という口実で距離基準を用いて参入を規制する。ムリなら新規店に販売管理者の設置を義務付ける。これが典型的な社会的規制の名を借りた経済的規制だ。

このようなやり口は、どこの業界でも行う。経済的規制撤廃に対する反論に窮すると、必ず出てくる議論だ。タクシーでいえば、参入規制撤廃により過当競争が起こり、神風タクシーが復活し、人命を害する。人の命は地球より重いから、タクシーの参入規制は社会的規制だという理屈だ。これが、古典的な経済規制を社会的規制にすり替える技術だ。

また、不当廉売を独禁法で禁止する理由も再考が必要である。

不当廉売という概念は、供給者の論理でしかない。供給者にとっては、確かに競争相手の安い価格は困るから、不当だということになる。だが、需要者にとっては、安ければ安いほうがよいから、安いことは正当だということになる。

そこで問題は、なぜ独禁法が不当廉売を禁止するのか、その立法理由である。その理由は、不当廉売により競争者を排除し、寡占状態を作り、寡占価格を形成し、競争制限をするということにしかないハズだ。しかし今そういう業界がはたして存在するのだろうか。もしある酒屋が不当廉売をし、近隣の酒屋を駆逐し、いよいよということで高い値段を付けたら、自由化のもとでは「隣の蕎麦屋」が

経済的規制と社会的規制

公的規制は、その規制目的に着目して、大きく経済的規制と社会的規制に分けられる。

経済的規制は、市場の自由な動きにゆだねておいたのでは、財・サービスの適切な供給や望ましい価格水準が確保されないおそれがある場合、政府が、個々の産業への参入者の資格や数、生産数量や価格等を直接規制することによって、産業の健全な発展と消費者の利益を図ろうとするもの。自然独占の傾向をもつ電力などの公益事業で、参入を制限して独占を認める代わりに供給義務を課したり、価格を規制したりしているのがその典型。

社会的規制は、消費者や労働者の安全・健康の確保、環境の保全、災害の防止等を目的として、財・サービスの質やその提供に伴う活動に一定の基準を設定したり、制限を加え、国民の生命や財産を守り、公共の福祉の増進に寄与しようとするもの。ただ、本来安全等の確保を目的としていた規制でも、次第に既得権益の保護、参入の抑制等の効果を有するものに変質しているものもあり、目的の妥当性と規制の有効性については、不断に見直していくことが必要である。

よい商売だということで、仕事を変えて参入してくる。当の酒屋が目指した寡占状態が続くワケがない。酒屋以外にも独禁法が目的とする不当廉売の弊害を現実に実現しそうな業種など、ほとんど想像もできない。不当廉売という供給者の立場に立った禁止は、すぐにでも廃止すべきだ。だが、現実に公取委が取り扱うクレームのきわめて多くの部分は、この不当廉売を巡ってのものだという。公取委は競争制限官庁になってはいけない。

規制緩和というとすぐに出てくる反対論の実態を、3つのケースで眺めてみたが、いずれもタメにする議論でしかないことがお分かりいただけたと思う。

2 個別規制緩和の進捗状況と今後の課題

(1) 先行した経済的規制の規制緩和

1990年代に進んだ、規制緩和の状況について、個別の分野毎にみてみたい。

①情報通信分野

規制緩和の歴史が古くかつ最も進んだと評価される一方、さらなる改革が必要とされているのが情報通信分野である。

1985年に電電公社が民営化され、日本電信電話株式会社(NTT)が発足した。

同時に長距離部門を中心に新規参入が続き、ほとんどの場合家庭などへの接続にはNTTの地域通信網を利用することになった。しかし、接続ルールが成熟していなかった。だから地域網への接続をめぐって、新規参入者とNTTの間でトラブルが絶えなかった。また、長距離、地域、国際とそれぞれバラバラに分けられて規制されていた。その他料金問題とか、各種の規制の網が強く掛かっていたのが95年当時の状況だった。携帯電話も出始めたばかりで、今日の盛況はまだ見えてこなかった。

この分野での規制改革をスタートさせたのが1995年の規制緩和小委員会からだった。情報通信分野の成長のためには、ソフトの面の開発が重要であることは言うまでもない。しかし、いくらソフトが充実しても、それを運ぶハードの通信網が発達していなければ、「高

情報通信に関する規制緩和の動向

1985年4月	NTT民営化
94年4月	移動体通信端末売り切り制度を導入
95年10月	第1種電気通信事業について料金の事前届出制及び標準約款制を導入
96年3月	第1種電気通信事業者以外の者による業務受託を可能化
10月	国内公専公接続を自由化
12月	移動体通信料金を届出化
97年6月	KDDによる国内電気通信業務の提供を可能化
6月	NTT再編成前において子会社方式による国際通信業務への進出を可能化
10月	携帯電話等の無線局免許に包括免許制度の導入
11月	第1種電気通信事業許可に係る過剰設備防止条項を撤廃
12月	国際公専公接続を自由化
98年2月	第1種電気通信事業（NTT及びKDDを除く）の外資規制を撤廃
7月	KDD法の廃止によるKDDの純粋民間会社化
11月	第1種電気通信事業の料金を原則届出制に移行。上限価格方式を導入
99年3月	基準認証制度において民間事業者及び外国の認証機関の能力を活用
6月	すべてのケーブルテレビに関する外資規制を撤廃及び承継規定の整備
7月	NTTを持株会社のもとに東・西地域会社と長距離会社に再編成

くて遅い」通信にしかならない。それではソフトも育ちようがない。幹あってこその枝葉である。NTTを大きな幹に育てて、競争の中で切磋琢磨すべきだという観点から、NTTの経営形態の見直し、つまり分離・分割という問題をこの年に提言した。

　遡ってみると、1982年の臨調基本答申では、電電公社の民営化にあたっては、競争の導入が不可欠との視点で、経営形態の分離・分割を答申していた。だが、臨調答申の精神にもかかわらず、民営化のための株式会社は行われ、経営の自由化の道は用意されたが、肝心の競争導入、そのためのNTT経営形態の分離・分割は、NTT自体の反対で葬られて、全国一本の独占民間会社といういびつな存在を作ってしまった。民営と独占は相容れない。このため、独占NTTを規制するための各種の方法を取り入れざるをえないことになり、自由に行うことにより情報時代の尖兵となることが期待されたNTTの経営の自由度自体が中途半端になるという捩れ現象が、以来16年にわたり続いた。それが日本の情報通信分野の活性化を阻害してきた弊害は計り知れない。

　そういう問題意識から、95年に規制緩和小委員会は、折からNTTの経営形態のあり方についての2回目の見直し時期（1回目

の見直しはNTT発足5年目の1990年）にあることからこの問題に手を付け、NTTに対する規制を緩和してNTTが自由に行動することを目指し、ただ前提としてNTTが競争体になることを必須のものとして、分離・分割を提言した。

この提言とそれを受けた電気通信審議会による具体化のための答申は、問題解決に向けて、唯一の解を示したものであった。だが、政治問題化して、その実行は見送られ、翌96年暮れの郵政省とNTTとの間の妥協により、持ち株会社方式のもとでNTTを長距離会社（コミュニケーション）、東西2つの地域会社に分割することとなった。こうして現在の体制が99年7月からスタートしたのであ

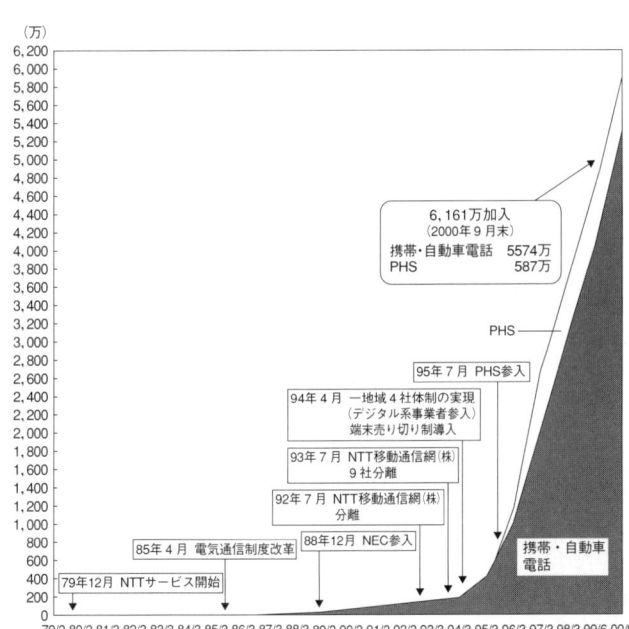

移動電話・PHS加入者数の推移

（グラフ）

6,161万加入（2000年9月末）
携帯・自動車電話　5574万
PHS　587万

95年7月　PHS参入
94年4月　一地域4社体制の実現（デジタル系事業者参入）端末売り切り制導入
93年7月　NTT移動通信網（株）9社分離
92年7月　NTT移動通信網（株）分離
88年12月　NEC参入
85年4月　電気通信制度改革
79年12月　NTTサービス開始

保証金	200,000円 → 100,000円 → 廃止
新規加入料	80,000円　72,000円 → 45,800円 → 21,000円 → 9,000円 → 6,000円 → 無料
基本料	（アナログ）30,000円 → 18,000円 → 15,000円 → 9,500円 → 8,400円 → 6,600円 （800MHzデジタル）8,800円 → 6,800円　4,500円
通話料	（アナログ）280円 → 260円 → 230円 → 200円 → 150円 （800MHzデジタル）260円 → 200円 → 180円 → 100円

(注)NTTドコモの携帯電話の料金〔標準プラン、通話料は平日昼間3分(県内通話)の料金〕

総務庁：「規制緩和白書」2000年度版

る。この持ち株会社方式は単純な妥協の産物であることから、問題の本質的な解決とは到底言えず、2000年には経営形態問題が再燃した。

　規制改革委員会は当初からの一貫した姿勢をあくまで崩さず、持ち株会社の廃止とNTTの自由化を提言したが、電気通信審議会はいわゆるドミナント規制とインセンティブ方式の組み合わせでNTTの効率化と競争条件の整備を図り、それが2年以内に満足する成果をもたらさないときには、完全資本分離を行うとした。この二つの答申も、あいも変わらないNTTの執拗な反対により政治的に曖昧な決着となった。小泉内閣となって、NTTの経営形態の抜本改革を主張する竹中平蔵経済財政担当相のもと、ＩＴ推進本部は電電公社の株式会社化の時から数えて5回目の挑戦となるこの問題の解決に意欲を燃やしており、その解決が注目されている。

　NTTの経営形態という未解決の本質問題を抱えているとはいうものの、この分野は、規制緩和による効果により目覚しい変化と発展があった分野で、かつて誰も想像しなかった携帯電話の急成長などが、先に述べたように停滞する日本経済の下支えに大きく貢献したことは万人の認めるところであり、今後とも日本経済の盛衰を左右するものといえる。

②エネルギー分野

　情報通信と並んで規制緩和が進展しているの分野として電力分野を挙げることができる。

　従来、電力は規模やネットワークの経済性による自然独占性を有することから典型的な公益事業として扱われ、地域独占による供給体制が組まれていた。しかし、1990年代になると、先進国において電力分野での自由化の先行事例が進展していることや、電力料金の内外価格差、為替差益還元問題が注目されたことなどから、電力分野をめぐる規制のあり方が議論となった。

　日本の電力料金は、通産省や電力会社によると、諸外国に比べて2割から3割程度高いだけだと言われている。しかし、事実は2倍から5倍。日本以外では、ドイツが一番高いが、そのドイツに比べてもほぼ2倍。アメリカに比べたら3〜4倍というのが実際の姿である。そういう高いエネルギー費用が、日本に立地する産業の国際競争力を奪うのは当然のことだ。日本から製造業が脱出して行くの

は、諸々の国内型の規制産業のコスト高を原因とするが、なかでも電力はその王様ということになる。

　この分野に競争の仕組みの導入をというのは規制緩和小委員会発足以来の願望であり、行き着いたのが電力の「小売りの自由化」という目的地であった。この数年間に実施された電力事業への競争導入をめぐる具体策としては、まず発電部門への競争の導入、小売供給の自由化が検討され、95年4月の電気事業法改正により、卸電力事業（IPP）の自由化、卸供給入札制度の導入、卸託送制度の整備が実施されるとともに、特定電気事業制度を創設して限定的ながら電力事業者以外のものによる電力販売に道が開かれた。

　1997年以降の研究は、本格的な競争の導入を目指し、「小売の自由化」といって、いかなる発電者もいかなる需要家に対しても、従来の電力会社の送配電施設を利用して、電力を小売販売できるという道を最終の目標として制度設計をするという点に集中された。99年5月の電気事業法の改正は、発電部門の活性化のため、火力電源開発入札制、卸託送制度、卸料金の届出制化により発電市場での競争促進等を図るとともに、特別高圧需要家（2万ボルト、4000キロワット以上の設備と規模で受電する需要家）に対する小売の自由化という戦後続いた電力会社だけによる電力の一般需要家に対する供給という独占体制の終焉を現実のものとした。2000年4月からこうして小売の自由化の幕は切って落とされ、経済産業省ビルをはじめ相当数の大口需要家に対して、電力会社以外の発電者による供給が開始された。この措置は、施行後3年目である2003年には制度の拡大を見直すこととされており、供給範囲を特別高圧需要家からさらに拡大し、最終的には中低圧による一般家庭にまで広げることの是

エネルギーに関連する規制緩和の動向

1995年3月		改正ガス事業法施行（大口供給の自由化等競争原理の導入）
	5月	改正電気事業法施行（卸電気事業に係る参入規制の原則撤廃）
1996年4月		特定石油製品輸入暫定措置法の廃止（ガソリン、軽油及び灯油の輸入について、備蓄義務、品質管理等の責務を果たせば誰でも輸入できることとした）
	4月	揮発油販売業法の品質確保法への改正（過当競争地域におけるSSの新増設を抑制していた指定地区制度を廃止）
1997年7月		石油製品輸出の実質自由化
1998年4月		有人セルフサービス式給油所の導入
2000年3月		改正電気事業法施行（特別高圧需要家を対象とした電力小売の部分自由化等）

第3部　各論・行政改革の軌跡と今後の課題

大口の需要家に対する電力小売の自由化

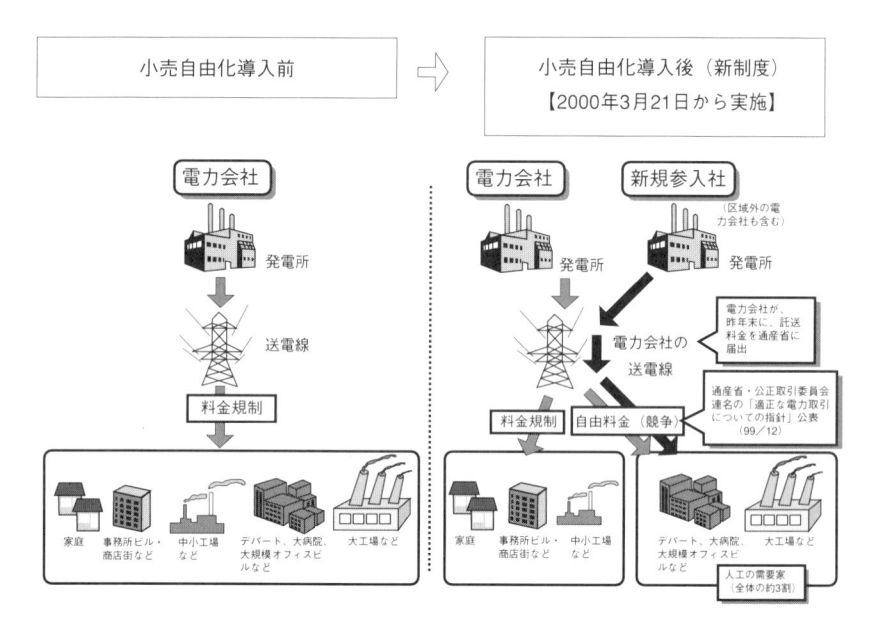

出所：総務庁「規制緩和白書2000年度版」

業務用電力単価の国際比較

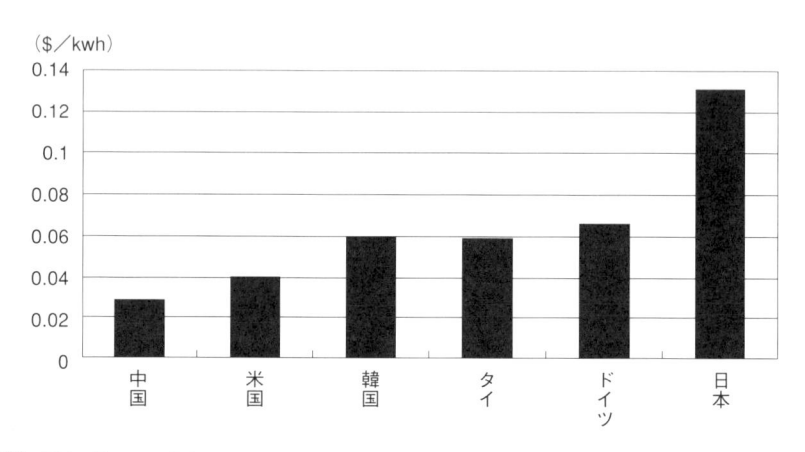

資料）IEA, Energy Prices and Taxes, second quarter 2000

非をめぐって今年から熱い議論が始まる。

　そんなおり、2000年の暮れに米国カリフォルニア州での停電事故が起こり自由化問題に対して波紋を投げかけている。自由化反対論者にとっては、規制緩和の行き過ぎということで巻き返しのチャンスとでもいうわけだ。だがカリフォルニア州の例は、きわめて観念的な自由化であり、完全かつ幼稚な制度設計のミスにすぎない。日本の自由化を進めるにあたっては、一つの反面教師として参考にするのは当然としても、この杜撰なミスを原因として日本の小売りの自由化による競争状態を作る歩みを一歩も止めてはならない。

　エネルギー分野の規制緩和で経済効果の大きかったものに、ガソリン販売に関する規制緩和がある。従来、ガソリンなどの石油製品は、供給の海外依存度が高かったことや、課税物資であることなどを理由に、供給、品質管理などの面で強い規制下に置かれていた。

　転機となったのが、96年3月の特石法の廃止である。ガソリン等の輸入が一定の要件の下に自由化された。また、ガソリンスタンドの新設を制限する指定地区制度も96年10月に廃止された。さらに、セルフサービス方式のガソリンスタンドの解禁について、検討がされた結果、無人セルフサービスは保安上の観点から困難な一方、有人は実施可能と判断され、98年4月からセルフサービスのガソリンスタンドの設置が可能となった。

③金融分野

　金融分野もビッグバンを契機として、規制緩和で様変わりしている。かつての金融機関相互を律した護送船団方式による垣根規制はほとんど姿を消し、残るのは生命保険の銀行本体による窓口販売くらいになった。営業所設置など個別金融機関に対する規制も姿を消した。もっとも規制緩和が行われた分野の一つともいえる。ただ、規制だけは様変わりしたが、金融機関の体質はほとんど変わってない。ビッグバンにより規制は撤廃されたが、金融機関に競争する気持ちがなければ、何の意味もない。金融機関は不良債権の桎梏から一刻も早く脱却するとともに、世界の金融機関に対等の勝負を挑める競争的体質に自らを切りかえないと、生き残るために残された時間は少ない。

金融関連の規制緩和の動向

1993年4月	金融制度及び証券制度の改革のための関係法律の整備法施行（銀行・証券・信託の子会社方式による相互参入、地域金融機関の信託参入）
6月	定期性預金金利の完全自由化
1994年10月	流動性預金金利の完全自由化
1996年4月	新保険業法の施行（生保・損保の相互参入等）
1997年10月	証券総合口座の導入
1998年4月	外国為替及び外国貿易法の施行（外為業務への自由な参入・退出の確保） 株式委託手数料の一部自由化
12月	金融システム改革法の施行等（会社型投信の導入、私募答申の導入、銀行等の投信窓販の導入、証券会社の免許制から原則登録制へ移行、マーケットメーカー制度の導入、証券会社の専業義務の撤廃、取引所集中義務の撤廃等）
1999年10月	株式委託手数料の完全自由化 普通銀行の普通社債発行解禁 業態別子会社の業務規制に係る残余の制限撤廃
2000年10月	保険・銀行間の子会社方式による相互参入の完全実施
2001年4月	銀行等の保険窓販の導入

流通関連の規制緩和の動向

1990年5月	大店法運用適正化措置（調整期限に上限（1年半）を設定、閉店時刻届出不要基準（午後6時→午後7時）
1992年1月	改正大店法施行（調整期限の上限を1年に短縮、出店凍結制度の廃止）
1993年5月	酒類販売免許の大型小売店舗（店舗面積1万㎡以上）に対する開店時免許の付与
1994年4月	ビールの製造免許に係る最低製造数量基準を年間2000kℓから60kℓに引下げ
5月	改正大店法に係る規制緩和の実施（1000㎡未満の店舗の出店は原則調整不要、閉店時刻の届出不要基準（午後7時→午後8時、年間60日に限り1時間の延刻を自由化）、年間休業日数の届出不要基準（44日→24日））
1995年1月	たばこ小売販売業の許可の取扱いに係る運用基準の緩和及び手続の簡素化
1996年11月	主要食糧の需給及び価格の安定に関する法律施行に伴い、出荷取扱業及び販売業の登録制を施行
12月	みりん小売業免許の付与
1997年4月	塩専売制廃止
1998年6月	米の通信販売による小売業が可能となるよう、売り場要件の見直し大規模小売店舗立地法の公布
7月	たばこ小売販売業の許可の取り扱いに係る需給調整基準の緩和
9月	酒類小売業免許に係る需給調整規則の段階的な緩和等の開始
1999年3月	医薬品のうち15製品群を医薬部外品に移行

④流通分野

　流通の分野の変化も大きい。ほんの10年前までは、百貨店は週に1日は定休日で、夕方になると店を閉めていた。これを定めていた

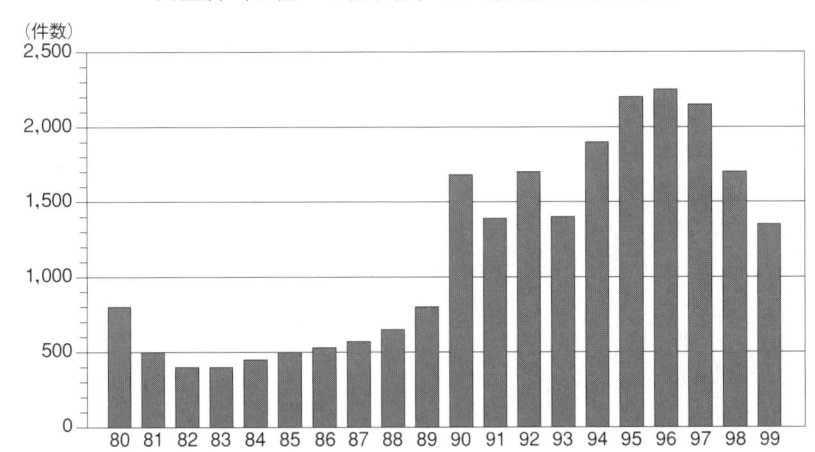

大型店（1種・2種合計）の出店届出件数の推移

出所：経済企画庁「物価レポート2000」p.74

　大店法の規制緩和によって流通は大きく変わっていった。
　一方大型店の出現は、近所の八百屋や肉屋を閉店に追いやるとともに、中心街の老舗店の衰退を加速した。それが「商店街による夏祭りは街の文化だ」という守旧派の嘆きを買っている。いま問われているのは、消費者に便利さと安い値段の商品を届けるのか、創意により街の再活性化を図るのか、互いの勝負でどちらが消費者を味方に付けるのかという問題である。
　2000年6月からは、大店立地法に変わり、環境問題だけをチェック事項とし、かつその運営は地方に委ねるという方向へと向かっている。地方によっては横だし上乗せを地方規制として行うのではないのかということが関心の的となっている。だが、かつての街の商店街を守るという大店規制とその緩和の問題は、いまは過去になりつつある。街の商店を守るのか、大型店出店による安価と便益を享受するのか、それを決めるのは、地域の判断の問題だというだ。自分の街は商店街の繁栄により守る、大店の出店は困るという自治体はそれをやればよい。自分のところは大きなスーパーマーケットのモールを作ってやっていくのだという地域はそれでやったらよい。どちらへお客が行くかの勝負だ。

⑤運輸分野

　これまで運輸の分野ほど規制でがんじがらめになっていた世界はない。臨調時代までは、田舎のバス停一つ移動にも、運輸大臣認可が必要だった分野である。運輸分野では、全領域にわたって参入は免許制で、免許基準として需給調整規制があるのが特徴だった。

　需給調整規制というのは、行政が判断して、供給が需要よりも多いと考える場合には免許しなくてもよいという規制である。ところが、この規制ほど字義通に適用されることの少ない規制はない。行政の裁量判断で、極端なケースでは行政が好ましいと思う人には免許を与えるとともに、そうでない人を需給判断だとして排除するための宝刀として使われてきた。もとより需給判断の基準があるワケがない。

　1996年12月、運輸省は運輸の全事業分野において、1999年〜2001年度までに、免許制を廃止し、需給調整規制を撤廃する方針を決定した。一定の形式要件、技術要件さえ整っていたら、必ず参入を認めるということだ。同時に料金についても、上限規制の範囲内でなら届け出制にした。あらゆることを免許と認可の範囲に収めてきた同省の政策の180度の変換である。運輸省は当時これをコペルニクス的な転換だと言った。この需給調整規制の廃止は、大物規制の撤廃の最上位に位置する措置だと言ってもよい。冒頭で、時代を画した4つの規制緩和の例に取り上げたゆえんである。これから次第にその効果が出てくるものと期待されるが、一番問題のタクシーについての措置でつまずいている。免許制と需給調整規制の廃止はいちおう相場を合わせたが、需給調整規制を復活させる緊急措置というものを別に設けた。実車率などがあまりに酷く低下したときには、地域と期間をかぎって需給関係による参入規制をするというものだ。さらに、料金規制も緩和するが唯一の例外として認可制を継続するという。せっかく一律に規制から脱却しようと決心をした同省だ。初心を忘れないように厳重な監視が規制改革を推進する機関に求められる。

⑥雇用労働分野

　規制緩和小委員会や規制改革委員会では、規制緩和後の世界のセーフティネットとして、または基本インフラとして、規制緩和に伴って発生する可能性のある雇用問題への対処が重要だと考えて、

運輸に関する規制緩和の動向

1990年12月	トラック事業、貨物運送取扱事業の需給調整規制を廃止、運賃・料金を認可制から届出制へ
1994年5月	運転免許証の有効期限を優良運転手については3年から5年に延長
12月	国内航空運送事業において事前届出制による割引率5割までの営業割引制度の導入
1996年12月	人流・物流の全事業分野において、原則として需給調整規則を廃止する方針の決定
1997年4月	タクシー事業においてゾーン運賃制、初乗距離短縮運賃の導入
1998年10月	タクシー事業の事業くい奇数をほぼ半減化
1999年3月	トラック事業において営業区域を経済ブロック単位まで拡大、最低車両台数10台の地区について7台に引下げ
6月	改正海上運送法公布(国内旅客船事業について需給調整規制の廃止、運賃・料金の認可制を届出制に)(2000年10月施行)
2000年2月	国内航空運送事業において需給調整規制の廃止、運賃・料金の認可制を届出制に
	貸切バス事業の需給調整規制の廃止、運賃・料金の認可制を届出制に
3月	旅客鉄道事業において需給調整規制の廃止、運賃・¥料金を上限価格制に
5月	改正港湾運送事業法公布(主要9港における港湾運送事業について需給調整規制の廃止、運賃・料金の認可制を届出制に)(2000年11月施行)
	改正道路運送法公布(タクシー事業、乗合バス事業において需給調整規制の廃止、運賃・料金を上限価格制に)

雇用に関する規制緩和の動向

1994年11月	高齢者に係る労働者派遣事業の特例を実施
1996年12月	労働者派遣事業の適用対象業務について、研究開発やOAインストラクション等10業務を追加、26業務へ業務範囲を拡大
	育児・介護休業取得者の代替要員に係る労働者派遣事業の特例措置を実施
1997年4月	有料職業紹介事業の取扱職業の範囲を労働省令で定める職業(サービスの職業、保安の職業)以外のものについて行うことができることとした(ネガティブリスト化)
	裁量労働制の対象業務にコピーライターの業務等6業務を追加
1999年4月	女性の時間外・休日労働、深夜業の規制の解消
	労働契約期間の上限を一定の条件の下、3年に延長
	1年単位の変形労働時間制の要件の見直し
12月	労働者派遣事業の適用対象業務の範囲を港湾運送業務や建設業務等以外のものについて行うことができるようにした(ネガティブリスト化)
2000年4月	企画業務型裁量労働制が施行

失業率押し下げに関する政策効果

(年度、%)

	90	91	92	93	94	95	96	97	98
雇用維持政策				0.1	0.2	0.2	0.1		
マッチング強化策	0.2	0.2	0.2	0.2	0.2	0.2	0.2	0.2	0.3

※ ここでは雇用維持政策は「雇用調整助成金」、マッチング強化策は「労働者派遣事業」「優良職業紹介事業」を対象としている

出所:総務庁「2000年版規制緩和白書」p.86

早くからこの問題に取り組んできたことは前に述べた。

　労働省は、雇用の確保は国家の主要な仕事だから、国以外でやってはいけないというスタンスをとろうとした。しかし、規制緩和後の世界を考えるとき、2割職安と言われた労働省だけに委ねて、問題解決になるハズがない。規制緩和後の世界を維持するための基本インフラは、多彩な参入者による協力の蓄積の上で維持するしかない。ということで、規制緩和小委員会、規制改革委員会ともに雇用には特別に力を入れて、有料職業紹介や労働者派遣事業を、それまでの原則禁止から原則許容に流れを変えた。これは、大きな成果を生んでいる。日本の雇用形態は、従来型の終身雇用が変貌するという点をも視野に置いて、官依存ではなく、民主体で守るという方向に移行しなければならない。

　内閣府の「90年代の雇用政策が失業率に与えた効果について」調査によれば、90年代の雇用政策は大きく、①雇用調整助成金など、短期的・一時的な景気の要因による失業を防止するための政策（「雇用維持政策」）と、②労働者派遣事業や有料職業紹介事業の規制緩和など、労働市場のマッチング機能を強化させ、労働市場の構造をより柔軟に変革させていく政策（「マッチング強化策」）に分けることができる。

　推計結果によると、雇用維持政策が失業率に与えた効果は、90年代半ばに平均0.2％ポイント程度であった。一方、マッチング強化策は90年代の前半は0.2％ポイント程度失業率を押し下げる効果を持ったが、98年度には規制緩和の進展などにより0.3％ポイント程度となっている。両者を比較すると、雇用維持政策は90年代半ばに効果を発揮した一方、マッチング強化策は90年代を通じて効果をもち、98年度には更に効果を強めている。両政策の目的は異なっているため、優劣を単純に論じることはできないが、失業率改善に与えた影響はマッチング強化策の方が大きいと認められる。

(2) これから改革が必要な社会的規制

　経済的規制の分野では、規制緩和は相当進んだが、まだまだ進んでいない分野がとくに社会的規制と言われる分野を中心にいくつかある。ということで、本年からスタートした総合規制改革会議では、この分野の規制改革にまずもっての注力をしようとしている。それが、医療、福祉、労働、教育、環境、都市再生の分野である。総合

規制改革会議では、これらの分野で行うべき緊急の措置と今後3年間にわたり取り組む課題とに分けて、「重点6分野に関する中間とりまとめ」として7月24日に発表した。

これらの分野では、経済的規制分野と違い、規制を単に撤廃して競争を促進するだけでは目的を達しない場合がある。経済原則が必ずしもそのまま適用されない部面もあり、競争促進は共通したキーワードだが、経済的規制分野と同じ原則では律することが適当でないケースもあるからだ。この意味で、従来の規制のあり方を基本から見直し、目的に合致した新しい規制の仕組みを再構築するという作業となる。規制改革という言葉がぴったりとする課題である。いくつかのポイントを拾ってみよう。

①医療分野

この分野は長らく改革らしい改革がなかったので、問題が山積している。

医療はこれまで医師の個別の判断に委ねられてきた。これが出来高払いという支払制度と合体すると、止めどもない医療費の高騰につながる。のみならず、医療行為についてもある標準化は知識・処置方法の高度化のためにも必要である。時はIT時代である。IT手法を活用したシステムの構築は、医療の質の向上に資するとともに、医療にも必要な効率化のためにも必須である。カルテ・レセプトの電子化はそういうシステムに乗り移るための重要なツールである。

医療・福祉に関する規制緩和の動向

1998年	6月	医療法人の理事長要件の緩和
	9月	医療機関の広告事項の一部規制緩和
	10月	臨床研修病院の指定基準の弾力化
1999年	3月	指定訪問介護事業への民間企業の参入
		一部の医薬品の医薬部外品への移行
	4月	カルテの電子化の推進
1998年	4月	認可保育所における短時間勤務保育士の導入、調理の業務委託の許容、開所時間の弾力化、乳児保育指定保育制度の撤廃
		認可保育所入所に係る事務の措置から契約への移行
2000年	3月	認可保育所における入所定員の緩和、施設の自己所有規制の緩和
		認可保育所経営への民間企業の参入の許容
	4月	介護保険法の施行

医療に関するデータベースの構築は、全体としての医療の質向上のためにも不可欠だが、そのようなデータベースの活用による医療行為の標準化は、破綻に瀕している公的保険制度を維持可能のものとするためにも必要だ。

医療の世界はこれまであまりにも閉鎖的で、競争を受け付けなかった。だが、国際的に競争が激化しており、国境のない時代になると、日本の医師だけでという閉鎖社会はあまりにももろく崩れる。そうならないためにも、切磋琢磨のシステムの導入は医療従事者自身のためでもある。異業種や異なった経営形態を受け付けないという体質は変える必要がある。

少子高齢化の急速な進展は日本が抱える最大の課題だが、最初に問題化するのが、高騰する老人医療費とそれを支える若年人口の減少である。若い人に無制限に負担を強いる制度は維持できない。国庫からの支出は税金だから、これも限度がある。維持可能な制度とするためにも、医療費の抑制は避けて通れない。

ありあまる健康保険料を手にし、言われるがまま支払ってお釣りが出る時代は去った。いま健康保険組合のほとんどは破綻の危機に瀕している。被保険者を守るためにも、保険者である組合が、本来の機能を持ち、審査・支払を自ら行うとともに、被保険者に対して適切な健康維持指導にあたり、自らの財政基盤を自分で守ることが求められている。

②福祉分野

少子高齢化時代を克服するには、まず生みやすく育てやすい環境を社会全体が整備しないといけない。働く女性が安心して出産できるようにしないと問題は解決しない。保育所に入れない幼児を全国で3万2千も抱えたまま、生んでくれと言われても女性は困る。労働問題解決のために、民間の参加を求めたと同じ発想で、広く担い手を公平な負担となるように配慮しつつ、民間から求める以外に方法はない。

特別養護老人ホームへの入居資格を持ちながら、施設不足で入所できない老人は5万人といわれる。在宅介護が民間事業者によるビジネスになっていることもあり、施設介護も民間事業者の参入を可能として、不足の解消と競争導入によるサービスの向上を期待するべきである。

③人材（労働）分野

　緩和されつつあるといっても労働分野の諸規制の改革は道半ばである。職業紹介・委託募集・労働者派遣・労働者供給などの人材ビジネスに関する規制を一本化・簡素化し、「総合人材ビジネス」の視点で、諸規制の一層の改革を図ることは、流動化する雇用情勢に的確に対処し、迅速で低コストにより職業紹介や労働者派遣などをおこなうためにも必要である。

　また、人材の育成・訓練は、新規事業を育成して日本の競争力を高め、雇用を拡大するうえで重要な命題だが、このためには多様で高度な能力開発のシステム作りが必要である。この関係では今後は民間事業者の積極的な参入を求めることが大切である。

　雇用形態の弾力化も重要だ。有期雇用契約の上限期間や対象労働者の範囲の見直し、裁量労働制の緩和、労働者派遣事業の派遣期間の延長と対象職種の拡大、解雇法制の整備などがこの関係で課題となる。

④教育分野

　大学での教育や研究活動の活性化は、現下の日本の教育でもっとも問われている点だ。このためには、大学の意識の向上がないと何事も進まない。それは、大学が自らの責任と判断で自らの大学の活性化を図るという自主性・自律性の確立である。それを可能とするためには、大学を縛っている諸々の規制は改革する必要がある。この関係では、そろそろ国公立の大学を私学化して、これまでの国公立・私学を通じる補助の仕組みを抜本的に見直し、大学に補助するのではなく、大学を選ぶ学生に補助（バウチャー制度など）するという発想の転換が必要だ。そうすることにより、これまで欠けていた大学教育への競争の導入を図らないと、日本の大学だけがひとり遅れをとる。

　中等初等教育の面では、義務教育であることからいたずらに平等性だけが強調されすぎてきた。ここにも必要なことは競争の刺激を注入することだ。学校間、生徒間の切磋琢磨がいま求められている。学区制をはじめ選択の余地のない制度は見直すべきである。

⑤環境分野

　リデュース・リユース・リサイクルの「３R対策」を加速すると

ともに、「廃棄物の定義」の見直し、「廃棄物」の区分の見直し、廃棄物処理に関する民間活力の利用、一般廃棄物の減量に向けた個人の動機付け、などが主要な課題となる。

土壌汚染問題を規律するルールがないことから、抜本解決が図られていないだけでなく、不動産の流動化を阻害する原因にもなっている。このため浄化義務の範囲やその主体などを明確にすることが肝要である。

地球環境の保全に関連して、環境負荷の低いエネルギーなどの資源を優先して活用する動機付けが必要である。京都議定書の行方いかんを問わず、不断に環境負荷を軽減する必要は高い。日本でやれることは何かを、真剣に考えないといけない。

規制改革推進3ヵ年計画の概要（2001年3月閣議決定）

I 横断的措置
1 IT関係
　・光ファイバー等の線路敷設の円滑化　・周波数割り当ての見直し
　・NTTの在り方　・通信と放送の融合に対応した制度整備
　・株主総会の招集通知の電子化　・個人情報の保護
　・各種申請・届出当手続きの電子化
2 環境分野
　・市街地の土壌汚染の処理に関する法制化の検討　・自動車排出ガス対策の推進
　・廃棄物の定義及び区分の見直し
3 競争政策等関係
　・カルテル・談合に対する執行の強化
　・入札談合に関与した発注者側に対する措置の導入
　・一般集中規則（持株会社規制、大規模会社の株式保有総額制限、金融会社の株式保有規制）の見直し等

II 分野別措置事項
1 法曹関係
　・法曹人口の大幅増員等　・隣接法律専門職種の法律事務の取扱範囲の見直し等
　・取締役会及び監査役会の在り方及び株主代表訴訟制度の在り方
　・ストックオプション制度の改善
2 金融関係
　・銀行の信託業務への参入
　・インターネット等での取引に係る社員の雇用形態の見直し
　・CPのペーパーレス化
　・ノンバンク等異業種のCD・ATMからの銀行預金の引き出し
3 教育・研究関係
　・公立小中高等学校における通学区域の弾力化　・習熟度学習の導入
　・公立学校教員の評価と処遇　・大学の学科設置認可の見直し
　・国立試験研究機関等の研究者の流動性向上
4 医療関係
　・小児科医の確保等　・EBM（根拠に基づく医療）の推進
　・医学教育と卒後臨床研修による臨床能力の充実・向上
　・情報開示とインフォームドコンセント　・医療事故防止システムの確立
　・医療機関の第3者評価の充実
5 福祉関係
　・介護支援専門員の在り方検討　・痴呆性高齢者に対する介護の在り方検討
　・施設介護サービスへの民間企業の参入検討　・公立保育所の民間委託の活用
　・保育サービスの質の確保　・障害者のバリアフリー対策
6 雇用・労働関係
　・民間職業紹介事業に係る規制の見直し　・労働者派遣事業に係る規制の見直し
　・雇用保険制度に係る見直し
7 農林水産業関係
　・農産物検査の民営化の着実な推進　・遺伝子組み替え農産物に係る規制の見直し
　・広域的な水産資源管理制度の整備
8 流通関係
　・大規模店舗立地法の趣旨の徹底
　・化粧品の配合可能成分リスト（ポジティブリスト）の見直し
9 エネルギー関係
　・石油産業の需給調整撤廃　・託送制度の見直し等電気事業の有効な競争の達成
10 住宅・土地・公共工事関係
　・不動産競売制度（短期賃貸借制度の検討）
　・マンション建替えの円滑化（区分所有法の見直し等）
11 運輸関係
　・倉庫業の参入規制・料金規制の緩和　・気象測器の検定方法の簡素化
12 危険物・保安関係
　・高圧ガス製造施設に係る認定保安検査実施者の要件見直し

Ⅳ 3 公社の民営化と特殊法人改革

東洋大学教授　松原　聡

1 臨調と民営化

(1) そもそも民営化とは

　私は、70年代末から本格的に「民営化」の研究に取り組んできた。おそらく、日本ではこの分野をもっとも早く専攻した研究者の一人である。1991年に『民営化と規制緩和』(日本評論社)を発刊したときに、加藤寛先生から「類書がない」と声をかけていただいたのをよく覚えている。

　日本の多くの学問が「外来」であったように、この「民営化」という言葉も概念も欧米から輸入されたものである。私のこの分野の初めての著書は、『民営化の世界的潮流』(尾上久雄・廣岡治哉・新田俊三編訳、御茶ノ水書房、1987年)であったが、これはヨーロッパで出版されたThe Privatization of Public Enterprisesの翻訳であった。

　このように民営化は、privatizationの訳語であるが、そもそもこの語をどう訳すかから議論になったものである。「民間化」とか、そのままカタカナでプリバティゼーションとよむべきだ、とか、はたまた「私化」(シカと読むのか、ワタクシカと読むのかわからないままだったが)なんて言葉まであてられたこともある。

　私自身は、民営化とは、経営を民間にすることとイメージされるが、その経営を広く捉えれば、この日本語で、privatizationは十分表現できていると思っている。

　さて、このprivatizationはderegulation (規制緩和) とともに「小さな政府」論の一環として用いられたものである。これは、まず欧米の70年代の経済停滞の原因が、ケインズ的な「大きな政府」を思考する経済政策の失敗にあると捉えたことによる。その上で、経済を活性化するためには肥大化した政府を縮小するしかない、ということで「小さな政府」を指向する政策転換が進められたわけである。

　小さな政府を実現するには、主として3つの方法がある。第一は、

財政支出の削減である。公共事業費を削減したり、福祉予算を削ることで政府規模は確実に縮小する。第二は規制緩和である。政府の民間企業に対する許認可などの規制を緩和や撤廃することで、政府の役割は減少していく。

そして、第三が民営化である。政府はさまざまな公企業などを持っている。ヨーロッパでは、石炭や鉄鋼はもちろん、ルノー（国営ルノー公団）やフィアットなどの自動車会社までもが公企業であった。これらを、民間に変えていこうということである。日本では、三公社五現業とよばれた、国鉄や電電、郵政事業などが公企業の代表とされてきた。そして1981年に設置された臨時行政調査会で、行政改革の一環として、というよりはその「目玉」として民営化が取り組まれることとなったのである。

(2) 民営化の取り組み

欧米諸国では、政府の肥大化や経済停滞がきっかけとなって、小さな政府への取り組みが始められた。しかし、当時の日本の場合は、そもそも欧米ほどの政府は肥大化しておらず、また経済の活力も維持されていた。

しかし1970年代後半から、財政赤字が拡大していった。一方、高齢化のスピードは先進諸国の中でも群を抜いていた。財政を間違いなく悪化させることになる高齢化がすすむのに、財政赤字が拡大しているということが、政治や行政に深刻な危機感をもたらしていた。オイルショック後からふえはじめた赤字国債の発行残高が100兆円をこえようとしたのが、ちょうどこの時期だった。

欧米での改革のスローガンが「小さな政府」であったのにたいして、日本では「増税なき財政再建」だった。つまり、欧米のような政府の肥大化を招かずに、財政赤字を削減する、ということだ。しかし、いずれにせよ、欧米も日本もともに政府の財政規模の縮減をはかったことにはかわりはない。

こうして日本では、福祉予算や文教予算、公共事業費などを中心に、政府の予算自体が押さえられ、また当然のこととして、政府予算がつぎ込まれる公企業もその改革の対象となった。

(3) 臨調の取り組み

行政改革や財政再建の必要性が高まった1978年以降、政府は毎年

行政改革計画を策定し、80年には特殊法人18の統廃合がすすめられた。

しかし、行革が本格的にとりくまれたのは、なんといっても、81年3月に鈴木善幸内閣のもとに設置された臨時行政調査会（臨調）からである。この会長に選ばれたのが、東芝の会長などをつとめた土光敏夫である。朝食にめざしをたべるという質素な生活をおくるこの財界人が、強烈なリーダーシップを発揮した。また、鈴木内閣の行革担当大臣であった中曽根行政管理庁長官が、やはり行革を旗印に総理の座を射止めた。この中曽根・土光体制のもとで、「国民はめざしを食えというのか」と揶揄されながらも、行革は一気に進められていった。この臨調は、81年3月から83年3月まで、2年間設置された。

さらに臨調が解散した年の7月には第一次行革審（臨時行政改革推進審議会）が86年6月までの3年にわたって設置された。この臨調と第一次行革審の会長を6年近くつとめた土光氏は、日本の行革の推進役を果たしていった。

この土光氏の下に進められた行革の目玉は、国鉄をはじめとする三公社改革であった。もちろん臨調は、国の財政や許認可事項の改革も議論の対象としたが、やはり焦点は三公社改革であった。この難問にあたったのが、「三公社五現業特殊法人の在り方」を扱う部会（第4部会）であった。そしてこの部会長をつとめたのが加藤寛慶応大学教授（当時）であった。ここに中曽根、土光、加藤と役者がそろったのである。

第4部会が、他の部会とともに報告をまとめたのが、臨調発足後1年あまり後の1982年5月末であった。この部会報告が、三公社改革の基本線を確定した記念すべきものであった。国鉄については、5年以内の分割民営化が、電電公社については株式会社化（特殊会社化）が、専売公社については民営化と専売制度の廃止がうたわれたのである。この部会報告の後、7月に第3次答申が出され、この答申を受けて政府・自由民主党は、「行政改革推進本部」で、国鉄改革に関しては「国鉄再建監理委員会」の設置、電電・専売改革については、推進本部の常任幹事会で検討をすすめる、などの基本方針を決定した。そして、その年の9月には「今後における行政改革の具体化方策」（いわゆる行革大綱）が決定された。

これは、ほぼ臨調・第4部会報告に即したものであった。1981年

3月に臨調がもうけられてからたった1年半のあいだに、日本の公企業を代表する3公社改革が事実上決定していったのである。

2　3公社改革

(1) 公企業の問題を集約していた国鉄

　国鉄が膨大な赤字を計上していたことは、周知の事実である。民営化時の長期債務はなんと37兆円にのぼっていた。さらに、年間の赤字額は国鉄改革直前の5年間では、毎年2兆円から2兆6000億円程度と、まさに天文学的な数字であった。さらにこの間、政府からの補助金は毎年7000億円にのぼっていた。これらを合計すると年間の実質赤字額は軽く3兆円を突破する。

　国鉄が、このように赤字を累積させていったのには、いくつかの理由が考えられる。たとえば、高速道路網の整備やモータリゼーションの進行で、貨物輸送が鉄道からトラックに移っていった。ここでひとつだけ数字を紹介しておこう。旧国鉄の貨物輸送のピークは、高度成長末期の1970年度の624億トンキロ（1トンの貨物を1キロメートル運ぶという単位）であった。それが国鉄改革前夜の1986年度にはなんと200億トンキロと3分の1にまで減少している。民間企業であれば、当然、鉄道の貨物部門はリストラの対象となる。しかし、旧国鉄では、貨物部門の合理化はほとんど進まなかった。貨物列車をカラのまま走らせている、とまでいわれていた。また、大都市圏や新幹線など、一部の地域は営業黒字を計上していたものの、黒字がまずありえないような過疎地域の鉄道を多くかかえていた。

　それにもかかわらず、公社である国鉄は、経営の赤字を株主に責められることも、また監督者である政府から責められることもなかった。そもそも株主は存在しないのだし、政府は選挙目当てに採算の見込みのない赤字路線をどんどん建設していった。とても国鉄の赤字をうんぬんする立場にはなかったのだ。

　おそらく唯一のチェック機関となるべき国会をみれば、与党は政府とともに赤字路線の建設に励んでいたし、野党は、国民生活を守るという錦の御旗のもとに、国鉄運賃の値上げ法案に反対をしてきた。要するに、政府も国会も国鉄の経営を真剣に考えてこなかったのである。もちろん、国鉄自身も、である。

このような、誰もが責任をとらず、誰もが責任を追及できない構造が、国鉄の赤字を累積させていったのだ。いわばここに、公企業が抱える問題が集約的に示されているのである。しかし、特殊法人の経営にも、民間企業とまったく同じ点がひとつだけある。それは借金は、あくまで借金である、ということだ。公企業だからといって、だれも肩代わりしてくれず、きちんと利子がかさんでいく。国鉄時代の末期は、借金の利子だけで借金が雪だるま式にふくれあがる、いわば借金地獄にはまりこんでいたのだ。

(2) 国鉄改革

このような、構造的に発生し累積した赤字を抱えた国鉄の改革は、誰もが困難だと思っていた。だが、それがみごとに改革されたのである。1987年、旧国鉄は、JR7社と国鉄清算事業団として再発足することとなった。

国鉄改革には、二つの大問題があったと思う。ひとつは、37兆円の巨額の累積債務である。第二が、毎年3兆円にもなる実質赤字である。これを前提にしたうえでの改革は、まず第一に過去の清算、つまり債務の切り離しが必要であった。37兆円の債務のうち、26兆円を本体から切り離して「国鉄清算事業団」に負担させたのである。もちろん、事業団は債務とともに国鉄の遊休地とJRの株を所有し、これらを売却することで債務を圧縮することを図ったのである。

その上で、新しい会社の経営を黒字化するための手段が地域分割であった。国鉄というのは、いうまでもなく全国の鉄道ネットワークである。それをわざわざ分割しようというのだから、いわば常識外れの議論であった。しかしそれでも分割せざるをえなかったのは、まず営業の範囲を小さくして、責任ある経営を行なわせようとしたこと、もう一つは、どうやっても赤字が出ざるをえない地域と、経営努力によって黒字が可能となる地域を分けようという点である。具体的には、3つの島という意味で「3島」とよばれる北海道、四国、九州は黒字経営が期待できなかった。その一方で、本州は経営しだいで黒字が期待できた。こうして、黒字が期待できる東日本、東海、西日本の三社と、黒字が期待できない北海道、九州、四国の3社のあわせて6社に地域分割された。そして赤字の発生が確実な3島会社に対しては、1兆円の特別の基金をもうけて、その運用益を各社の赤字補填に回す措置がとられた。これが国鉄改革の第二の

国鉄分割の図

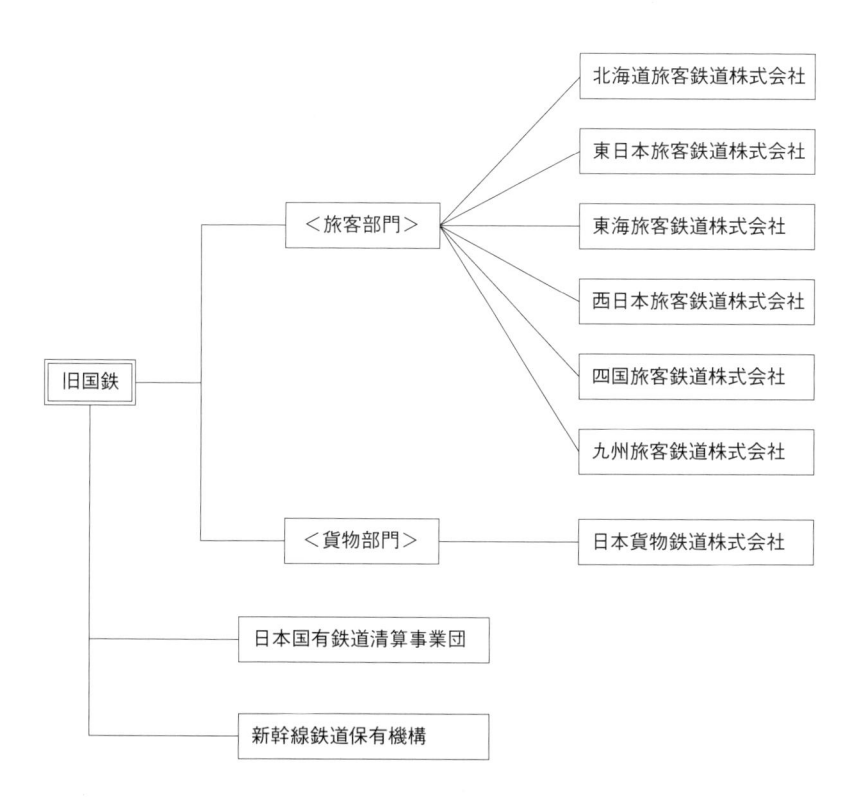

```
旧国鉄 ─┬─ <旅客部門> ─┬─ 北海道旅客鉄道株式会社
        │              ├─ 東日本旅客鉄道株式会社
        │              ├─ 東海旅客鉄道株式会社
        │              ├─ 西日本旅客鉄道株式会社
        │              ├─ 四国旅客鉄道株式会社
        │              └─ 九州旅客鉄道株式会社
        ├─ <貨物部門> ──── 日本貨物鉄道株式会社
        ├─ 日本国有鉄道清算事業団
        └─ 新幹線鉄道保有機構
```

1987. 4. 1	国鉄からJRへ JR東日本、JR西日本、JR東海、JR北海道、JR四国、JR九州、JR貨物、日本国有鉄道清算事業団、新幹線鉄道保有機構 発足
1991.10	新幹線鉄道保有機構解散 →「鉄道整備基金」 （譲渡代金債権等の一切の権利、義務を継承）
1993.10.26	JR東日本東京証券取引所1部　　　上場 　　　　　　大阪証券取引所1部　　　上場 　　　　　　名古屋証券取引所1部　 上場
1996.10. 8	JR西日本東京証券取引所1部　　　上場 　　　　　　大阪証券取引所1部　　　上場 　　　　　　名古屋証券取引所1部　 上場 　　　　　　福岡証券取引所　　　　　上場
1997.10. 8	JR東海　東京証券取引所1部　　　上場 　　　　　大阪証券取引所1部　　　上場 　　　　　名古屋証券取引所1部　 上場
1998.10	清算事業団解散 →日本鉄道建設公団・国鉄清算事業本部 　　（土地やJR株式の処分等の業務を継承）

ポイントである。

　一般に、地方のバス会社などは、営業で黒字が出る例はまずない。赤字分は地方自治体の補助金でまかなっている。この補助金が問題なのは、赤字分だけ出されるため、経営努力をして赤字を減らしても、補助金がその分減るだけで、結局会社経営にはメリットを与えないという点である。これでは、経営努力がなされるわけがない。それに対して、3島会社への経営安定基金は、経営努力の結果赤字が減っても、減額されることはない。黒字になっても支給額は変わらないのだ。こうすれば、経営努力がそのまま営業黒字につながっていく。

　1兆円というのは巨額のようにも思えるが、37兆円の債務総額や、3兆円近い毎年の実質赤字からすると、たいした額ではないのである。一方、本州3社はみずからの営業範囲で営業黒字が期待できるわけだから、経営努力を重ねて、一定の黒字を確保できるようになった。

　地域分割と1兆円の基金で、国鉄の経営はみごとに黒字に転換したのである。

　しかし、黒字転換の理由はそれだけではない。国鉄赤字の大きな原因となっていた貨物部門の処理である。貨物部門はどうかというと、全国一社の「日本貨物鉄道株式会社」という別会社にしたのである。この会社は、線路や駅といったインフラを持たず、6つの旅客会社から線路を借りながら、もっぱら貨物輸送を行なう会社となった。

　そしてこの貨物会社も、経営は黒字となった。なぜそれまで国鉄経営の足を引っ張りつづけた貨物部門が黒字になったかというと、一つは線路などのインフラを持たないために、身軽になったということ、もう一つは、旅客6社からの線路の借り代を安くしてもらって、ここでも経営の負担が軽減されたからだ。鉄道会社は、線路を所有するものという常識を突き破り、線路を借りて走るという会社を作ったのも、ウルトラCクラスの改革といえよう。こうして、国鉄は6つの旅客鉄道会社と1つの貨物鉄道会社に分離され、1兆円の経営安定基金のもとに各社とも経営黒字が実現できたのである。

　その後、バブル崩壊後の景気低迷で、1兆円の経営安定基金の運用益は大幅に低下し、ここに依存する3島会社の経営を圧迫することになった。また、JR貨物の経営も厳しさを増している。一方、

JR東日本、JR西日本、JR東海は上場を果たし、さらに2001年にはこの3社の完全民営化が決まった。

国鉄改革は、鉄道建設公団が抱える旧国鉄の債務20兆円の処理や、上場できないでいる3島会社や貨物会社の今後などの問題は残っている。しかし、JR東日本などの完全民営化の実現など、見事なまでの公企業改革の成功例として見るべきであろう。

(3) 電電公社改革

電電公社改革は、二つのポイントがあった。ひとつは、国鉄と同じように公社という経営形態を株式会社に変えるという点である。もうひとつは、それまで公社が独占していた電気通信事業を民間に開放するという点である。

1985年、電電公社は特殊会社日本電信電話株式会社となり、同時に、電気通信事業への民間参入が認められることとなった。1987年には、第二電電、日本高速通信、日本テレコムの3社がこの分野に新規参入してきた。

長距離電話料金（東京・大阪間、昼間3分間）は、新電電各社は300円で参入。その後NTTが360円に引き下げ。さらに、89年には新電電280円に対して、NTT330円と徐々に引き下げられていくこととなった。

私自身は、この競争を「管理された競争」と名づけたものだが、新電電3社の料金はよこ並び、また、常にNTTの料金のほうが高かった。規制側の郵政省が、この新しい電気通信の市場を作り上げていくためには、新電電3社には価格競争をさせない、つまり料金を横並びにするという暗黙の方針を立てたようである。そうでなければ、費用構造のまったく違う3社の料金が、偶然同じになるなんてことは考えられないからである。

また、当時は新電電に接続するためには、0077とか、0088といった識別番号をダイアルしなければならなかった。新規参入者よりNTTの料金のほうが高いとなると、わざわざ新電電を使うものはおらず、新規参入者は即座に経営破綻に陥るだろう。

こうして郵政省の管理の下に、株式会社になったNTTと新電電各社は競争しながら、しかし過当競争になることなく経営を拡大していったのである。また、この「管理された競争」の下に、長距離電話料金は徐々に低下して、利用者はこの電気通信事業の成果を享

受したのであった。

　しかし、大きな問題が残されていた。市内通信の分野には有力な新規参入者があらわれず、事実上、NTTの独占が維持されていた。いわゆるボトルネック独占である。このため、この分野にどうやって競争を導入するかという問題と、市内通信と長距離通信を「兼営」するNTTと、もっぱら長距離通信を担う新電電各社との競争が、公正なものにならないというふたつの問題が生じたのだ。新電電各社は、競争相手であるNTTの市内網に接続しなければならないからである。

　電気通信分野の自由化のお手本はアメリカである。1960年代の末には、ネットワークと端末の周辺市場を自由化、70年代には長距離通信の自由化が進められた。ちなみに、日本で日本テレコムや第二電電、日本高速通信（いずれも当時の名称）の3社が長距離電話に参入したのが、アメリカに10年以上遅れの1987年であった。

　さらに、90年代には市内通信の分野にも競争が導入されている。また、2001年には、より公平な接続を保証するために、マイラインという制度が導入された。利用者は、事前に接続する電話会社を選ぶことで、接続のための認識番号をダイアルしたり、LCRとよばれる、接続する会社を自動的に選ぶ装置を使う必要がなくなった。

　しかし、このマイライン契約の獲得競争で、市内電話料金は3分、8.6円の水準まで低下している。しかし、NTTのボトルネック独占の状態に大きな変化はない。

(4) NTTの分割問題

　こういった市場構造では、ボトルネック独占を、競争に有利に活かすような条件をかえるのが一番である。つまり、NTTのように、ボトルネック独占を活かして、長距離の競争に出ていく、といったことは許されない、ということである。

　そこで問題となるのが、それまで電気通信で独占を享受してきた巨大ガリバー企業の分割である。ボトルネック独占を維持している分野、つまり地域電話部門を分離するということである。

　アメリカでは、9年間にわたる独占禁止法での裁判の結果、1984年にAT&Tを長距離と市内会社に分離した上で、市内会社を全米で22に分割した。このときには、「ベル」という電話の発明者であり、また同社の創業者の名称の使用まで禁止されるというおまけ

でついた。ちなみに、ベルの名称は地域会社に譲らされることとなった。

　しかし、日本の場合NTTは、分割によって企業の力が殺がれることを危惧して、大企業のまま日本の電気通信市場に君臨することを望んでいた。自らの立場を、つまり電電公社の時代からの、政府から与えられた独占的地位を、なにがなんでも維持したいと望んでいたのである。公社時代の独占によってえられたNTTの圧倒的な企業規模も、その既得権に延長上にある。

　また、NTTの労働組合、全電通（当時）も、28万人を抱える組織力を、労働界で維持するためにはやはり分割は避けたかったはずである。

　振り返って見れば、1982年の土光臨調答申には「現在の電話会社は、5年以内に基幹回線部分を運営する会社と地方の電話サービスを運営する複数の会社とに再編成する」と明記されていた。そしてNTT設立の法律には「政府は、会社設立の日から五年以内に、……会社の在り方について検討を加え、その結果に基づいて必要な措置を講ずるものとする」（「日本電信電話株式会社法」附則第二条）とある。

　つまり、1985年のNTT設立時に既に5年以内の分割が予定されていた。にもかかわらず、約束の5年後であった1990年、NTTや全電通（当時）の抵抗により、さらに5年の先送りとなってしまった。そして1995年に、また1年先延ばしされたのである。

　そもそも、AT&TにせよNTTにせよ、分割の本旨は市内回線網を持つ地域会社と長距離会社とを分離することで競争的な環境を作ろう、というものであった。しかし、1999年にようやく分割されたNTTの長距離会社（NTTコミュニケーションズ）とNTT市内会社（NTT東日本株式会社、NTT西日本株式会社）二社は、ともに同じ持ち株会社（NTT株式会社）のもとの兄弟会社となってしまった。ちなみに、持ち株会社と東西の市内通信会社は政府設立の株式会社、長距離会社は民間会社となった。3回、12年にわたる延長の結末は、持ち株会社方式の分離・分割というきわめて中途半端なものだったのである。さらにまた、この政府所有の持ち株会社の下に、NTTドコモなどの民間会社がぶら下がっているのである。

　NTTコミュニケーションズやNTTドコモは、親方日の丸である上に、市内固定電話への接続は兄弟会社であるNTT東日本、NTT

《NTTグループ》

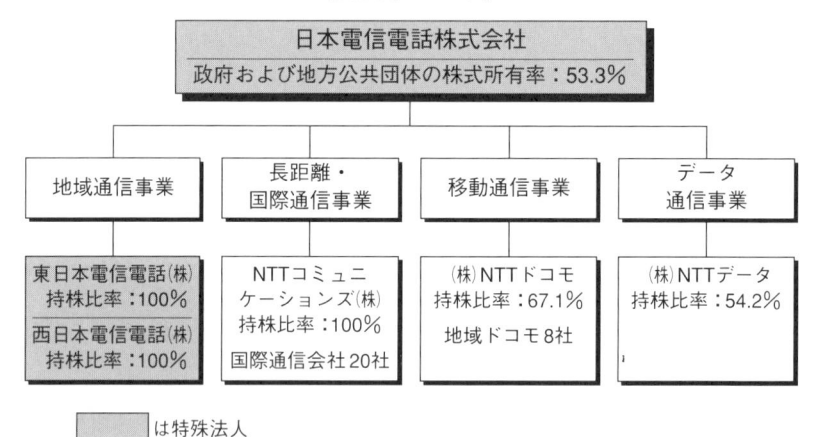

```
          日本電信電話株式会社
     政府および地方公共団体の株式所有率：53.3%
```

地域通信事業	長距離・国際通信事業	移動通信事業	データ通信事業
東日本電信電話㈱ 持株比率：100% 西日本電信電話㈱ 持株比率：100%	NTTコミュニケーションズ㈱ 持株比率：100% 国際通信会社20社	㈱NTTドコモ 持株比率：67.1% 地域ドコモ8社	㈱NTTデータ 持株比率：54.2%

　　　　は特殊法人

西日本相手である。これで、まっとうな競争など行えるはずがない。

　何に先駆けても、NTTドコモやNTTコミュニケーションズは、国策持ち株会社であるNTTから完全分離すべきである。その上で、東西のNTT地域会社は、ユニバーサルサービスの維持方法などを含めて、そのあり方を検討すべきであろう。

　NTTは、企業分割を避けることに最大の努力を払ってきた。一方、郵政省はこの分野に有効で公正な競争を導入すべく、NTTの分割をもくろんできた。その両者のバトルの結果が、持ち株会社による分割という中途半端なものであった。

　しかし、こういったバトルを十数年にわたって行っている間に、電気通信の市場は大きく様変わりすることになった。

　インターネットの普及によって、電話網に代わるあたらしい情報通信のネットワークができあがってきた。同時に、電子メールという新しいコミュニケーションの手段が普及してきた。さらに携帯電話の普及によって、固定電話の契約数自体が減少することになった。

　その上、インターネット電話が、VoIP技術の進歩によって普及を始めている。VoIPを活用したフュージョンコミュニケーションズは、すでに全国3分20円の電話サービスを開始している。

　今まで問題にされてきたボトルネック独占が、インターネットや携帯電話によって崩されつつあるのである。また、このことは、電話事業にそもそも「ユニバーサルサービス」の義務は必要か、とい

う新たな問題をもつきつけてくる。

NTT分割問題は、こういった電気通信の市場の激変をふまえた上での新たなステージでの議論が求められているのである。

3 ポスト臨調と特殊法人改革

(1) 行革審と特殊法人改革

　　　ここまで見たように、1981年に発足した臨時行政調査会から日本での民営化論議は本格化した。そしてその答申に基づいて、1985年には電電公社がNTTに、専売公社がJTへと株式会社となった。さらに1987年には、国鉄がJR各社に分割民営化された。またその後、NTTは1999年、持ち株会社の下に分割され、またJRは2001年、JR東日本など3社の完全民営化が決まった。

　　　臨調の最大の成果は、この3公社民営化であり、その改革はまだ継続中ではあるが、大きな流れで見れば民営化の成功例であることは間違いない。

　　　しかし、民営化の対象である「公企業」は、3公社に限られたわけではない。そこで、臨調以降は、民営化の対象が特殊法人などに拡げて議論が進められることになった。

　　　その特殊法人であるが、特殊法人のいちばんの古株は、1923年（大正12年）に設立された農林中央金庫である（ちなみに、農林中金は特殊法人のまま現在に至るが、総務庁の審査対象からは「民間法人化された特殊法人」としてはずされている。）。この農林中金の設立から、日本の特殊法人の歴史は始まる。

　　　次ページの図は年度ごとの特殊法人数をグラフにしたものである。驚くべきことに、1955年以降グラフが急激に立ち上がっている。この年に日本住宅公団など8特殊法人が設立されてから67年までの12年間に、なんと85法人、年平均7法人が設立されている。ちなみに最高記録（?）は、日本鉄道建設公団などが設立された63年の13法人である。たった1年に13もの特殊法人がつくられたのだから、驚きである。

　　　もちろん、特殊法人の数だけが問題なのではない。たとえば、国鉄（「日本国有鉄道」というまぎらわしい名前であるが、「公社」に分類されていた。「公社」や「公団」という名称がつかずに、その

カテゴリーに入れられたのは、国鉄のほかにはない）が1987年に民営化されたが、たった１つの公社が、旅客鉄道６社（北海道、東日本、東海、西日本、四国、九州）と貨物鉄道１社、日本国有鉄道清算事業団、新幹線鉄道保有機構の９つの特殊法人に分割された。つまり、数のうえでは国鉄民営化で８つ増えてしまったのである。だから単純に数の問題にしてはいけないのだが、それでも、10年以上にわたって、年間７つもの特殊法人がつくられていったのは、あまりに異常な事態であった。

では、なぜこのようにたくさんの特殊法人がつくられてきたのか。とくに67年までの12年のあいだに、なぜ現在の特殊法人の大半がつくられたのか。

おそらく、その答えは「高度経済成長」にあると思われる。いまでこそ政府は莫大な財政赤字に悩んでいるが、高度成長期は、毎年税収が10％以上も伸びていた。とはいっても国家公務員の定員はそんなに増やすわけにはいかない。しかし、税はどんどん入ってくるし、経済成長とともに政府がやるべき仕事も当然増えていく。そこで政府がとった道が「子会社」、あるいは「下請け」路線だったのだ。

特殊法人数の推移

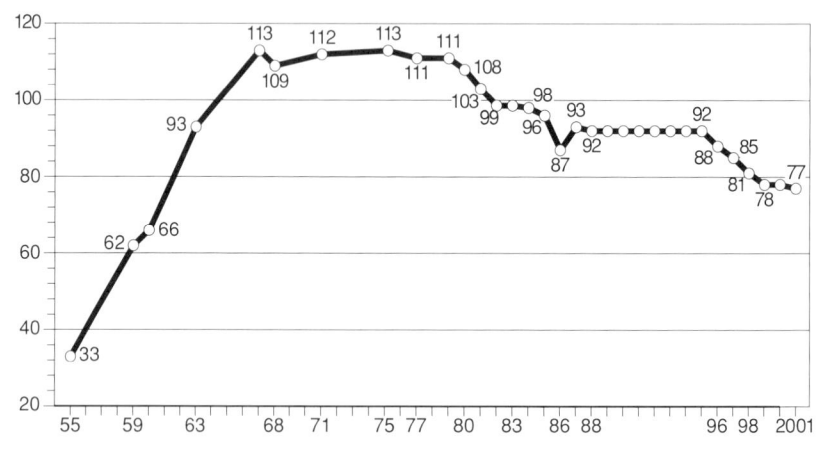

注：数字は年度末。ただし、2001年は４月１日現在
出所：総務省

最近の特殊法人の統廃合

	減数	内容	数
1996. 4. 1			92
1996.10. 1	▲3	新技術事業団と日本科学技術情報センターの統合 畜産振興事業団と蚕糸砂糖類価格安定事業団の統合 石炭鉱害事業団の新エネ・産業技術総合開発機構への統合	89
1996.12. 1	▲1	社会保障研究所の廃止	88
1997. 4. 1	▲1	消防団員等公務災害補償等共済基金の民間法人化	87
1997.10. 1	▲1	鉄道整備基金と船舶整備公団の統合	86
1998. 1. 1	▲1	日本私学振興財団と私立学校教職員共済組合の統合	85
1998. 4. 1	▲1	中小企業退職金共済事業団と建築業・清酒製造業・林業退職金共済組合の統合	84
1998. 7. 1	▲1	アジア経済研究所の日本貿易振興会への統合	83
1998. 7.30	▲1	国際電信電話株式会社の完全民営化	82
1998.10.22	▲1	日本国有鉄道清算事業団の廃止	81
1999. 7. 1	▲1 ＋2	中小企業信用保険公庫と中小企業事業団の統合 NTT再編（→持株会社＋東・西地域会社）	82
1999.10. 1	▲7 ＋3	日本輸出入銀行と海外経済協力基金の統合 国民金融公庫と環境衛生金融公庫の統合 日本開発銀行の廃止 北海道東北開発公庫の廃止　（日本政策投資銀行の設立） 農用地整備公団の廃止 雇用促進事業団の廃止（雇用・能力開発機構の設立） 住宅・都市整備公団の廃止（都市基盤整備公団の設立）	78
2001. 4. 1	±0 ▲1	年金福祉事業団の廃止（年金資金運用基金の設立） 国立教育会館の廃止	77

　特殊法人とは、ひとことでいえば政府の子会社である。政府本体、つまり本社の肥大化を避けるためにつくられたものなのである。
　それに対して政府の方では、特殊法人とは、
「政府が必要な事業を行おうとする場合、その業務の性質が企業的経営になじむものであり、これを通常の行政機関に担当せしめては、各種の制度上の制約から能率的な経営を期待できないとき」（総務庁）に設置されるとされている。しかしこれはとても正当な理由とは思えない。郵便貯金や簡易保険といった事業は、政府直営（？）でありながら、民間と競争しながら経営をやっているではないか。あえて子会社、別会社で業務を行なう積極的な理由はないのだ。その一方で、電力やガスといった国民生活に密着した、きわめて公共性の高い事業が、日本では民間の会社で営まれている。
　おそらく、いま特殊法人が行なっている事業の大半は、政府でも

やれるだろうし、民間でもやれるはずだ。それにもかかわらず、高度成長期に多くの特殊法人がつくられたということは、やはり本社を肥大化させたくはない、しかし仕事は確保したい（つまり民間にはまかせたくない）ということ以外には、積極的な理由はみつけにくい。

しかし、この子会社＝特殊法人が問題なのは、いったんつくられると、民間企業のような倒産はないから、永遠に存在しつづけるということだ。ただ一つ廃止する術は、政府がみずから決意することしかない。しかし、この子会社は、政府や官僚にとっては自らの貴重な天下り先であり、おいそれと手放せるものではないのだ。だからこそ、政府みずから特殊法人の「廃止」をいいだすことなどありえない。いったん作られた特殊法人の改廃は至難の業なのである。これだけ、経済、社会構造の転換がすすむ現在においても、特殊法人のスクラップアンドビルドだけは、聖域のように構造転換の枠の外におかれている。

土光氏のもとで、臨調、第一次行革審では主として3公社の改革が進められ、第2次行革審以降は、この特殊法人の改革が「民営化問題」の中核に据えられることになった。

(2) 第3次行革審と特殊法人改革

第3次行革審は、1990年6月に第118回国会で第3次行革審法が可決、成立し、海部内閣のもとに10月31日にスタートした。臨調から数えて4代目にあたる。

第3次行革審では、発足後半年で「行政改革の推進状況に関する意見」（1991年6月12日）が出された。そのなかで改革課題として「特殊法人、現業等」をめぐって、現業（特別会計事業）の中からは、郵政事業・国有林野事業、国立病院・診療所が改革対象にあげられた。また特殊法人等（ここに「等」がついていることの意義は、ここまで読みすすまれたみなさんにはおわかりだと思う）については、以下のように指摘された。

「特殊法人等についても、社会経済情勢や行政ニーズの変化に対応して、その事業の見直しを行ない、活性化を進めていく必要がある。また、公益法人や第3セクターの一部に、各省庁から民間に対し資金拠出等の要請がなされ設立されるものがあるが、その場合あ

くまで民間の自主性を尊重すべきことに各省庁は十分配慮する必要がある」

　第3次行革審の当初の改革対象には、特殊法人等、さらに公益法人や第3セクターまでを含めて上げられている点には注目する必要がある。まさに、問題は特殊法人だけにあるのではなく、「政府系法人」全体にあるからである。
　しかし、第3次行革審はその後、「豊かなくらし部会」や「世界の中の日本部会」を中心に、生活者重視社会の建設や、日本社会の国際対応などが議論の中心となった。そして92年6月にこれらの課題についての答申（第3次答申）が出され2つの部会が解散したが、その後の92年9月、行革審は宮沢喜一首相から、行財政改革についてのあらたな諮問を受けた。こうして、政府の果たすべき役割の再検討、および総合的な政策展開が可能な行政システムの構築という二つの専門グループがつくられて、前者の「政府の役割グループ」が特殊法人等の改革という行革審本来の課題に取り組むこととなったのである。
　いわば、第3次行革審は前半2年は、豊かなくらしや世界の中の日本といった日本の社会システム改革という大きな問題に取り組み、後半の1年あまりを本来の行革に取り組んだといえる。
　しかし、ここにいたるまでに、多くの攻防がみられた。特殊法人等については、まず改革の対象の絞り込みが問題となった。特殊法人や省庁側は、特殊法人が議論の対象となることを嫌った。一方、行革審の側は、ともかく「具体名」をあげることに最大の眼目をおいた。
　第3次行革審での攻防は、まず改革対象法人の具体名をあげられるかどうかにあった。92年9月に総理の諮問を受けてから、行革審は3ヵ月にわたり有識者ヒアリングや自由討議を重ね、年明けの93年2月から、特殊法人等のヒアリングに入った。93年2月3日の第88回審議会では、建設省および運輸省のヒアリングが行なわれた。ここで、建設省からは日本道路公団、首都高速道路公団など、運輸省からは船舶整備公団などがヒアリング対象とされた。そして4月6日に「中間報告」がまとめられた。このときまでに文部省と国土庁のヒアリングは済んでいなかったが、この中間報告のなかに、「ヒアリング（予定を含む）をした政府事業特殊法人等」の一覧が掲載

された。いわば、問題となる特殊法人等のリスト公開である。

行革審後半戦の攻防の焦点は、改革すべき特殊法人等の具体名をあげられるか否かにあったので、まさにここまでは行革審側の勝利であった。下にその全リストを主管省別にあげる。ここでは、特殊法人92から、34がリストアップされている（これにくわえて、郵政事業と国立大学があげられていた）。

そして、「今後、必要に応じ、その他の法人等についても追加ヒアリングを実施しつつ改革を要する政府事業、特殊法人等を絞り込み、具体的改革措置を検討していくこととする」とした。

つまり、このリストをもとに、対象法人の絞り込み作業を行なおうとしたのである。行革審後半戦は1年のみ。ちょうど半年で出された中間報告は、特殊法人の具体名をあげたという点で、行革審側の勝利であった。

しかし、4月からの任期は半年が残されるのみであった。ここからが、官僚の抵抗の真骨頂であった。行革審は、この34法人からさらに9法人に改革対象を絞り込み、6月半ばに第2次のヒアリングを計画していた。驚くべきことに、そのヒアリングを官僚側は一斉にボイコットしてきたのである。あたかも、「赤信号、皆でわたればこわくない」というように、だ。ちなみに、廃止や民営化の対象として、34法人から厳選された（?）第2次ヒアリング対象法人は、

改革の対象となった特殊法人（第3次行革審）

大　蔵　省	国民金融公庫、日本開発銀行、日本輸出入銀行、（財政投融資、政策金融）
文　部　省	国立大学、国立教育会館、日本体育・学校健康センター
厚　生　省	社会福祉・医療事業団、環境衛生金融公庫
農林水産省	森林開発公団、農用地整備公団、畜産振興事業団、蚕糸砂糖類価格安定事業団、農林漁業金融公庫
通商産業省	中小企業事業団、中小企業金融公庫、中小企業信用保険公庫、商工組合中央金庫、日本貿易振興会
運　輸　省	国際観光振興会、船舶整備公団
郵　政　省	郵政三事業、KDD
労　働　省	雇用促進事業団
建　設　省	日本道路公団、首都高速道路公団、阪神高速道路公団、本州四国連絡橋公団、住宅・都市整備公団、住宅金融公庫、日本勤労者住宅協会
自　治　省	公営企業金融公庫
北海道開発庁	北海道東北開発公庫
沖縄開発庁	沖縄振興開発金融公庫
国　土　庁	水資源開発公団、地域振興整備公団、奄美群島振興開発基金

以下の9法人であった（一部報道資料による）。
　　　蚕糸砂糖類価格安定事業団
　　　船舶整備公団
　　　畜産振興事業団
　　　商工組合中央金庫
　　　国立教育会館
　　　日本体育・学校健康センター
　　　国際観光振興会
　　　日本勤労者住宅協会
　　　国際電信電話株式会社

　このボイコットに行革審側はなすすべもなかった。4月以降は自由討議と答申案文審議を重ねるだけで、中間答申での公約である「特殊法人の絞り込み」がまったくできないまま、最終答申をむかえたのだ。
　1993年10月の最終答申では、現業の中からは、郵便貯金と簡易保険が公的金融の改革の一環として取り上げられたにすぎず、特殊法人等については、みごとに「等」がおとされ、「特殊法人の改革」のなかで「当審議会としては、‥まず政府自らにおいて、特殊法人を全般にわたり見直し、改革方策を検討するよう求めることとした」と述べるにとどまった。
　要するに、行革審としては意見をまとめられなかったから、政府に任せた、ということだ。政府が自ら改革できないからこそ行革審の出番があるのに、それを3年かけても答えがだせず、あげくに政府にげたを預けている。行革審という政府が設置する審議会が、そもそも政府改革などを提言できないのだということを、この最終答申が如実に明らかにしたともいえよう。もしそれが可能だとすると、土光臨調のときのように、時の政府の改革への強い意志があるばあいに限るということだろう。

(3) 村山連立内閣の特殊法人改革

　しかし、特殊法人改革を任された政府は翌94年2月に、行革審の最終答申を受けて「今後における行政改革の推進方策について」を閣議決定した。ここで、特殊法人等については

「各省庁において、おおむね2年間を目処に、所管特殊法人等について、順次、事業の社会経済的必要性、民間能力の活用、事業の総合性・効率性、経営責任の明確化等の観点から、その事業内容、実施体制等を見直し、その結果に基づき必要な措置を講ずる」

とした。おおむね2年間、つまり96年2月までに特殊法人の改革を行なう、ということであった。当時の連立与党（細川内閣）は、税制改革協議会の中の行財政小委員会で、92法人の3割削減、つまり30法人の民営化法人を打ち出した。しかし、この細川内閣は94年4月に佐川疑惑などで崩壊、特殊法人改革のイニシャティブは、6月に発足した自社さきがけ連立の村山内閣の手に委ねられることとなった。

村山内閣は、特殊法人改革を自らの政権の目玉とすべく、本来96年2月であった見直し期限を1年早め、95年3月末とした。さらに期限を2月14日にまではやめ、特殊法人改革にとりくむ積極姿勢を明確にしようとした。おそらくこれは、消費税率の引き上げを控えて、特殊法人改革が成し遂げられなければ国民の理解を得られないという計算が働いたからであろう。

ここでの政府と官僚との攻防の第1ラウンドは、94年11月25日に各省庁が提出した「中間報告」である。これはちょうど一年前の行革審最終報告に続いて、特殊法人の具体名なしの「ゼロ回答」であった。

しかし、特殊法人改革に政権維持をかける村山内閣の反撃はここからはじまった。2月14日、92ある特殊法人のうち14法人を統合、1法人を廃止、3法人を民営化・組織替えして、合計11法人を削減することを決めた。しかし、大蔵省所管の日本開発銀行や日本輸出入銀行の処理については結論を出せず、3月に先延ばしされ、3月に日本輸出入銀行と海外経済協力基金の4年後の統合が決定し、一応の決着をみた。

この結果、村山内閣の特殊法人改革は、92の特殊法人（これが狭義の特殊法人＝総務庁審査対象の法人にすぎないことは改めて指摘するまでもないだろう）についてで、12法人が削減、特殊法人数は80となることになった。

この改革の詳しい検討を前に、ひとことで評価をくだしてみたい。以下の文章は、1995年2月14日に出された「各省庁における特殊法

人の見直し結果」という文書からとったものである。
「運輸関係施設の効率的な整備等を推進する観点から、鉄道整備基金と船舶整備公団を統合する。」
ここまではなんの文句も付けようがない。問題はそれに続く文章である。
「なお（これがくせものである－筆者）統合に当たっては、職員の雇用を維持するとともに、年金等の処遇の低下を来させないよう十分配慮するものとする。」
　要するに、統合はするけれども、職員の数は減らさないということを宣言しているのだ。職員の数が減らない、ということは業務も減らない（はず）ということだ。もちろん、私はそこで働く人の権利を侵すつもりは全くない。第3次行革審の最終答申で、「特殊法人の改革に伴う職員の雇用の安定を図る観点から、他法人等への配置転換のルール化についても検討を行う必要がある」という一文が盛り込まれたことは評価しているのだ。しかし、2法人を統合して、職員定数をそのままにする、というのは、あまりに国民を愚弄しているのではないか。
　もう一つだけ例をあげよう。日本輸出入銀行と海外経済協力基金の統合について、経費節減の見込みを聞かれた武村蔵相は「二人いた総裁が一人になることで、俸給が減る」とだけしか答えられなかったそうである。減るのは総裁だけ、まさにこれが特殊法人統合の実態なのだ。

(4) 数合わせ・名ばかりの改革

　すでに答えを出してしまった感もあるが、ここからもう少しくわしく内閣の改革案をみていくことにしよう。この改革案は、1ヵ月遅れた大蔵省関係の金融機関の統合を除いて、1995年2月に決められたものである。廃止1、民営化3、統合8（16法人を8法人に）と、現在92ある法人を12削減し80にするというものであった。その内容は以下のとおりである。
　統合については、さきにのべたように、業務はそのままにしての統合がほとんどとみられるから、これは単なる数あわせにすぎず、議論の対象にすらならない。そうなると、大々的な村山内閣改革案も、実質的には、廃止1、民営化3が残るだけとなる。その廃止は、社会保障研究所ただひとつである。おどろくなかれ、この研究所の

廃止	1	社会保障研究所　（厚生省）
統合	8	船舶整備公団と鉄道整備基金（運輸省） 日本私学振興財団と私立学校教職員共済組合（文部省） 蚕糸砂糖類価格安定事業団と畜産振興事業団（農水省） 中小企業退職金共済事業団と建設業・清酒製造業・林業退職金共済組合（労働省） 新技術事業団と日本科学技術情報センター（科学技術庁） 新エネルギー・産業技術総合開発機構と石炭鉱害事業団（通産省） アジア経済研究所を日本貿易振興会に統合（通産省） 日本輸出入銀行（大蔵省）と海外経済協力基金（経済企画庁）
民営化	3	消防団員等公務災害補償等共済基金（自治省） 本州四国連絡橋公団（建設省） 帝都高速度交通営団

　　　　　　　　職員数はたったの21人、役員は4人だが常勤は2人（平成5年度末定員）。JRやNTTなどの特殊会社を除けば、最大の職員を抱える特殊法人は、労働福祉事業団の1万3000人。これもひとつなら、20人の研究所もひとつ。今回の改革の数あわせの無意味さを示す好例となってしまった。さらに問題なのは、この研究所は「なくなる」のではなく、国立の研究所に統合されるというのが、真相のようだ。こうなると、「国営化」である。

　　　　　　　　私は、このような研究所の国営化には、むしろ賛成である。国家予算の枠の中に入れた方が、職員の給与などよほど透明化する。問題なのは、これが特殊法人改革の数あわせのひとつにあげられていることだ。国民が望む特殊法人改革は、不要な法人の廃止や、経営が不透明で非効率な法人の民営化である。このような、研究所の国営化は、この改革の枠にいれるべきではないのだ。

　　　　　　　　また、民営化については、営団地下鉄と消防団員等共済基金、本四公団の3法人があげられた。営団地下鉄についてはすでに民営化の方針が決まっていたので、いまさらここで改革の対象にあげること自体がおかしい。また、本四公団についても、橋が完成した時点での民営化だから、基本的には橋の建設という公団の主要業務が終わった後の話である。これも当たり前の話だ。消防団共済基金も、年間6000万円の補助金を段階縮小という話だ。

　　　　　　　　こうみると、泰山鳴動ねずみ一匹というか、実質ゼロ回答ともいっていい内容であることが、一目瞭然だとおもう。92法人が80になっても、なにも変わらないのだ。実質的には、この12法人の削減で社会保障研究所の20人が国家公務員になるのと、消防団共済基金の

6000万円の補助金が段階的に縮小するというだけのことだ。

　ここで今一度振り返りたいが、このとき特殊法人で働く人は57万人。そこにつぎ込まれる国家資金は4兆円。それに対して、新たに民営化や廃止の対象となったのが、職員数からすると、92法人中少ない方から2番目と3番目というのだから、なにをかいわんや、である（ちなみに少ない順に並べると、北方領土問題対策協会19人、社会保障研究所21人、消防団員共済基金26人、奄美群島振興開発基金27人と続く）。私が「実質ゼロ回答」という意味がおわかりだろう。

　そもそも、村山内閣の特殊法人改革は、出発点からして不幸であった。自民党単独政権の海部内閣が発足させた第3次行革審が投げ出した特殊法人改革を、引き継がざるを得なかったからである。それも、当初引き継いだのは細川内閣であった。そして羽田内閣が96年3月をめどとしていた見直し期限を、村山内閣は1年短縮してきたのである。

　この間、政権は自民単独・非自民連立・自社さきがけ連立と三回もかわり、さらに内閣は、海部、宮沢、細川、羽田、村山と4回もかわっている。いわば過去の4内閣の負の遺産を引き継いだようなものである。

　だが、最大の問題はその改革の論理にある。この第3次行革審発足直後の、改革の課題（「行政改革の推進状況に関する意見」1991年6月）で、改革の対象は特殊法人だけでなく、公益法人、第三セクター、また現業からは郵政事業、国有林野事業、国立病院等がリストアップされていた。それが、村山内閣では92の特殊法人に限定してしまった。

　1981年の臨調以来、改革の対象を狭義の特殊法人、つまり総務庁の審査対象法人に絞った例を私は知らない。92の特殊法人すべてを対象にするのだ、と村山内閣は大見得を切っていたが、じつはそのこと自体がこれまでの行政改革の流れからすると大後退なのだ。92の特殊法人しか対象にできなかったからである。

(5)　特殊法人等の情報公開

　特殊法人改革の大きな流れは、第三次行革審の流れを受けた村山内閣の数あわせで一端止められていた。しかし、全く別の情報公開という視点から、特殊法人問題が検討されることになった。

　政府は、1999年7月、行政改革推進本部の下に専門有識者からな

検討対象とした特殊法人等一覧

（注1）見出し【○○○関係】とあるのは、「第2　対象法人」の記述との対応関係を示す。
（注2）　　　　は、本法則の対象外とされる法人を示す。

（平成12年7月1日現在）

特殊法人【78】	【第2（対象法人）の1関係－理事長等任命又は政府出資がある】　56法人 〈公団〉 水資源開発公団、地域振興整備公団、緑資源公団、石油公団、日本鉄道建設公団、新東京国際空港公団、日本道路公団、都市基盤整備公団、首都高速道路公団、阪神高速道路公団、本州四国連絡橋公団 〈事業団〉 宇宙開発事業団、科学技術振興事業団、環境事業団、国際協力事業団、日本私立学校振興・共済事業団、社会福祉・医療事業団、年金福祉事業団、農畜産業振興事業団、金属鉱業事業団、中小企業総合事業団、運輸施設整備事業団、簡易保険福祉事業団、労働福祉事業団 〈公庫〉 沖縄振興開発金融公庫、国民生活金融公庫、農林漁業金融公庫、中小企業金融公庫、住宅金融公庫、公営企業金融公庫 〈特殊銀行、金庫〉 日本政策投資銀行、国際協力銀行、商工組合中央金庫 〈その他〉 帝都高速度交通営団、北方領土問題対策協会、国民生活センター、日本原子力研究所、理化学研究所、核燃料サイクル開発機構、公害健康被害補償予防協会、奄美群島振興開発基金、国際交流基金、日本体育会、日本教育会館、日本芸術文化振興会、日本学術振興会、放送大学学園、日本体育・学校健康センター、社会保険診療報酬支払基金、心身障害者福祉協会、農業者年金基金、日本貿易振興会、新エネルギー・産業技術総合開発機構、国際観光振興会、雇用・能力開発機構、日本労働研究機構 【第2（対象法人）の1関係－理事長等任命がなく、かつ政府出資がない】　1法人 日本勤労者住宅協会 【第2（対象法人）の2の（1）関係－公営競技関係法人】　5法人 日本中央競馬会、地方競馬全国協会、日本自転車振興会、日本小型自動車振興会、㈶日本船舶振興会 　【第2（対象法人）の2の（2）関係－特殊会社】　13法人 ・日本たばこ産業株式会社、電源開発株式会社、北海道旅客鉄道株式会社、東日本旅客鉄道株式会社、東海旅客鉄道株式会社、西日本旅客鉄道株式会社、四国旅客鉄道株式会社、九州旅客鉄道株式会社、日本貨物鉄道株式会社、日本電信電話株式会社、東日本電信電話株式会社、西日本電信電話株式会社 ・関西国際空港株式会社 【第2（対象法人）の2の（3）関係－共済組合等】　2法人 農林漁業団体職員共済組合、勤労者退職金共済機構 【第2（対象法人）の2の（4）関係】　1法人 日本放送協会
独立行政法人【60】	【第2（対象法人）の本文及び1関係－理事長等任命又は政府出資がある】　60法人 国立公文書館、駐留軍等労働者労務管理機構、通信総合研究所、消防研究所、統計センター、酒類総合研究所、国立特殊教育総合研究所、国立オリンピック記念青少年総合センター、大学入試センター、国立女性教育会館、国立青年の家、国立少年自然の家、国立国語研究所、国立科学博物館、物質・材料研究機構、防災科学技術研究所、航空宇宙技術研究所、放射線医学総合研究所、国立美術館、国立博物館、文化財研究所、国立健康・栄養研究所、産業安全研究所、産業医学総合研究所、農林水産消費技術センター、種苗管理センター、家畜改良センター、肥飼料検査所、農薬検査所、農業者大学校、林木育種センター、水産大学校、さけ・ます資源管理センター、農業技術研究機構、農業生物資源研究所、農業環境技術研究所、農業工学研究所、食品総合研究所、国際農林水産業研究センター、水産総合研究センター、森林総合研究所、産業技術総合研究所、工業所有権総合情報館、日本貿易保険、産業技術総合研究所、製品評価技術基盤機構、土木研究所、建築研究所、交通安全環境研究所、海上技術安全研究所、港湾空港技術研究所、電子航法研究所、北海道開発土木研究所、海技大学校、航海訓練所、海員学校、航空大学校、自動車検査独立行政法人、国立環境研究所、教員研修センター

（注）独立行政法人については、平成12年7月1日現在で、各法人の個別法が制定されているものを掲げた。

認可法人【84】	【第2（対象法人）の1関係－理事長等任命又は政府出資がある】　24法人	
	平和祈念事業特別基金、自動車安全運転センター、総合研究開発機構、海洋科学技術センター、預金保険機構、日本万国博覧会記念協会、通関情報処理センター、産業基盤整備基金、医薬品副作用被害救済・研究振興調査機構、農林漁業信用基金、海洋水産資源開発センター、野菜供給安定基金、農水産業協同組合貯金保険機構、生物系特定産業技術研究推進機構、情報処理振興事業協会、基盤技術研究促進センター、自動車事故対策センター、空港周辺整備機構、海上災害防止センター、造船業基盤整備事業協会、通信・放送機構、日本障害者雇用促進協会、日本下水道事業団、地方公務員災害補償基金	
	【第2（対象法人）の1関係－理事長等任命がなく、かつ政府出資がない】　12法人	
	日本税理士会連合会、日本公認会計士協会、日本赤十字社、厚生年金基金連合会、石炭鉱業年金基金、漁船保険中央会、全国農業会議所、全国農業協同組合中央会、全国中小企業団体中央会、日本商工会議所、全国商工会連合会、全国社会保険労務士会連合会	
	【第2（対象法人）の2の（3）関係－共済組合等】　47法人	
	各省各庁等の共済組合【25】（総理府、防衛庁、防衛施設庁、法務省、刑務、外務省、大蔵省、印刷局、造幣局、文部省、厚生省、厚生省第2、社会保険職員、農林水産省、林野庁、通商産業省、運輸省、郵政省、労働省、建設省、衆議院、参議院、裁判所、会計検査院、国家公務員共済組合連合会職員）、国家公務員共済組合連合会、日本たばこ産業共済組合、日本鉄道共済組合、警察共済組合、公立学校共済組合、地方職員共済組合、東京都職員共済組合、指定都市共済組合【10】（札幌市、横浜市、川崎市、名古屋市、京都市、大阪市、神戸市、広島市、北九州市、福岡市）、全国市町村職員共済組合連合会、地方公務員共済組合連合会、議会議員共済会【3】（都道府県議会議員共済会、市議会議員共済会、町村議会議員共済会）	
	【第2（対象法人）の2の（5）関係】　1法人	
	日本銀行	

（民間法人化された特殊法人及び認可法人）

特殊法人【8】	【第2（対象法人）の1関係－理事長等任命がなく、かつ政府出資がない】　8法人	
	農林中央金庫、東京中小企業投資育成株式会社、名古屋中小企業投資育成株式会社、高圧ガス保安協会、大阪中小企業投資育成株式会社、日本電気計器検定所、消防団員等公務災害補償等共済基金、日本消防検定協会	
認可法人【12】	【第2（対象法人）の1関係－理事長等任命がなく、かつ政府出資がない】　12法人	
	製品安全協会、軽自動車検査協会、小型船舶検査機構、中央労働災害防止協会、陸上貨物運送事業労働災害防止協会、郵便貯金振興会、建設業労働災害防止協会、鉱業労働災害防止協会、中央職業能力開発協会、林業・木材製造業労働災害防止協会、港湾貨物運送事業労働災害防止協会、危険物保安技術協会	

（注）「民間法人化された特殊法人及び認可法人」とは、臨時行政調査会第5次答申（昭和58年3月14日）における特殊法人等の自立化の原則に基づき措置されたもの。当該法人の事業の制度的独占を排除するとともに、政府出資の制度上・実態上の廃止、役員の自主的選任等の政府の関与を最小限のものとする等の制度改正が行われたものである。

出所：特殊法人情報公開検討委員会「特殊法人等の情報公開制度の整備充実に関する意見」（附表）2000年7月27日

る「特殊法人情報公開検討委員会」（委員長は塩野宏成蹊大学教授＝当時）を設置、2000年7月頃を目処に最終報告を求めることとなった。私自身もこの委員会に参与として参加した。

この委員会では、日本の官の既得権スクラムの中で重要な位置を占める特殊法人に初めて情報公開の網がかぶさられることになった。

まずこの委員会での最大の論議は、情報公開の対象をどこに置くかということにあった。この委員会では、冒頭から議論の対象を特殊法人に限定せずに、認可法人等にまで広げてきた。ちなみに、独立行政法人については、情報公開法ができた1999年にはまだその制度ができていなかったため、該当機関は、行政機関として行政情報公開法の対象となっていた。しかし、独立行政法人の制度ができると同時に、対象となった機関は、行政から離れた扱いになるため、行政情報の公開対象外となってしまう。そのため、政府は1999年12月14日に成立した「中央省庁等改革関係法施行法」において情報公開法を改正し、情報公開の対象に独立行政法人が含まれることとなった。

この結果、特殊法人情報公開推進委員会の検討対象は、特殊法人、独立行政法人、認可法人、民間法人化された特殊法人、民間法人化された認可法人、指定法人、その他、ということになった。

委員会での次の論点は、「情報公開の目的は政府の説明責任を果たすところにある」という観点から、「政府の一部を構成する」か否かによって、これらの法人を情報公開の対象と対象外とに二分することであった。

もちろん、委員会の内部では、法律で設立されている（特殊法人、認可法人、独立行政法人、民間法人化された特殊法人、民間法人化された認可法人）、もしくは法律で業務が指定されている（指定法人）のであるから、すべて政府の一部とみなすべきだとの意見が出た。つまり、政府系法人全てを情報公開の対象にせよ、ということである。

しかし、委員会では、対象となった法人について、「政府の一部」か否かを検討する作業に入っていった。そこでは、まず、ふたつの基準が定められた。

ひとつは、「政府出資があること」、そしてもうひとつが「理事長等の政府任命があること」であった。このどちらかの条件を満たしていれば、情報公開の対象にすることとし、その上で、いくつかのグレーゾーンともいうべき法人については、別途個別に検討される

こととなった。

　グレーゾーンとなったのは、特殊会社、NHK、ギャンブル対象法人、日本銀行であった。まず、NTT、JR、関西国際空港などの特殊会社については、政府出資はあるが、株式会社という民間の企業に即した経営形態を選択したのだから、公開の対象外とすることが基本方針とされた。

　検討の結果、情報公開の対象になった法人と対象外になった法人を前のページに表として示した。私は、特殊法人等の政府系法人の抱える問題を長く研究していたゆえに、全政府系法人の情報公開を強く求めてきた。結果的に、情報公開の対象外となる法人が出たことは残念であるが、しかし特殊法人等に対して、国民に直接情報の開示を求める権利が生まれることは、今後特殊法人改革を進める上で大きな効果をもたらすと思われる。

　ちなみに、委員会の報告通り、「独立行政法人等情報公開法案」は2001年3月に国会に上程されたが、残念ながら継続審議となった。しかし、次の国会では成立するであろうから、情報公開の実施は2003年からとなるはずである。

4　橋本行革と民営化

(1)　橋本行革

　特殊法人などの、政府系法人の改革が頓挫している中で、急に浮上したのが中央省庁の再編であった。1986年秋に再選を果たした橋本龍太郎首相は、省庁再編、財政再建をはじめとする改革に取り組んでいった。

　橋本首相は、省庁数の半減という、きわめて明快な目標をたてて行政改革に取り組んでいった。またこの改革のために特別に「行政改革会議」が組織された。

　実は1994年には、土光臨調から数えて5つ目にあたる政府の行革の審議会「行政改革委員会」が、飯田庸太郎氏を委員長に設置されており、1997年までがその設置期限であった。つまり行革担当の正式な審議会があるにもかかわらず、新たに別組織の「行政改革会議」が作られたのだ。

　さらにこの会議の根拠となる法律はなく、政令での設置であった。

法律がないということは、国会での審議も了承もないということだ。きわめて異例なスタートである。

加えて特筆すべきは、この会議の議長に橋本氏自身がついたことだ。橋本氏は、自らが先頭に立ち、自らが実施するという、いわば大統領制にも近い首相権限を最大限に使って「既得権」への戦いに正面から挑んだのである。しかも、その期日は一年。臨調・行革審などがほぼ３年の期間を持っていたことからすると、大変な短期決戦となった。

ただ、省庁再編、省庁の半減といっても、従来の省庁をまとめ上げるだけでは単なる数あわせにすぎなくなる。そのよい例が、村山内閣の特殊法人改革だ。

そこで、橋本行革は三つの仕掛けを用意していた。ひとつは、中央省庁のスリム化である。国家公務員の定員を２割削減するとともに、中央省庁の局の数を124を90に、さらに、課の数を２割減の1200に減らすという、数字上の目標を明示していた。

第二は、行政の実施機能と企画立案機能の分離である。これは、臨調・行革路線の理論的成果とも言うべきものであって、「民間でできることは民間で」という行政改革委員会の結論を実現させようとしたものだ。

すなわち、行政は、企画立案機能だけを担い、実施機能は外部化することとされ、具体的には中央省庁の実施機能は独立行政法人化するということが打ち出された。

第三は、地方分権である。中央省庁の諸機能のうち、地方が担うべき機能をすべて地方に移管するということである。

これらがすべて実現すれば、従来の縦割り行政の弊害が相当程度除去された上に、スリム化され、さらに地方分権と独立行政法人化で「企画立案機能」に特化した存在として、中央省庁が再編されることになる。

この中央省庁再編は、民営化という面から見ると、ここまで聖域化されていた行政のなかの「実施機能」にメスが入れられることになる。

1981年に臨時行政調査会が設置されてから、３次にわたる行革審から、行政改革委員会まで５次にわたって行政改革の審議会が設置されてきた。すでに繰り返し述べてきたように、15年以上にわたる審議会の中で、主たる成果は臨調の３公社改革ぐらいのものであっ

た。
　しかし、もうひとつ注目できるのが、行政改革委員会の官民の役割分担小委員会の議論である。ここでは、行政関与の在り方に対し、次の三つの原則が示された。

（１）基本原則Ａ
　　「民間にできるものは民間に委ねる」という考え方に基づき、行政の活動を必要最小限にとどめる。
（２）基本原則Ｂ
　　「国民本位の効率的な行政」を実現するため、行政サービスの需要者たる国民が必要とする行政を最小の費用で行う。
（３）基本原則Ｃ
　　行政の関与が必要な場合、行政活動を行っている各機関は国民に対する「説明責任（アカウンタビリティ）」を果たさなければならない。

　つまり、政府は民間ができることに手を出すな、ということである。
　アカウンタビリティについては、さらに

　行政が関与する場合には、可能な限り数量的評価を実施する。社会的便益及び費用を数量的に分析する際には、副次的効果を含めるとともに、事前の推計値、事後の実施値、推計手法や推計に用いたデータなどの試算根拠を明らかにする。なお、数量的評価を実施する際には、国民に選択肢を示すために、可能な限り代替的な関与の仕方を明示し、それらとの比較を行う。

という説明が加えられている。
　ここでは、政府がなんらかの関与をする場合には、民間に任せるより、政府がやったほうが、効率的であることを数量的にきちんと示せ、ということだ。厳しい注文である。民間が政府に説明を求めるのではない。政府が自ら説明せよ、ということだ。
　ちなみに、この「行政関与の在り方に関する基準」は、行政改革委員会から1996年12月に政府へ答申され、同月閣議決定されている。
　つまりこの閣議決定で、日本は小さな政府を進めることをいわば国是としたのである。したがって、橋本氏による省庁再編は、同時

第3部　各論・行政改革の軌跡と今後の課題

【参考図表】　　行政関与の在り方に関する判断基準の狙い

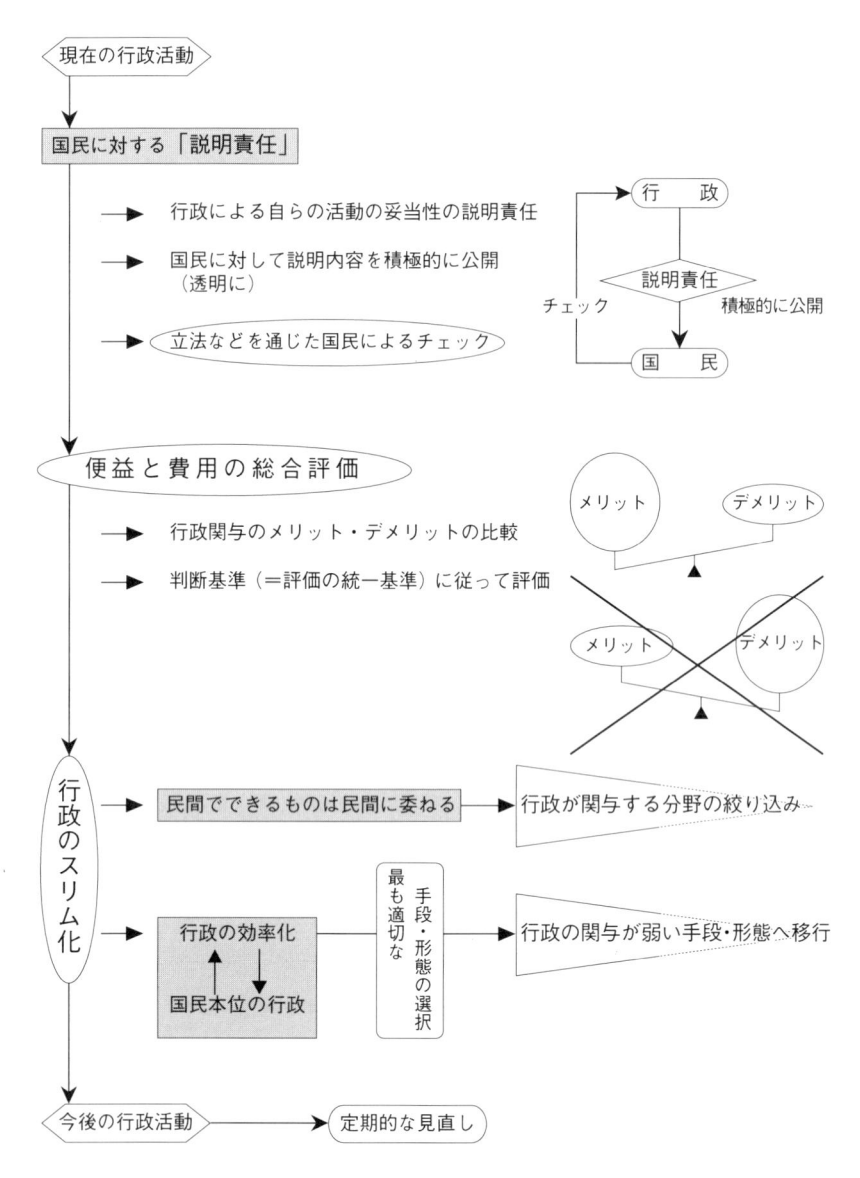

```
〈現在の行政活動〉
   │
   ▼
┌─────────────────┐
│国民に対する「説明責任」│
└─────────────────┘
   │   → 行政による自らの活動の妥当性の説明責任
   │   → 国民に対して説明内容を積極的に公開
   │     （透明に）
   │   → 立法などを通じた国民によるチェック
   │
   ▼
〈便益と費用の総合評価〉
   │   → 行政関与のメリット・デメリットの比較
   │   → 判断基準（＝評価の統一基準）に従って評価
   │
   ▼
┌─┐
│行│ → 民間でできるものは民間に委ねる → 行政が関与する分野の絞り込み
│政│
│の│
│ス│
│リ│ → 行政の効率化 ←→ 国民本位の行政　　最も適切な手段・形態の選択 → 行政の関与が弱い手段・形態へ移行
│ム│
│化│
└─┘
   │
   ▼
〈今後の行政活動〉 → 〈定期的な見直し〉
```

（説明責任の図：行政 ⇔ 国民、チェック／積極的に公開）

（メリット・デメリットの天秤図）

出典：行政改革委員会「行政関与の在り方に関する基準」1996年12月16日

に、行政の仕事のなかで、企画立案と実施とを分離する作業に取り組まざるをえなかったのである。

　ここで対象とされたのが、現業といわれる、郵政事業、国有林野事業、大蔵省印刷局、大蔵省造幣局、さらに、国立美術館や各種の研究所、検査機関などであった。また、国立大学、国立病院等も対象とされた。

　ここまで、民営化論議の対象から逃れてきた行政の中の実施機能が、中央省庁再編の中で見事に対象とされるようになったのである。その中で、郵政事業は民営化、その他の機関は独立行政法人化が検討されることとなった。

(2) 郵政事業改革

　郵政省の現業である郵政事業は、紛れもない行政の実施機能であるため、民営化の対象として議論されることとなった。橋本行革が1997年9月に出した中間報告では、郵政事業は郵便、郵貯、簡保の三事業に分割。さらに、郵便は国営に残すものの、郵貯は民営化準備、簡保は民営化というものであった。まさに、他の主要国が80年代から進めてきた改革を、15年以上遅れてすすめようとした、きわめて当然の結論であった。しかし、ここから、郵政省を中核とする既得権グループは巻き返しに入り、与党三党は

「①郵政事業は三事業一体、国営とする

　②職員の身分は、国家公務員組織法内の国家公務員とし、国家公務員法の適用を受ける」

といった「確認事項」に、中間報告から2ヶ月後の11月18日合意した。これによって、中間報告の郵政事業改革案は事実上、葬られることになった。そして、12月に出された最終報告では、与党三党の合意のまま、3事業一体で国営の公社となることが盛り込まれた。

　そして、この最終報告を踏まえて、中央省庁等改革基本法で、郵政事業は

第三十三条　政府は、次に掲げる方針に従い、総務省に置かれる郵政事業庁の所掌に係る事務を一体的に遂行する国営の新たな公社（以下「郵政公社」という。）を設立するために必要な措置を講ずるものとする。

　一　郵政公社は、第十七条第七号ロに定めるところによる移行の

　　　　時に、法律により直接に設立されるものとすること。
　　二　郵政公社の経営については、独立採算制の下、自律的かつ弾力的な経営を可能とすること。
　　三　主務大臣による監督については、法令で定めるものに限定するものとすること。
　　四　予算及び決算は、企業会計原則に基づき処理するものとし、その予算について毎年度の国会の議決を要しないものとするほか、繰越し、移用、流用、剰余金の留保を可能とするなどその統制を必要最小限のものとすること。
　　五　経営に関する具体的な目標の設定、中期経営計画の策定及びこれに基づく業績評価を実施するものとすること。
　　六　前各号に掲げる措置により民営化等の見直しは行わないものとすること。
　　七　財務、業務及び組織の状況、経営目標、業績評価の結果その他経営内容に関する情報の公開を徹底するものとすること。
　　八　職員については、郵政公社を設立する法律において国家公務員としての身分を特別に付与し、その地位については、次に掲げるところを基本とするものとすること。
　　　イ　団結する権利及び団体交渉を行う権利を有するものとし、争議行為をしてはならないものとすること。
　　　ロ　一般職の国家公務員と同様の身分保障を行うこと。
　　　ハ　職員の定員については、行政機関の職員の定員に関する法律（昭和四十四年法律第三十三号）及び同法に基づく政令による管理の対象としないこと。
　２　政府は、資金運用部資金法第二条第一項に基づく資金運用部への預託を廃止し、当該資金の全額を自主運用とすることについて必要な措置を講ずるものとする。
　３　政府は、郵便事業への民間事業者の参入について、その具体的条件の検討に入るものとする。
　４　政府は、郵便貯金への預入及び簡易生命保険への加入の勧奨を奨励する手当について、郵政公社の設立に併せて検討するものとする

と公社化の道が示された。三事業分割・民営化の中間報告からすると、事実上、郵政改革はしないともいえる大後退であった。

しかし、このなかに、郵政公社が経営的に立ち行かなくなる可能性の高いふたつの仕掛けがこめられていた。

　ひとつは、郵貯の財投への預託廃止である。郵貯資金は全額自主運用されることとなるが、国営という縛りの中で、運用の中心は安全な国債中心にせざるをえない。このことが、郵貯はローリスクローリターンにならざるをえず、結果的に郵貯の競争力を殺いでいくことになろう。

　もうひとつは、郵便への民間参入である。郵便事業は1998年度に赤字に転落している。電子メールの普及を待つまでもなく、厳しい経営環境にある。そのうえ、民間の参入を受けるわけであるから、今後の経営はきわめて苦しくなるといわざるをえない。

　本来、民営化していれば、大きく経営を多角化してあたらな競争に備えるはずが、国営で経営の自由を縛られたまま競争に入らざるを得ないのである。無理やり、国営を維持したことのツケが回ってきたと見るべきであろう。

　しかし、2001年4月、小泉純一郎内閣が発足した。いわずと知れた郵政民営化論者の総理就任である。小泉氏は就任直後の2001年5月、「郵政三事業の在り方を検討する懇談会」を発足させ、1年以内に結論を出すこととなった。

　実は、郵政事業は郵政公社化後に、「民営化等の見直しは行わない」ことがすでに決められていた。それにもかかわらず、総理は懇談会で「民営化を含む」見直しを議論することにしたのである。

　私自身がこの懇談会に委員として参加しているが、おそらく民営化の方向で最終報告がまとめられる可能性が高いと思われる。郵政事業民営化に向けて大きな一歩がきられたことは間違いない。

(3) 郵政事業改革と財投改革

　中央省庁等改革基本法で示された、郵貯の財投預託廃止と郵便の民間参入の中で、財投に関しては、郵便にさきがけて2000年4月に財投改革の法律が成立した。2001年4月からは財投制度が廃止され、郵貯や厚生年金の完全自主運用が始まることになった。財投廃止は、長く議論されつづけてきた行政改革会議の最終報告で、郵貯資金の資金運用部への預託が廃止されることで、財投制度の抜本見直しが決まった。私はこれによって特殊法人改革が大きく進むと期待していた。

いくら特殊法人改革を叫んでも、財投によって自動的に特殊法人に金が配分される仕組みが存在する限り、特殊法人は名前や形を変えて残ることになる。今回の改革のねらいは、財投制度を廃止して、郵貯から特殊法人に自動的にお金が流れる仕組みを断ち切ることにあった。そうすれば、いままで郵貯のお金を受けていた特殊法人は、自分でお金を集めなければならなくなるからである。

　資金調達の仕組みとしては、特殊法人を中心とする財政投融資を受けている機関（財投機関）が、日本道路公団債とか住宅金融公庫債という形で個別に財投機関債を発行することが考えられた。

　これは個別の財投機関が出す一種の社債で、AAAとか、BBとか、マーケットの評価で格付けされ、それに応じて金利が決められる。その結果、マーケットに評価されず、財投機関債を売ることができない特殊法人は存続できなくなる。存在価値のない特殊法人はマーケットによって淘汰され、存在価値のある特殊法人だけが残る。財投制度を廃止することにより、一種の兵糧攻めで特殊法人を淘汰しようというのが当初の議論だった。

　ただしそうなると、実際、大半の財投機関は財投機関債を出せない。政府としては、財投機関債を出せないところを全部つぶすわけにはいかない。そこで、財投機関債のかわりに財投債という案が出てきたのである。

　財投機関債は個別の機関が出す社債だが、財投債は国債である。国債を発行したお金は一般会計に入るが、財投債の場合は、財政融資資金特別会計という新たにできる特別会計に入る。その特別会計にプールされた資金は、人為的に特殊法人などに配分される。

　いままで郵貯のお金は資金運用部に流れ、人為的に特殊法人に配分されていた。それが今度は、財投債のお金が財政融資資金特別会計に入り、人為的に特殊法人に配分されることになる。資金運用部は2001年4月で廃止になり、「財政投融資」という言葉もなくなるが、資金運用部のかわりに財政融資資金特別会計ができただけで、実情はまったく変わらないことになってしまう。

　しかも、その新しく出る財投債の主たる買い手が郵貯となる可能性が高いのである。というのも、いま銀行は民間にお金を貸せないので、一生懸命国債を買っている。500兆円、600兆円という限度を超えた国債が発行されても長期金利が上がらないのは、銀行が国債を買っているからだ。

IV　3公社の民営化と特殊法人改革

　　このような国債の飽和状況のなか、毎年30兆円、40兆円の財投債を新たに発行しても、マーケットでさばけるわけがない。結局、自主運用を始めた郵貯がその新国債を買うしかないであろう。
　　つまり、郵貯が資金運用部に預託し、そこから財投機関に流れていたのが、郵貯が特別会計の国債を買うことによって、特別会計を通して財投機関に流れる形になっただけで、郵貯のお金が特殊法人に流れる仕組みは変わらない。
　　財投制度が廃止され、郵貯は、資金運用部への預託義務がなくなって、全部自主運用できるようになるとはいうものの、特殊法人が

【参考図表】　　　　　財政投融資制度の改革

○改革前

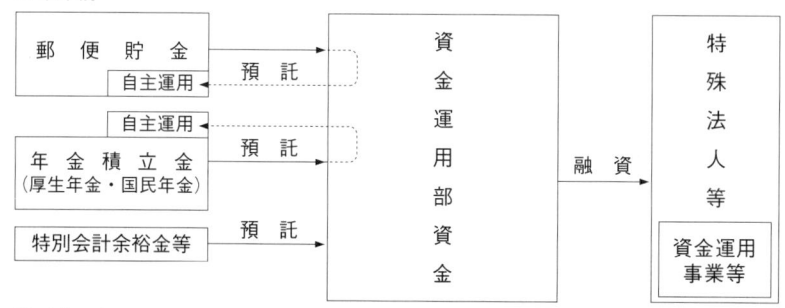

郵便貯金 ─預託→ 資金運用部資金 ─融資→ 特殊法人等
　自主運用
　　自主運用
年金積立金（厚生年金・国民年金）─預託→
特別会計余裕金等 ─預託→
　　　　　　　　　　　　　　　　　　　　資金運用事業等

（注）改革前の財政投融資の原資には、上記の資金運用部資金のほか、簡保資金、産業投資特別会計、政府保証債がある。

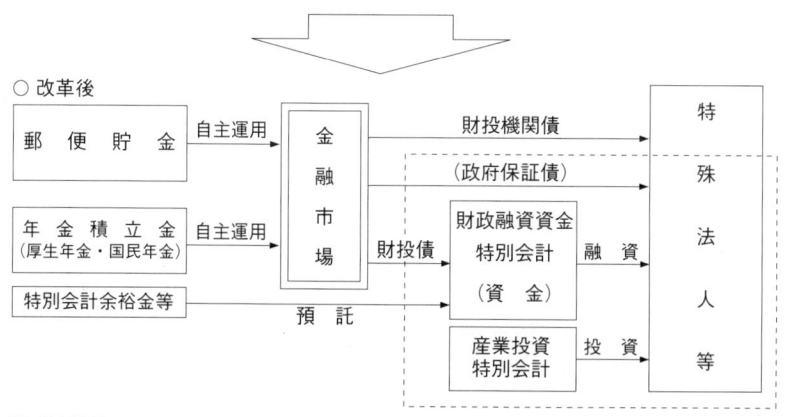

○改革後

郵便貯金 ─自主運用→ 金融市場 ─財投機関債→ 特殊法人等
年金積立金（厚生年金・国民年金）─自主運用→
特別会計余裕金等 ─預託→
　　　　　　　　　　　　　（政府保証債）
　　　　　　　　　　　　財投債→ 財政融資資金特別会計（資金）─融資→
　　　　　　　　　　　　　　　産業投資特別会計 ─投資→

（注）財政投融資には、上記のほか、郵便貯金及び簡保資金の地方公共団体への貸付けがある。

出典：加藤治彦編　図説「日本の財政」平成13年度版（東洋経済新報社　2001年8月）
　　　p.88

ある限り、郵貯のお金が特殊法人に流れ続ける構造は変わらない。郵貯・簡保・厚生年金と、特殊法人とのもたれあいの関係は、新しい「財政融資特別会計」制度のもとで、温存されてしまう。同時に、このことは、郵政事業と特殊法人に関わる既得権を温存させることになるのである。

(4) 独立行政法人

橋本行革のもうひとつの民営化は、政府機関の独立行政法人化である。

行政改革会議においては、企画立案と実施の分離を念頭に、国家行政組織の本体にメスが入れられることになったのも改革の目玉のひとつであった。最終報告では、82の行政機関が「独立行政法人」として切り離された。最終的に、82の機関が60にまとめられて、独立行政法人化することとなった。(214ページの表を参照のこと)

なお、独立行政法人には、「特定独立行政法人」と「独立行政法人」があり、「特定独立行政法人」とは、「独立行政法人のうち、その業務の停滞が国民生活又は社会経済の安定に直接かつ著しい支障を及ぼすと認められるもの、その他当該独立行政法人の目的、業務の性格等を総合的に勘案して、その役員及び職員に国家公務員の身分を与えることが必要と認められるもの」(独立行政法人通則法第二条2)とされている。つまり、行政からは分離するものの、職員等の身分を国家公務員とするものが、特定行政法人ということになる。

最終的に、60の独立行政法人のうち、本来の独立行政法人＝非国家公務員型は、4法人にとどまった。実施機能の行政からの分離をかかげながら、郵政公社とともに、大半の独立行政法人が国家公務員型となったのは、きわめて異常な事態といえる。

(5) 独立行政法人と特殊法人改革

この独立行政法人化は、実は特殊法人改革に大きな影響を与えることとなった。というのは、本来、政府の実施機能を外部化するということであれば、特殊法人化するのが筋である。

しかし、この特殊法人が、特殊法人全体としては実定法上の根拠をもたず、きわめて多種多様な法人を抱えており、かつその運営などは国民の批判を浴びてきた。そこで政府は、政府機関の外部化に

際して、特殊法人化せずに、独立行政法人という新しい仕組みで行うこととしたわけである。

この独立行政法人は、まず独立行政法人通則法を作り、その全体像を明確に規定した上で、個別の設置法を設けることとした。

こういった独立行政法人を新たに作ったということは、実は政府が自ら特殊法人の問題点を認めたことになる。このため、政府と与党三党は、特殊法人の改革を進める合意に達し、「特殊法人等改革基本法」が定められることとなった。この法律は、2001年通常国会で可決された。

ここでは、特殊法人および認可法人を、

1．廃止
2．民営化
3．独立行政法人化

といった見直しを、5年以内、つまり平成18年までに実施することとしていた。原則的に、5年以内に特殊法人や認可法人という存在はなくなるということである。

政府は、特殊法人77、および認可法人86の163法人の見直し作業を行い、「特殊法人等の個別事業見直しの考え方」として推進本部事務局案を8月10日に発表した。

この基本的作業は、法案が固まった2000年末から事実上進められていた。しかし、民営化推進の立場の学者などは、この165法人の大半が独立行政法人化され、いわば存続のお墨付きを与えられることを危惧していた。

しかし、ここでも2001年4月に誕生した小泉政権の下、廃止、民営化を中心にした見直しが進められる可能性が出てきた。石油公団の廃止に経済産業大臣が合意するという大きなニュースが流れている。

小泉政権の誕生とともに、もちろん予断は許さないものの、郵政事業や特殊法人の民営化が一気にすすむ可能性が出てきたことは注目に値すると考えられる。

むすび　民営化の課題

日本における民営化問題は、1981年の土光臨調から本格的に取り組まれてきた。土光臨調では、主として国鉄、専売、電電の三公社に絞って改革が進められた。この結果、3公社は、JR、JT、NTT

の政府持ち株会社に再編され、NTTの長距離部門は1999年、NTTコミュニケーションズとして完全民営化し（親会社は、特殊会社であるが）、また、JRの中で東日本など三社は、2001年、完全民営化が決まった。まさに、今、20年前の土光臨調の民営化が完成しつつある。

しかし、すでに見てきたように、民営化すべきものは三公社だけではない。民営化の第一の課題は、その範囲の確定である。

土光臨調以降、徐々に民営化の対象は拡げられてきた。まず第一に、特殊法人がその対象となり、さらに認可法人にまで対象は拡がった。さらにまた、公益法人や第三セクターの問題も指摘されることになり、より民営化の対象は拡大したことになる。

一方、橋本行革で、中央省庁の再編が行われるとともに、行政の実施機能の外部化がすすめられ、政府内の82の機関が独立行政法人となった。さらに、政府の中で実施機能を担う、国立大学や国立病院等の見直しも進められてきた。

このように見ると、当初三公社に絞られていた対象が、公益法人にまで拡げられることになり、さらに逆に政府の内部の行政の実施機能にまで食い込むことになった。この結果、20年の議論の中で、民営化の対象はほぼ確定してきたといってよい。

民営化のもうひとつの課題は、なぜ民営化するか、の論理である。土光臨調の時には、効率化などがあげられてきた。しかし、ここでの最大の成果は、行政改革委員会の官民役割分担小委員会である。

民営化の論理を、政府がやらざるを得ないこと以外はすべて民営化するという、極めてシンプルな原理を出してきたのである。効率化を目指すなどの理屈は不要で、民間でもできることに政府は手を出すな、ということである。この報告が閣議決定されたことで、企画・立案といった行政しか担えない機能以外は、すべて民営化するという方針が、日本の一種の国是となったのである。

こう見ると、すでに民営化の対象はほぼ確定して、それらを原則すべて民営化することも決まっているということだ。民営化の対象の中で、審議会などが民営化すべきものを選ぶのではなく、逆に民営化できないものを政府が自ら選び、その根拠を数量的に国民に示さなければならないのである。

すでに、民営化の道具は、土光臨調以降20年で揃ったと考えてよい。あとはそれを誠実に実行する政治が求められるだけである。い

ままで、その政治が既得権にまみれ十分に機能してこなかったことは、特殊法人等の改革が進まなかったことを見れば、一目瞭然であろう。しかし、こういった改革を遅らせてきたことが、日本の経済や社会の活力を大きく殺いできたことは間違いない。

　不況にあえぐ日本経済を再生させる大きな切り札を民営化が担っていると過言ではない。日本社会の活力を維持しようとした、土光臨調の理念を今また、確認する必要があるのである。

行政のピラミッド

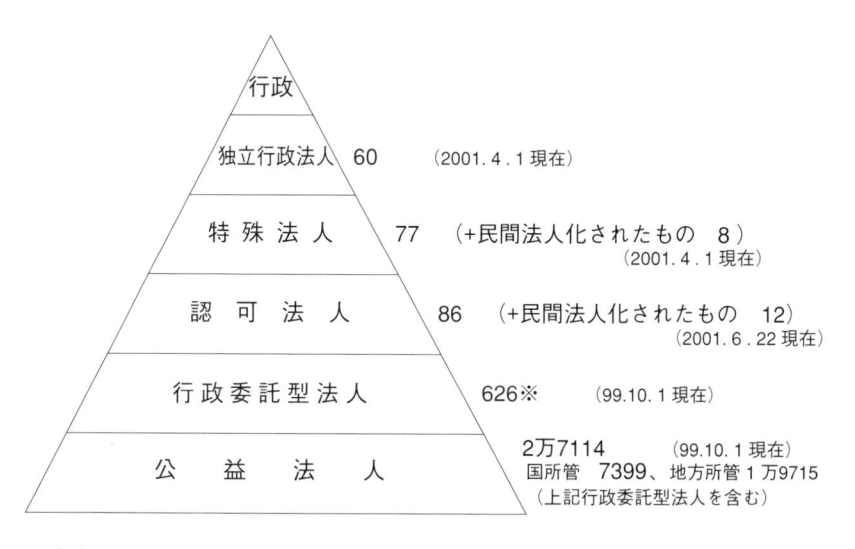

- 行政
- 独立行政法人　60　（2001.4.1現在）
- 特殊法人　77　（＋民間法人化されたもの　8）（2001.4.1現在）
- 認可法人　86　（＋民間法人化されたもの　12）（2001.6.22現在）
- 行政委託型法人　626※　（99.10.1現在）
- 公益法人　2万7114　（99.10.1現在）国所管　7399、地方所管1万9715（上記行政委託型法人を含む）

※　①特定の法人に事務の委託を行ったり、②法人が行う特定の事業を行政上必須の要件として位置付けたりする場合、この事業を「行政委託型事業」、それを行う法人を「行政委託型法人」という。
　さらに、③特定の公共的事務を行うことに法律の権威を与えたり場合（苦情処理や業界秩序維持など）を行う法人もあり、「行政委託型法人」にこれらを加えて「指定法人」という。さらに加えて、主務官庁が個別の法律に基づき、民間の法人が独自に行う事業を一定の水準にあるものと認め、推奨する場合もある。これを「推薦事業」、「推薦法人」、「推薦制度」という。指定法人に推薦法人をあわせたものは「指定法人等」と呼ばれるが、その総数は、総務庁（当時）の調査によると、98年4月1日現在、720であった。

Ⅴ 地方分権

関西経済連合会企画調査部長　栗山　和郎

1　序　論

正念場を迎える地方分権改革

　地方分権は、臨調以来の20年の中で、大きく分けて前半にはほとんど成果がなく、中間で多少の紆余曲折があり、地方分権推進法が制定されてからは着実に改革の営みが進められ、改革の第1ステップ（地方分権推進委員会が言うところの第1次分権改革）については大きな成果をあげたと評価できる。

　しかし、委員会が「ベース・キャンプを設営した段階」と自己評価しているとおり、地方分権にとって目標までの道のりは遠い。残された最大の課題は、言うまでもなく国と地方の税体系および地方自治体間の財政調整制度の抜本的な改革である。税制は国家の基本的制度の一つであり、他方では既得権益構造が特に強固な分野でもあるため、その改革のためには内閣が2つ、3つ潰れると言われたこともある。その意味で、地方分権はこれから最も困難な局面に立ち向かうのであり、まさに正念場を迎えようとしている。

　奇しくも、そのようなときに「聖域なき構造改革」をめざす小泉内閣が誕生した。小泉総理は、改革課題のすべてに明確な指針をもっているわけではなく（郵政事業の民営化は例外）、地方分権に関しても未知数である。しかし、「地方にできることは地方に委ねる」という原則を唱えておられることから推察すると、（失礼な言い方かもしれないが）センスは悪くない。7月3日には、地方分権推進委員会の後継組織として「地方分権改革推進会議」が内閣府に設置された。委員会が地方分権推進法という法律に基づいて設置されていたのと比べれば、会議は政令による設置で勧告権も無くなるなど法的位置づけは弱くなったが、それをカバーしうるのは総理の指導力である。国民の高い支持率を背景に、地方分権についても大いにリーダーシップを発揮してもらいたい。

「地方分権」という言い方

　ところで、地方分権推進委員会は、地方分権は「わが国の政治・行政の基本構造をその大本から変革しようとするものであり、その波及効果は深く、広い。それは明治維新・戦後改革に次ぐ『第三の改革』というべきものの一環」であると指摘し、「分権改革」という表現を使った。その後継機関も「地方分権改革推進会議」と名づけられた。ようやく、地方分権が「改革」の名に値する課題であると認知されたものといえよう（ちなみに欧州ではフランス革命以来の「革命」（レボリューション）ととらえている）。

　もっとも、「地方分権」という表現も実はそう古いものではない。臨調・行革審答申で使われたのは、第2次行革審の最終答申（1990年4月）からである。それまでは、「国と地方の機能分担の見直し」「国・地方を通ずる行財政合理化」などと言われてきた。

　「地方分権」は国から分け与えられるというイメージがあるので良くない、「地方主権」あるいは「地域主権」と言うべきだといった主張も行われる。他方、「地方分権」の対語である「中央集権」の体制を改め、分権型社会を築くのが目的であるから、地方分権でよいではないかという意見も少なくない。すでに法律名や審議機関の名称としても定着しているものを、ことさら言い換える必要はないと個人的には考えているが、いずれにしても、あまり実益のない議論であろう。

　そうは言っても少し気になることがある。それは、6月26日に閣議決定された「今後の経済財政運営及び経済社会の構造改革に関する基本方針」（いわゆる骨太の基本方針）には「地方分権」が使われていないことである。この基本方針は小泉改革の文字通り基本的な方針を示すもので、経済財政諮問会議における竹中担当大臣や民間議員と関係各省庁との攻防を経て決定されている。そこで、どのような経緯や思惑があって地方分権という表現を避けることになったのか分からないが、ほぼ同じ時期（6月14日）に提出された地方分権推進委員会の最終報告と読み比べてみると、全体として微妙にニュアンスが異なっているように感じる。例えば重要なキーワードである「自己決定・自己責任」は最初から欠落していたし、基本方針の素案にあった相当踏み込んだ表現が、最終案ではみごとに消し去られたりしている。これらの背後に、最終報告の描いた道筋をそ

受皿改革論と制度改革論

　「国から地方へ」の地方分権は、「官から民へ」の規制緩和・民営化と並んで今日のわが国の閉塞状況打開に不可欠な重要テーマである。このうち規制緩和や民営化は「官」（国や自治体の行政）対「民」（個人や企業）の関係で民間が直接的にそのメリットを享受することになるので必然的に国民の関心も高くなる。一方、地方分権は、直接的な影響は自治体行政に現れ、民間はそのメリットを自治体行政の効率化やサービスの向上など間接的な形で享受することになるので、相対的に国民の関心度は低くなりがちである。あるいは、国民にとって自治体行政の表面的な欠陥は目に見えるが、その背後にあって原因を作っている国と自治体の関係には関心を持とうにも、一般にはほとんど見えないのが現実である。

　このことが、地方分権に関して、総論賛成でも各論は同床異夢的な状況を招いているのではないか。すなわち、地方分権は賛成という人の意見をよくよく聞いてみると、市町村は多すぎるとか、道州制にしなければといった主張であることがしばしばある。これらの、いわゆる「受皿論」も地方分権の重要な一部ではあるのだが、問題なのは、「今の自治体には能力がないから、権限や財源を与えたら、とんでもないことになる」という自治体不信であり、この議論に与すると、地方分権が進まなくなる危険性がある。このため、地方分権推進委員会は、受皿論を一時棚上げするという作戦をとり（ただし市町村合併については途中で軌道修正）、機関委任事務制度の廃止に象徴される第1次分権改革を成し遂げた。だが今後、地方税財源の充実を主たる課題とする第2次分権改革に取り組むにあたって、果たして受皿論をどのように組み合せるかは大きな問題である。

　個人的には、第2次分権改革でも、あえて受皿論を棚上げする作戦がよいと考えているが、これは少数意見であろう。だとすれば、自治体と中央官庁のどちらか一方の言い分に偏ることなく、行政サービスの消費者である国民・住民（企業やNPOを含む）の立場に立って、「受皿論」と「制度論」を車の両輪として、並行的に議論するしかない。間違っても、「制度論」が棚上げされ、税源移譲は景気が回復してからとか、国の財政再建と市町村の大合併が先決、

といったスケジュールにならないようにしなければならない。

2 地方分権改革の臨調以来の歩み

雌伏20年の地方分権

　臨調以来の20年間を通じて、3公社の民営化に象徴される「官から民へ」の改革は常にスポットライトを浴びていたのに対して、「国から地方へ」の地方分権は総じて地味なテーマとして扱われてきたように思える。特に、臨調が始まってから第2次行革審に「国と地方の関係等に関する小委員会」が設置されるまでの約8年間は、行革のさまざまなテーマの中に埋没し、地方分権の優先順位はとりわけ低かった。第2次行革審までの活動記録である「日本を変えた十年―臨調と行革審―」という分厚い本があるが、地方分権に関しては「ほとんど何も変わらなかった8年」といっても過言ではない。

　そして残り12年は前半と後半に分けられる。前半6年は、上述の小委員会の1年弱、第3次行革審の豊かなくらし部会の2年と最終答申に向けた直轄審議の1年、そして地方分権推進法制定までの2年弱が該当する（表1）。地方分権の試行錯誤と本格的検討に向けた体制準備の6年ということができよう。後半6年は、言うまでもなく、地方分権推進委員会が活動した6年間であり、委員会の勧告を受けて政府が地方分権一括法案を提出し、国会審議を経て、2000年4月に施行された（表5）。この間、政治状況は（地方分権にとって）必ずしも良くなかったが、委員会が任務を遂行できたのは地方分権推進法という「法律の後ろ盾」があったからと言えよう。

　雌伏20年、いよいよ地方分権の本丸ともいうべき税財政問題に攻め入るにあたって、この20年をもう少し詳しく振り返っておきたい。

臨調答申にみる地方分権　――優先度低く、未熟な認識

　前述したように、臨調答申には、「地方分権」という表現こそないが、地方公共団体や地方財政に関する指摘事項は少なくない。ただし臨調は「増税なき財政再建」を旗印にしていたので、地方の関係でも支出削減が大命題であり、具体的指摘が行政の合理化や効率化に重心を置いていたのは、やむをえない選択であったかもしれない。それでも、臨調は何と言っても行革の原点であり、考え方とし

て地方分権がどのように扱われていたかを検証しておくことも無駄ではないだろう。

臨調は2年間に、第1次から第5次まで「行政改革に関する第○次答申」と題する答申を出したが、地方分権関係の指摘は1次、3次、5次にある。第1次答申は1982年度予算編成に向けた「緊急答申」という性格上、補助金の整理合理化が中心であり、幅広い指摘は第3次の「基本答申」で行われている（表2）。

基本答申は、行革を進める観点として①変化への対応、②総合性の確保、③簡素化・効率化、④信頼性の確保を掲げている。このうち「変化への対応」では、対応の基本的方向として画一性重視から地域の実情に応じた多様性を認める行政への移行、中央への権限集中から地方分権化の重視を打ち出しながら、「総合性の確保」で、国と地方との相互信頼と協力関係を確立し国全体としての行政の総合性を確保することが重要と述べており、国に権限を留保する余地を残している。これが当時の考え方の限界だったのかもしれない。

国と地方の機能分担では、基礎的自治体である市町村への事務配分というシャウプ勧告の精神を引き継いでいるものの具体的な事務には言及せず、地域性、効率性、総合性という基本的視点に立って個々の事務の性格、特性に即した検討を加え逐次見直しを図るという記述にとどまっている。機関委任事務、国の関与、必置規制についても整理合理化という方針だけで具体的項目は示されておらず、ましてや機関委任事務制度そのものを廃止するような議論は微塵も見られない。

地方財政については、地域独自の行政サービスは住民の「選択と負担」によって行うべきものと提言している点が注目される。これは地方財政の自立性を高めるうえで望ましい方向であるが、当時の国の財政事情から考えて地方交付税の算定基準である基準財政需要額を抑制する狙いがあったともみられる。いま国や自治体の財政状況が20年前にも増してひどい状況になっていることを考えると、小泉改革においても財政支出削減が優先するおそれは強い。しかし、そのような小手先の方法で真の財政再建はなしえない。むしろ地方分権改革こそが財政再建への近道ないし唯一の道ではないだろうか。

V 地方分権

表1 臨調・行革審の地方分権関係の答申と関連する動き（年表）

臨時行政調査会 （臨調）	1981. 3.16 1981. 7.10 1982. 7.30 1983. 3. 4 1983. 3.15	臨調発足 「行政改革に関する第1次答申－緊急答申－」 「行政改革に関する第3次答申－基本答申－」 「行政改革に関する第5次答申－最終答申－」 臨調解散
臨時行政改革推 進審議会 （第一次行革審）	1983. 6.28 1984. 7.25 1984.12.18 1985. 7.22 1986. 6.10 1986. 6.27	第1次行革審発足 「当面の行政改革推進方策に関する意見」 「地方公共団体に対する国の関与・必置規制の整理合理化に関する答申」 「行政改革の推進方策に関する答申」 「今後における行政改革の基本方向（答申）」 第1次行革審解散
臨時行政改革推 進審議会 （第2次行革審）	1987. 4.20 1988.12.19 1989. 1.23 1989.12.20 1990. 4.18 1990. 4.19	第2次行革審発足 竹下総理が第2次行革審に国・地方問題の検討を要請 国と地方の関係等に関する小委員会設置 「国と地方の関係等に関する答申」（地域中核都市制度創設、都道府県・市町村の連合制度の創設、道州制の検討要請） 「最終答申」 第2次行革審解散
	1991. 4.26 1993. 4.19 1994. 6.29 1995. 4. 1 1995. 6. 1	第23次地方制度調査会発足 第23次地方制度調査会「広域連合及び中核市に関する答申」 （広域連合制度、中核市制度の創設） 地方自治法の一部を改正する法律（中核市、広域連合関係）公布 中核市制度施行 広域連合制度施行
臨時行政改革推 進審議会 （第3次行革審） —前半—	1990.10.31 1991. 1.23 1991. 7. 4 1992. 6.19	第3次行革審発足 豊かなくらし部会設置 「国際化対応・国民生活重視の行政改革に関する第1次答申」（魅力ある地域づくりの基本方針として補助金の一般財源化など提言） 「国際化対応・国民生活重視の行政改革に関する第3次答申」（地方分権特例制度の導入）
	1992.12. 8 1993. 4. 5 1993.11.16 1999. 3.31	「地方分権特例制度について」閣議決定 「地方分権特例制度実施要領」事務次官等会議申し合わせ パイロット自治体　第1回指定 地方分権特例制度終了
臨時行政改革推 進審議会 （第3次行革審） —後半—	1992. 9. 9 1993. 4. 6 1993.10.27 1993.10.30	宮澤総理より新たな諮問 「中間報告」（21世紀の行政のあるべき姿の骨太な構想、課題と手順を明示） 「最終答申」（地方分権に関する大綱方針の策定、基本的な法律の制定）（細川総理に提出） 第3次行革審解散
	1993.11. 8 1994. 2.15 1994. 4.28 1994. 5.24 1994.11.22 1994.12.25 1995. 7. 3	地方6団体　地方分権推進委員会設置 「今後における行政改革の推進方策について」（中期行革大綱）閣議決定 第24次地方制度調査会発足 行政改革推進本部　地方分権部会設置 第24次地方制度調査会「地方分権の推進に関する答申」 「地方分権の推進に関する大綱方針」閣議決定 地方分権推進法の施行

表2 臨調答申における国と地方の関係、地方行財政に関する指摘事項

答申	主な指摘事項
行政改革に関する第1次答申 —緊急答申— （1981.7.10）	●補助金の整理合理化 　各省庁ごとの総枠設定による整理合理化、補助率の引き下げ、緊急性の乏しいものの一時停止、統合・メニュー化、終期設定 ●地方公共団体の行政の合理化、効率化 　地方行政の減量化、定数の合理化・適正化、給料・退職手当等の適正化、定年制の早期導入、地方行財政関係費等の見直し ●国と地方との機能分担及び地方行政の改善に関する今後の検討課題 　国と地方公共団体との機能分担、費用分担及び財源配分、国の出先機関の整理、広域行政需要への対応方式、地方公共団体の組織・定数管理
行政改革に関する第3次答申 —基本答申— （1982.7.30）	●国と地方の機能分担の合理化 　○機能分担の見直し──地域性・効率性・総合性の基本的視点に基く事務の逐次見直し、基礎的自治体である市町村にできるだけ事務配分すべき、区域の拡大等を通じた地方公共団体の行政能力の向上 　○機関委任事務の整理合理化──2年間に少なくとも1割程度の整理合理化 　○国の関与及び必置規制の整理合理化 　○機関委任事務、国の関与等の見直しについて新たな審議機関の設置 ●地方財政の制度・運営の合理化、効率化 　○地方財政の自律機能の強化──標準行政以外の各地方公共団体の独自性に基づく行政は住民の「選択と負担」において行われるべき。財源不足は住民の超過課税等により確保。住民の監視強化のための財政内容の公開制度の充実 　○地方公共団体間の財政調整の強化──留保財源の一層の均てん化の検討、普通交付税不交付団体の超過財源の均てん化の方向の検討 　○地方財政運営システムの合理化──地方交付税の年度間調整の制度化を含む充実検討、地方財政計画について年度間収支等を反映する仕組みや計画と実績の事後点検等の検討 　○地方行政の減量化と地方財政関係費の見直し ●地方に対する補助金制度の改善──補助金の整理合理化（人件費補助等の地方公共団体への一般財源措置への移行、零細補助金の基準額引上げ等）、サンセット方式の活用 ●広域行政に対する地方行政体制の整備──日常生活圏を一つの市町村の区域といることを第一義として合併を推進、当面は市町村間の共同処理方式によって対応、大都市の市・区及び周辺市町村について行財政機能の再編成／事務・事業の総合化・共同化等の推進、都道府県の広域化による地方圏の行政機構について長期的・総合的検討 ●地方行政の減量化、効率化 ●地方支分部局の整理・再編合理化──必要性が低下した事務に係る局の廃止・縮小、運営・業務が集約可能な同一省庁の数種の局の統合、ブロック機関下の府県単位機関の原則廃止、ブロック機関の原則8への整序、地方公共団体への事務委譲の推進
行政改革に関する第5次答申 —最終答申— （1983.3.4）	●地方支分部局の整理合理化のための具体的措置──ブロック機関の8ブロックを目標とする管轄区域の適性化・設置数の整序、同一省庁における複数系統の統合（海運局・陸運局→地方運輸局、地方貯金局・地方簡易保険局→地方郵政局）、府県単位機関の廃止（地方行政監察局、地方公安調査局等）、支所・出張所等は5年間に12%整理統合（法務局、食糧事務所等）、地方支分部局の定員の縮減（5年間に一般の定員は7%、現業・公共事業の定員は8%） ●地方事務官制度（社会保険関係、陸運関係、職業安定関係）の廃止 ●個別補助金等の整理合理化──社会保障、文教、農業、公共事業等について具体的に指摘

第2次行革審の国・地方答申 ——地方分権推進の端緒

　　臨調の解散後、答申事項の推進とさらなる具体的提言を行うため、臨時行政改革推進審議会（行革審）が設置された。行革審は、最終的には第3次まで設置されることになるのであるが、地方分権の現在に至る大きな流れの端緒になったという意味で、第2次行革審の「国と地方の関係等に関する答申」（89年12月20日）とこの答申を取りまとめた「国と地方の関係等に関する小委員会」（89年2月1日設置、参与として関経連会長が審議に加わった）は特筆してよいだろう。

　　この頃といえば、国の財政赤字が縮小傾向をたどる一方で、東京一極集中やこれに伴う地価問題が顕在化した時期であり、遷都論やみえざる遷都とも言われた地方分権の議論が活発になっていた。このため第2次行革審は土地対策や規制緩和と並んで、国・地方問題に関する答申を単独で行い、最終答申でも「地方分権の推進」を5本柱からなる改革の基本方向の一つとしたのである（表3）。

　　国・地方答申は、「はじめに」の中で「地方分権の新たな次元を目指し、これまで官主導でどちらかと言えば中央集権的であった意思形成や資源配分のパターンを個人、地域等が主体的に参加して決定していくものに改め、自由で幅広い選択を可能にする社会の構築を進めるべき」と述べ、また検討の基本的視点では「明治以来の区域に立つ都道府県、一部の大都市を除きほぼ画一的な機能を付与された市町村を前提とし、ともすれば行政の全国的な斉一化、平準化に偏りがちな現行の国・地方を通じた行政システムは、社会経済の変容と新たな課題に応えて、変革の時期を迎えつつある」と述べている。いま読み返すと、「どちらかと言えば」とか、「偏りがちな」、「迎えつつある」とか、ずいぶん遠慮した書き方であるが、それでも考え方を転換しようとする兆しは窺える。

　　またこの答申は、地域行政主体の整備と広域行政への対応に具体的に言及しているのが特色である。すなわち、都道府県連合制度の導入、都道府県の自主的合併手続きの整備、いわゆる道州制に関する検討など、府県制度のあり方を従来になく大きく取り扱っている。

　　市町村についても、合併の推進だけでなく、連合制度の導入や都道府県の事務権限を大幅に委譲する地域中核都市制度の導入を提言している。

表3　第2次行革審答申における国と地方、地方分権に関する指摘事項

答　申	主な指摘事項
国と地方の関係等に関する答申（1989.12.20）	●国・地方の機能分担等の見直しと国・地方間の調整等 　○行政事務・事業の整理 　○権限委譲等の推進 　○国の関与・必置規制の廃止・緩和等 　○機関委任事務の整理合理化 　○国に対する意見具申等 　○国による基準の実行確保 　○国・地方に共通し関連する行政事務の効率化等 　○国の地方出先機関の整理合理化、地方事務官制度の改革 ●地域行政主体の整備・多様化、広域行政への対応 　○都市自治体の行財政基盤の強化──地域中核都市に都道府県の事務権限を大幅委譲、一般財源の充実、その他の都市に人口規模等に応じて都道府県から各種事務権限の委譲推進 　○都道府県行政の広域化──都道府県連号制度の導入、都道府県の自主的な合併手続の整備を検討、州州制に関する各界及び国における検討 　○市町村行政の広域化──圏域行政の充実、強化、市町村連合制度の導入、市町村合併の推進 ●地方財政の制度・運用の改革と団体間財政格差の是正 　○地方財政運営の基本的指針──地方財政計画の歳出規模の伸び率を名目成長率以下に、財源余剰が見込まれる場合、交付税特別会計の借入金償還等に優先的に充当、地方の財政状況の推移に応じた国・地方間の財源調整 　○地方財政計画等の運用等の改善──地方交付税総額の年度間調整の制度化を含む検討、地方財政計画に年度内収支増減を反映する仕組みの検討、計画と実績の対比分析と公表 　○地方財政の自主性の強化等──地方債許可制度の運用改善、地方交付税制度の運用改善 　○国と地方の税制の斉合性等──超過課税等の見直し、手数料等の適正化 　○団体間財政格差の是正 ●補助金等の制度・運用の改革 ●地方自治体の自己改革の推進 　○地方行革大綱に沿った行財政改革の推進 　○住民の参加と監視の機能充実 　○地方議会への住民の関心の喚起 　○地方公営企業、地方公社の経営合理化等 　○第三セクターの活用のあり方 　○人材の養成・確保
最終答申（1990.4.18）	●地方分権の推進──地域住民の選択と責任の下に地方自治の充実を図り、国・地方の分任と協働の関係を確かなものとすべき。地方への権限委譲の推進により住民に身近な行政はできるだけ地方公共団体に委ねる。都市自治体の行財政基盤強化。地方公共団体の連合形成の促進等広域行政体制の整備。広域社会経済圏に対応し広範な行財政機能を備えた広域的な地域行政主体の形成に向けた検討。「国と地方の関係等に関する答申」に沿った改革の推進 ●地方行財政の改革──「国と地方の関係等に関する答申」に沿った改革の推進 ●地方支分部局の改革──整理合理化、地方制度の抜本的改革に対応したあり方の見直し

都道府県および市町村の連合制度と地域中核都市制度はその後、地方制度調査会で専門的に検討され、93年4月に「広域連合及び中核市に関する答申」が出され、これを受けた地方自治法の一部改正が94年の通常国会で成立した。2001年5月1日現在、29道府県において74広域連合が発足しており、構成団体総数は714（2県106市411町191村4組合）に達しているが、都道府県同士の広域連合の例はいまだ無い。また、中核市には28市がすでに移行しており、ほかに6市が対象要件を満たしている（昼夜間人口比率要件の撤廃による5市を含む）。

豊かなくらし部会の志と挫折　——パイロット自治体

　第3次行革審は1990年10月に発足し、国際化対応・国民生活重視の観点から行政の見直しを行うよう諮問を受けた。この審議会の特色の一つはメンバーにあった。会長代理に宇野收関経連会長が就任したほか、二人の部会長も直前まで熊本県知事であった細川護熙氏と京セラ会長の稲盛和夫氏という布陣で、地方色豊かであった。国の審議会は旅費等の問題もあって東京中心のメンバー選定になりがちだが、この審議会は少し違っていた。上記の諮問に対して、事務局の総務庁は、地方分権問題は第2次行革審で終っており、改めて取り上げても成果は期待できないと判断していた。しかし、豊かなくらしを実現する行政、魅力ある地域づくりという課題を議論していけば、地方分権にたどり着くのは自然の成り行きであり、91年7月の第1次答申では、補助金の一般財源化をはじめ地域の活性化・自立化の基本方針が大胆に打ち出された。

　だが総論だけでは改革は一歩も進まないという現実に直面し、その後の部会審議を通じて構想され、具体化されたものが地方分権特例制度、いわゆるパイロット自治体である。当初の構想は、一定の要件を満たした対象自治体を指定して、権限配分や税財政上の特例を大幅に認め、困難な改革に突破口を開こうとするものであった。しかし、92年6月の答申では立法化が断念され、閣議決定に基づく運用上の制度となったうえに、特例の内容が極めて限定され、かつ手続き的にも都道府県との協議など問題が残るものとなった。

　本制度は、92年12月の閣議決定で発足し、第1回の指定は93年11月に行われた。第3回まで合計33団体、42市町村がパイロット自治体に指定され、特例が一般制度化された例も無くはないが、総じて

十分な成果を上げないまま、次第に世間の関心も薄くなり、当初予定の5年を経て制度が終了した。

第3次行革審最終答申　——地方分権推進の立法化に道筋

　当初の課題をすべて答申し終えた第3次行革審は、92年9月に新しい諮問を受け、最終答申に向けた審議を開始した。それまでの経過から、もはや地方分権を取り上げる余地はないかのように思われ、事実、93年4月に提出された中間報告までは、政府事業・特殊法人問題と縦割り行政の是正策の2本柱で審議が進められていた。しかし、最終答申は臨調以来12年余の行政改革に終止符を打つものとなる見込みもあり、そこで規制緩和や地方分権といった行政改革の基本課題を取り上げないのはおかしい、このままでは改革の火が消えてしまうという意見が強まり、軌道修正が図られることになった。

　こうして、93年5月から行革審の委員・専門委員が直接分担して最終答申案の検討・起草作業に当たることになり、地方分権については宇野会長代理を座長とするチームが発足した。だが、具体的に各省庁の権限や補助金に切り込むための時間はもはや残されていなかった。このため、チームや本審議会で行われた議論は総論的な範囲に限られることになったが、それでも、最終答申は主要な論点を網羅し、後戻りしないように改革の路線を敷くという所期の目的は達している（表4）。

　すなわち、最終答申では、①まず国と地方の役割分担を本格的に見直し、②次に国から地方自治体への権限の移管等を着実に実行するため個々の法令の改正作業を丹念に進め、③これに伴って財政制度も改革し、④そして以上の改革と並行して地方制度の見直しや自治体の自己改革も進める、という大きな道筋を示している。最後まで問題になった点が、これら改革をいかに確実に進めるかという推進方策論であった。チームは当初から「立法化」を強く主張したが、官僚サイドの執拗な抵抗に遭い、調整は難航した。

　地方分権に関して基本法とか推進法を制定するという提案は、そのころすでに各方面から行われていた。地方分権は国の統治機構のあり方にも関係する重要課題であり、もとより行政だけの判断で処理してよいものではない。また、各省庁が自ら進んで主要な権限を手放すような分権案を打ち出すとも考えられない。したがって、地方分権に関して基本的な方針を定め、各省庁に具体的な改革作業を

表4　地方分権に関する第3次行革審最終答申と第24次地方制度調査会答申

主要論点	第3次行革審（'93.10.27）	第24次地方制度調査会（'94.11.22）
国と地方の役割分担のあり方	・抜本的な地方分権を進めるために、まず必要なことは、国と地方の役割分担を本格的に見直すこと。 ・国は、国家の存立に直接かかわる政策、国内の民間活動や地方自治に関して全国的に統一されていることが望ましい基本ルールの制定、全国的規模・視点で行われることが必要不可欠な施策・事業など国が本来果たすべき役割を重点的に分担。 ・地域に関する行政は、基本的に地方自治体において立案、調整、実施。 ・国の地方に対する不信、地方の国への依存傾向など、国・地方の関係者の意識改革が不可欠。	・国は、①国家の存立に直接関わる政策に関する事務（外交、防衛、通貨、司法など）を行うほか、②国内の民間活動や地方自治に関して全国的に統一されていることが望ましい基本ルールの制定に関する事務（公正取引の確保、生活保護水準、労働基準など）および③全国的規模・視点で行われることが必要不可欠な施策・事業に関する事務（公的年金、基幹的交通基盤など）を重点的に行い、役割を限定的に。 ・地方公共団体は、国が行う事務以外の内政に関する広範な事務を処理。
国から地方への権限移管等の推進	・国から地方への権限の移管を進めることにより地方自治体を地方行政の主体として明確に確立すべき。その場合、行財政能力に大幅な格差がある市町村の現状にかんがみ、当面都道府県により重点を置いた権限の移管を進めることが現実的かつ効果的。 ・国からの権限移管、機関委任事務、国の関与等の大幅な縮減・合理化。	・国からの権限委譲等を進めるに当たっては、当面、都道府県により重点を置いて進めることが現実的かつ効果的。その上で市町村への移譲を進めるべきことが適当。 ・抜本的な見直しを強力に推進するため、行政分野ごとに関係法令全体を見直し、権限移譲等を一括して計画的に行う手法を採用すべき。 ・国の関与等は必要最小限度に、機関委任事務は廃止。
地方自治体の財政基盤の強化	・補助金等の逐次削減、一般財源化、補助基準の緩和・弾力化、統合・メニュー化等の推進。 ・国と地方の新たな役割分担に見合った地方税財源の充実強化。 ・地方交付税の算定方法の簡素化・合理的配分。	・自主財源である地方税を抜本的に充実強化。 ・地方交付税は全ての地方自治体に対しその所要額を確保。算定方法の合理化・簡素化。 ・国庫補助負担金の整理合理化とその区分の明確化。存置する国庫補助負担金は、補助対象・補助基準の見直し、超過負担の解消等の合理化。
自立的な地方行政制度の確立	・現在の地方制度は、市町村、都道府県という二層の地方自治体を基本とし、既に広く定着。市町村は、地方分権特例制度、中核市、広域連合等の積極的活用により多様な行政を自主的、自立的に展開。 ・住民への情報提供、参加機会の拡大、監査機能の充実をより一層推進。	・広域行政需要への適切な対応を図るため、広域連合制度の積極的な活用。行財政能力を強化する上で市町村の自主的な合併を支援。 ・外部監査制度や住民発議制度、住民投票制度の検討、情報公開の推進、行政手続法に準じた措置の実施。
地方分権の推進体制・手順	・地方分権の基本理念、取り組むべき課題と手順等を明らかにした地方分権に関する大綱方針を今後1年程度を目途に策定。大綱方針に沿って地方分権推進に関する基本的な法律の制定をめざす。	・地方分権を推進する法律の制定は、地方分権を計画的かつ集中的に進めるため、5年程度の時限立法。 ・新たな独自の推進機関として、地方分権推進委員会を設置。委員会は地方分権推進計画の作成指針を内閣に勧告。内閣は地方分権推進計画を作成し国会に報告。

迫るために法律は不可欠と考えられた。94年の通常国会における制定という案も検討されたが、拙速すぎると実質的内容を伴った法律にはならないという意見も出され、最終的には、まず政府において地方分権に関する「大綱方針」を策定し、これに沿って立法府および政府の合意形成を進め、地方分権に関する基本的な法律の制定をめざす、という二段構えの方法で決着したのである。

最終答申は93年10月27日に提出された。その後も紆余曲折があり、先送り、後退・骨抜きの危機にも直面したが、関係者の必死の努力が実り、結果的にはほぼ最短時間で、94年12月には「地方分権の推進に関する大綱方針」が閣議決定され、「地方分権推進法」（5年の時限法）が95年の通常国会において成立した（図1、図2）。

地方分権推進委員会　——最大の成果は機関委任事務制度の廃止

1995年7月3日、地方分権推進法の施行と同時に設置された「地方分権推進委員会」は、途中1年の期限延長を経て、2001年7月2日、法律の失効と同時に解散した（表5）。その間、中間報告、第1次〜第5次勧告、最終報告などを取りまとめたが、これらの中で、第1次〜第4次勧告に分権委員会の成果が集中している。第5次勧告は省庁再編に伴って生まれる巨大官庁を地方分権でスリム化できないかという橋本総理からの追加注文に対処したもので、地方分権改革に直接大きく影響するものとは言いがたい。また、最終報告は「勧告」ではないし、これを受けた政府が直ちに実行に移すことは期待できないが、分権委員会解散後に発足した「地方分権改革推進会議」において議論が再び発散することを防ぐ意義は大きい。

6年間の委員会活動で最大の成果といえば機関委任事務制度の廃止があげられる。96年3月に出された「中間報告」は地方分権委員会の基本姿勢と検討の方向を示したものだが、特筆すべきは、この報告の中で「機関委任事務制度そのものを廃止する決断をすべきである」と明記したことにある。あくまで「中間報告」であり、委員会の最終結論を示す「勧告」ではないが、最終的に機関委任事務制度の廃止を実現する流れを作り出す大きな契機となった。

その後、96年12月の「第1次勧告」で機関委任事務の廃止が正式に明記され、97年10月の「第4次勧告」までには、機関委任事務制度の廃止に伴う新たな事務区分への振分け作業を完了した。政府は分権委員会の勧告を尊重して地方分権推進計画を策定し、国会は99

V 地方分権

図1　地方分権立法の検討経緯

- ●衆議院・参議院「地方分権の推進に関する決議」（93.6.3）
  ◇地方分権を積極的に推進するための法制定をはじめ、抜本的な施策を総力を挙げて断行していくべきである

- ●第3次行革審「最終答申」提出（93.10.27）
  ◇地方分権に関する大綱方針を今後1年程度を目途に策定すべきである
  ◇速やかに成案を得て、地方分権推進に関する基本的な法律の制定をめざすべきである

⇩

- ●「今後における行政改革の推進方策について」（中期行革大綱）閣議決定（94.2.15）
  ◇国・地方の関係等の改革に関する大綱方針を、94年度内を目途に策定する
  ◇大綱方針策定の後、直ちに、これに沿って地方分権推進に関する基本的な法律の制定をめざす

- ●地方6団体「地方分権推進委員会」を設置（93.11.8）

⇩

- ●行政改革推進本部　地方分権部会を設置（94.5.24）
  - ●地方制度調査会、地方6団体から意見聴取
  - ●「本部専門員の意見要旨」取りまとめ（94.11.18）
  - ●「地方分権の推進に関する大綱方針」決定（94.12.25）

- ●第24次地方制度調査会発足（94.4.28）
- ●中間報告「地方分権の推進について」発表（94.10.5）
- ●「地方分権の推進に関する答申」提出（94.11.22）

- ●地方分権推進委員会報告公表（94.9.16）
- ●地方6団体「地方分権の推進に関する意見書―新時代の地方自治」提出（94.9.26）

⇩

- ●「地方分権の推進に関する大綱方針」閣議決定（94.12.25）
  ◇「地方分権の推進に関する委員会」の設置を含む地方分権の推進に関する法律案について、早急に検討を進め、具体的成案を得て次期通常国会に提出する

⇩

- ●地方分権推進法の制定、施行（95.7.3）
  ◇政府による地方分権推進計画の策定、地方分権推進委員会の設置など

図2　地方分権推進法の概要

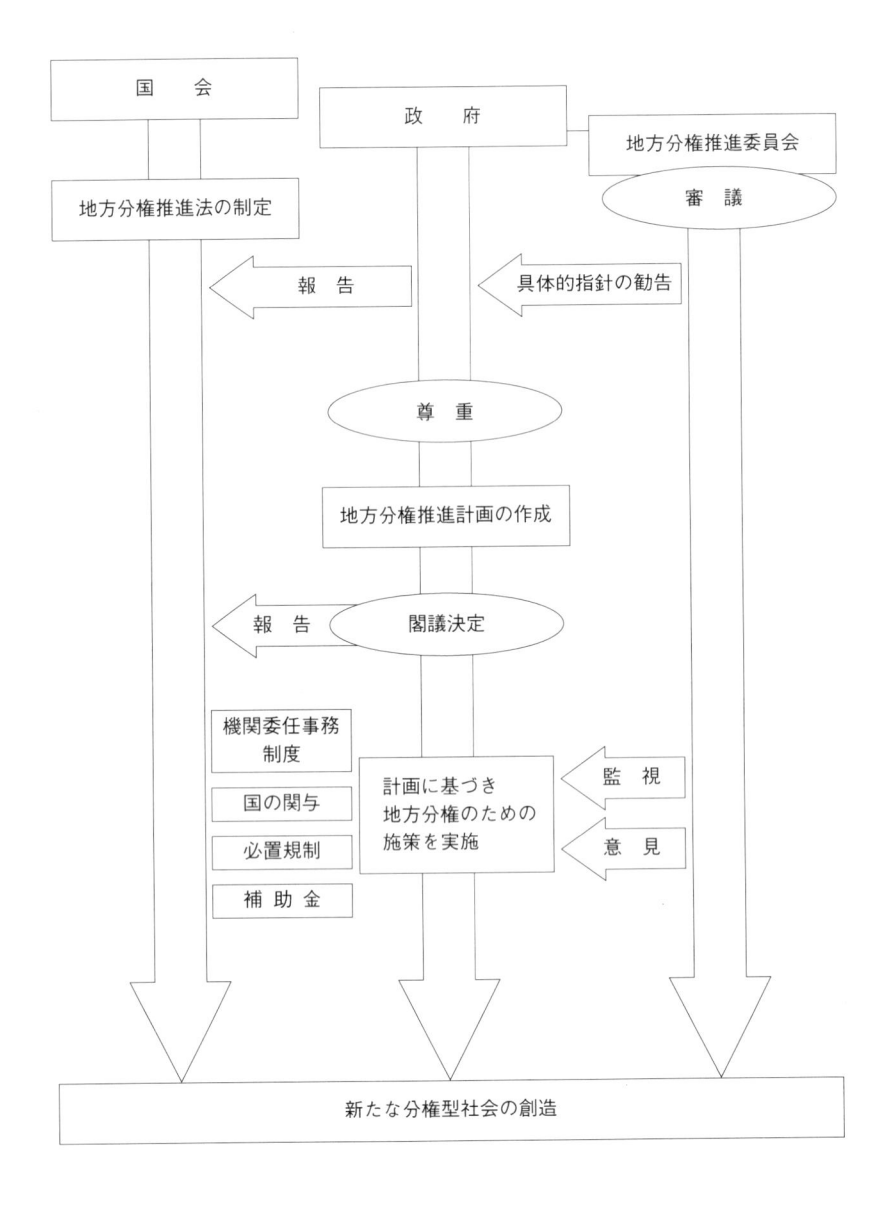

- 国会
  - 地方分権推進法の制定
- 政府
- 地方分権推進委員会
  - 審議
- 報告 ← 具体的指針の勧告
- 尊重
- 地方分権推進計画の作成
- 報告 ← 閣議決定
- 機関委任事務制度
- 国の関与
- 必置規制
- 補助金
- 計画に基づき地方分権のための施策を実施
- 監視
- 意見

→ 新たな分権型社会の創造

年7月に地方分権一括法を成立させた。その結果、地方自治を有名無実にしていた元凶の一つ、機関委任事務制度が遂に廃止された（表6）。

　機関委任事務制度が廃止されたとはいえ、その多くは法定受託事務に区分されており、国の強いコントロールが利くことに変わりないとの批判もあるが、正しい認識とは言えない。今回の改革で自治体は法令に反しない限り法定受託事務についても条例を制定し、これに基づき事務を執行することが可能となったからである。また、自治体に対する国の関与についても法定受託事務と自治事務との区分に基づく一般ルールが創設された（図3、図4）。

地方分権推進委員会の成功に学ぶ

　地方分権推進委員会の成功要因は大きく分けて2つあるように思われる。一つは委員会の拠り所となる地方分権推進法である。内閣総理大臣に対する勧告権、勧告を総理が尊重する義務、勧告に基づき政府が地方分権推進計画を作成する義務、委員会の関係省庁等に対する協力要請、施策の実施状況の監視機能などが法律に盛り込まれ、委員会の活動を強力にサポートした。

　もう一つの大きな要因として、委員会が取った現実性を重視する基本スタンスがあげられる。例えば、委員会は当初から市町村、都道府県という現行の二層制を前提とした。道州制をはじめとして地方自治体の制度に関してはさまざまな意見が存在し、現段階でこの問題に踏み込めば、議論が入口でストップするおそれがある。また、分権改革消極派により、議論の中心が「受皿論」に移され、地方行政体制が整備されなければ分権改革は進められないような方向に流れる危険性もある。委員会が二層制を前提として議論を進めたことは、無用の混乱を避け、本題の審議に注力できたという意味で正しかったと思う。

　さらに、分権委員会は過去の審議会等で多く散見される「言いっぱなしで実行されず」という失敗を避けるため、実現性の担保として各省庁の同意を取り付けた上で、勧告内容を取りまとめた。そのために個別の事務の振分け等で膨大な作業を負い、苦労したのも事実である。また、省庁との合意を前提とする運営に対しては内外から批判の声も聞かれた。しかし、積年の課題である機関委任事務制度の廃止が、委員会の勧告でようやく実現したという結果を冷静に

評価すれば、委員会の取った現実主義は肯定されるべきだろう。

　ちなみに、省庁との合意形成に向けて委員会はグループヒアリングという手法を活用した。委員会と省庁の双方の代表者数名による議事録も存在しない非公開の「膝詰め談判」であり、一部には不透

表5　地方分権推進委員会（年表）

当初任期期間	1995. 7. 3	地方分権推進委員会発足
	1996. 3.29	「中間報告―分権型社会の創造―」
	1996.12.20	「地方分権推進委員会第1次勧告―分権型社会の創造―」
	1997. 7. 8	「地方分権推進委員会第2次勧告―分権型社会の創造―」
	1997. 9. 2	「地方分権推進委員会第3次勧告―分権型社会の創造―」
	1997.10. 9	「地方分権推進委員会第4次勧告―分権型社会の創造―」
	1998. 5.29	「地方分権推進計画」閣議決定
	1998.11.19	「地方分権推進委員会第5次勧告―分権型社会の創造―」
	1999. 3.26	「第2次地方分権推進計画」、地方分権推進一括法案閣議決定
	1999. 7.16	地方分権推進一括法成立、公布
	2000. 4. 1	地方分権推進一括法施行
期限延長後	2000. 5.19	地方分権推進法の時限の1年延長（委員会の任期も延長）
	2000. 8. 8	「地方分権推進委員会意見―分権型社会の創造―」
	2000.11.27	「市町村合併の推進についての意見―分権型社会の創造―」
	2001. 6.14	「地方分権推進委員会最終報告―分権型社会の創造：その道筋―」
	2001. 7. 2	地方分権推進委員会解散

表6　地方分権の推進を図るための関係法律の整備等に関する法律（地方分権推進一括法）の概要

1	国・地方公共団体が分担すべき役割を明確にする。国は、国が本来果たすべき役割を重点的に担い、住民に身近な行政はできる限り地方公共団体にゆだねることを基本とするとともに、地方公共団体の自主性・自立性が十分に発揮されるようにすることが改正地方自治法にうたわれる。
2	都道府県知事や市町村長を国の機関として構成して国の事務を処理させる仕組みである機関委任事務を廃止し、自治事務と法定受託事務に再構成する。
3	国の関与等のあり方全体を抜本的に見直す。包括的指揮監督権の廃止、法定主義と基本原則の明文化、手続ルールや係争処理手続の創設など。
4	都市計画など個別法の改正による国・都道府県からの都道府県・市町村への権限委譲、20万人以上の人口規模をもつ市にまとめて権限を委譲する「特例市制度」の創設、都道府県から市町村への権限委譲を進めるための「条例による事務処理の特例制度」の創設など。
5	行政の総合化・効率化を進めるため、必置規制を廃止・緩和する。
6	自主的な市町村合併の推進、地方議会の活性化や議員定数の見直し、中核市の指定要件の緩和などによって地方公共団体の行財政能力を一層向上させる。

図3　新たな事務区分の制度上の取り扱い

	機関委任事務	自治事務	法定受託事務
条例制定権	不可	法令に反しない限り可	
地方議会の権限	・検閲、検査権等は、自治令で定める一定の事務（国の安全、個人の秘密に係るものならびに地方労働委員会および収用委員会の権限に属するもの）は対象外 ・100条調査権の対象外	原則及ぶ 地方労働委員会および収用委員会の権限に属するものに限り対象外	原則及ぶ 国の安全、個人の秘密に係るものならびに地方労働委員会および収用委員会の権限に属するものは対象外
監査委員の権限	自治令で定める一定の事務は対象外		
行政不服審査	一般的に、国等への審査請求が可	原則国等への審査請求は不可	原則国等への審査請求が可
国等の関与	包括的指揮監督権 個別法に基づく関与	関与の新たなルール	

明性や密室性を指摘する批判の声もあったが、結果として、各省庁間の連携を分断する効果も生み出し、省庁との合意形成に大きな威力を発揮した。諸井委員長の発案といわれるこの手法は今後の審議会運営でも参考になるのではないか。

機関委任事務制度の廃止の面では功績を残した分権推進委員会であったが、その他の課題については抜本的改革に踏み込めなかったのも事実である。最終報告の中で「今次の分権改革の成果は、これを登山にたとえれば、まだようやくベース・キャンプを設営した段階」とする委員会自身の評価は的確だと思う。特に、地方への税財源の移譲問題については抽象論の域を脱していない。補助金問題でも従来型の手法を踏襲し、各省庁から僅かばかりの"タマ"をかき集めて陳列しているに過ぎない。また、その他にも国の役割限定や自治体行政に対する国の関与の面で改革の余地は大きい。

地方分権改革会議　──弱い法令上の位置づけ

分権委員会が築いたベース・キャンプを足がかりに、今後、頂上をめざしたアタックが地方分権改革推進会議を中心に開始されることを期待したいが、設置の根拠となる政令を見る限り、委員会とは異なり、会議は内閣総理大臣に「勧告」するのではなく「意見を述べる」に過ぎない。また、政府による地方分権推進計画の作成も約束されていないし、会議の意見が尊重される保証もない。政府が審

議を要請したのだから会議の意見を尊重するのは当然であり、わざわざ法令に書き込む必要はないとの意見もあるが、現実に実行されなかった事例は多く、法令に尊重義務が明記されなかったことがマイナスに働く懸念は払拭できない。

分権委員会と比較して根拠法令上の武器に恵まれない改革推進会議が成果をあげるには、聖域なき構造改革を標榜する小泉内閣の強力なリーダーシップが不可欠である。また、政治を後押しする力の源泉である世論を高めるには、自治体が機関委任事務制度の廃止を中心とする今回の第1次分権改革の成果を最大限活用して地域行政に反映させ、住民に対して分権のメリットを実感させることが重要である。

3 地方分権の主要課題

地方分権推進委員会の最終報告では、未完の分権改革の残された改革課題を、①地方財政秩序の再構築、②地方公共団体の事務に対する法令による義務付ける枠付け等の緩和、③地方分権や市町村の合併の推進を踏まえた新たな地方自治の仕組みに関する検討、④事務事業の移譲、⑤制度規制の緩和と住民自治の拡充方策、⑥「地方自治の本旨」の具体化、の6項目に整理をしている（表7）。ここでは、あえて3点に絞り、今後の地方分権改革の課題について問題提起をしておきたい。

国・都道府県・市町村の役割分担の見直し

国と地方の役割分担を見直すという課題は、第1次分権改革で必ずしも十分には成果をあげていない。分権委員会第1次勧告において「国と地方の役割分担の原則」が示され、これ自体は地方分権一括法で改正された地方自治法の第1条の2に盛られたが、内容的には第3次行革審最終答申から進歩していない。また、「原則」はあくまで原則であって、具体的に国、都道府県、市町村の役割を見直す作業が改めて行われる必要がある。それによって初めて、国・都道府県・市区町村の相互関係を上下・主従の関係から対等・協力の関係に変え、地域社会の自己決定・自己責任の領域を拡大するという分権改革の理念が生きてくるのではないか。

この課題の中には、第3次行革審豊かなくらし部会以来の、国の

役割を限定しようとする問題意識があり、地方6団体などが具体的に列挙する試みも行っている（表8）。しかし、これは法理論ないし憲法論的な制約もあり、あまり深く追求しても徒労に終る可能性が高い。それに、補完性の原理から言えば、まず市町村の役割を時代の変化に即して規定し、その上で都道府県の役割があり、その残りが国の役割という発想が自然である。ただし、市町村や都道府県の役割を国の法令でどこまで規定すべきかというのは別問題であり、現状のように事細かに規定してしまっては意味がない。

地方分権推進委員会は、都道府県と市町村との利害対立を招くよ

図4　地方公共団体の事務の新たな考え方

自治事務：地方公共団体の処理する事務のうち、法定受託事務を除いたもの

法定受託事務：国が本来果たすべき役割に係る事務であって、国においてその適正な処理を特に確保する必要があるものとして法律またはこれに基づく政令に特に定めるもの

公共事務・団体委任事務・行政事務 → 自治事務

機関委任事務 → 存続する事務／国の直接執行事務／事務自体の廃止

表7　地方分権推進委員会最終報告「第4章　分権改革の更なる飛躍を展望して」要旨

	残された改革課題の整理
1	「歳入の自治」に向けて、受益と負担の関係が分かりやすい税財政構造に改め、分権型社会にふさわしい地方財政秩序の再構築が必要
2	国の個別法令による地方公共団体の事務の義務付け、事務事業の執行方法や執行体制に対する枠付け等を大幅に緩和することが必要
3	市町村合併の帰趨を慎重に見極めながら、道州制論、連邦制論、廃県置藩論など、新たな地方自治制度に関する提言の当否について、検討を深めることが必要
4	「補完性の原理」に基づく市区町村・都道府県・国の相互間の事務事業の分担関係を見直し、事務事業の移譲を更に推進することが必要
5	地方公共団体の組織の形態や住民自治の仕組みに関する法律による画一的な制度規制の緩和については、第3次分権改革の中心的検討課題
6	憲法第92条の「地方自治の本旨」の内容を具体化し、分権型社会の制度保障を確固たるものにすることが必要

表8　国の所掌事務の原則（地方6団体案）

1	天皇および皇室に関すること。
2	外交、防衛および安全保障に関すること。
3	司法に関すること。
4	国政選挙に関すること。
5	通貨、公定歩合、民事および刑事に関する基本ルール、公正取引の確保、金融、資本市場、貿易、物価の統制、工業規格、度量衡、知的所有権ならびに郵便に関すること。
6	国籍、税関、出入国管理ならびに旅券に関すること。
7	海難審判、海上保安、航空保安その他の全国的な治安の維持に関すること。
8	全国の総合開発計画および経済計画の策定に関すること。
9	公的年金、公的保険、労働基準、基本食糧の確保、資源・エネルギーの確保等に関すること。
10	全国的な電波監理および気象業務に関すること。
11	全国的に影響を有する、特に高度で専門的な科学・技術、学術・文化、環境対策等に関すること。
12	伝染病予防、薬品の規制、医療従事者の資格その他の人の生命、健康および安全に関する基準、生活保護に関する基準、義務教育に関する基準等の設定に関すること。
13	国勢調査等の全国的な統計調査に関すること。
14	全国を対象とする骨格的かつ基幹的な交通・通信基盤施設の整備および管理に関すること。
15	地方制度および国と地方公共団体との間の基本的ルールに関すること。
16	国の機関の組織（内部管理を含む）および税財政に関すること。

出所：地方6団体「地方分権の推進に関する意見書」（94.9.26）

　うな問題を意識的に避け、地方を一枚岩にする作戦をとったが、第2次分権改革では、ここに踏み込む必要がある。そのような中で、ぜひ検討してもらいたいことが2つある。一つは事務事業の逆移譲である。一般的には国から都道府県、都道府県から市町村へと事務事業を移管することが地方分権に合致すると理解されているが、これまで市町村で行ってきたことを都道府県に移すことで、（国の関与を無くして）より自立的に運営できるものもあるはずである（例えば医療保険・介護保険）。二つ目は、事務事業の責任主体を一つにして明確にすること。すなわち、国と自治体は上下・主従の関係から対等・協力の関係に変わったが、事務事業の配分は「協力」による共同責任ではなく、責任の「主」「従」を明らかにすべきである（もちろん市町村が主で都道府県や国が従ということも、おおいにありうる）。

V 地方分権

税財政改革 ——税源移譲と新しい財政調整制度

　財政の自立なくして自治はないと言っても過言ではなく、税財政制度の改革は、第2次分権改革の最大の眼目である。その際の基本的な論点は、地方分権推進委員会で検討され、最終報告の中に「地方税財源充実確保方策の提言」として示されている（表9）。地方の歳出規模と地方税収との乖離の縮小、そのための移転財源（国庫補助負担金や地方交付税）の減額、基幹税目の充実など、政府の審議機関としては相当踏み込んだ内容になっているが、それぞれ数量的な目標が示されていないのが残念である。今後、具体的かつ専門的検討が早急に行われることを期待したい。

　経済財政諮問会議の骨太の基本方針が出たこともあって、当面、地方交付税の減額や地方税源の移譲といった歳入面の改革が注目されている。しかし、地方自治体の自己決定・自己責任の範囲を拡大するためには、同時に歳出面の制度的な改革が不可欠である。自治体の裁量による不要不急の事業、地方公務員の定員や給与、非効率な行政サービスによる無駄な支出などを見直すことはもちろん必要だが、これらによる歳出削減には限界がある。各自治体がゼロベースで歳出を見直すことができるよう、自治体の歳出を規制している個別法令や地方財政法など国に負担義務を課している法令の緩和・撤廃を行う必要がある。これは、機関委任事務制度の廃止に匹敵する大作業であり、地方分権改革推進会議には、ぜひこの問題に真正面から取り組み、グループヒアリングなど分権委員会のノウハウを活かして大きな成果をあげてほしい。

　次に、地方交付税制度について問題提起をしておきたい。現状では、交付税の総額削減をめぐって国と自治体が対立するような構図になっているが、これは問題を矮小化するものである。国から地方に流れている補助金や交付税を削減し、地方税を充実することとした場合、税収の地域間格差をどこまで、どのような方法で調整すればよいか。地方分権の主要な目的は、各地域がそれぞれ知恵を絞り、地域の発展をめざして互いに競争することで地域の活力をよみがえらせ、住民の豊かな暮らしを実現することにあると考えられる。ところが現行の地方交付税制度のもとでは、財政調整が行き過ぎており、努力した自治体が報われない、あるいは努力する誘因が乏しい事態を生じているのではないか。これが問題の本質であり、したが

表9　地方分権推進委員会最終答申「第3章　第2次分権改革の始動に向けて」要旨

	地方税財源充実確保方策についての提言	
1	地方税財源充実確保の基本的視点	○地方の歳出規模と地方税収との乖離の縮小、住民の受益と負担の対応関係の明確化。 ○税源移譲を行う際には、国庫補助負担金や地方交付税の減額などにより、歳入中立を原則とすべき。 ○国の関与の廃止・縮減や法令等による義務付けの見直しにより、歳入・歳出両面の自由度を併せ増すことが不可欠。 ○税財源の地方分権は、国・地方を通ずる全体の構造改革にとっても不可欠の手段。 ○租税負担率を見直す際には、地方税源への配分を特に重視していく必要。
2	地方税源の充実策	○地方税源充実は、地域的偏在の少ない地方税体系の構築が必要。特に基幹税目の充実が不可欠。 　具体的には、 　・個人住民税については、税源移譲により最低税率を引き上げ、個人所得課税に占める割合を相当程度高め、より比例的な税率構造の構築と課税ベースの拡大を図るべき。また均等割の水準も、過大な負担とならないよう留意し、見直しを図る必要。 　・地方消費税については、その位置づけを高め充実を基本に検討。地方交付税原資に組み入れられている消費税の一定部分の地方消費税への組み替えも検討。 　・法人事業税については外形標準課税の早期導入を図るべき。 ○法定税の充実とともに自主課税の努力が必要。法定外税、超過課税などを活用。
3	地方税源充実に対応する国庫補助負担金、地方交付税等の改革	[国庫補助負担金] ○地方税源充実に伴う国の地方への移転的支出の削減は、まず国の関与の強い特定財源である国庫補助負担金を対象とすべき。国庫補助負担金は真に必要なものに限定。 [地方交付税等] ○地方交付税の総額は減少が見込まれるが、財政力格差の是正という地方交付税制度の役割は依然として重要。 ○地方交付税の総量の縮小や配分基準の簡素化の議論は、国の関与の廃止・縮小と一体として検討する必要。 ○地方交付税は、次のような見直しが必要。 　・国による事務の義務づけの廃止・緩和を進め、算定方法の簡素化等の見直し 　・事業費補正による算定は、対象事業の範囲を見直し、特に必要なものに重点化 ○課税努力、税源涵養努力、独自税源充実の自助努力を更に促す仕組みの検討
4	今後の検討に当たって	○地方税源の充実策については、現実的には、国・地方を通ずる財政構造改革の際に実施することも。その選択肢・留意事項等について、財政構造改革の議論等との整合性も踏まえつつ、十分に検討しておく必要。 ○国と地方の事務配分のあり方など地方行財政制度全般について、地方分権推進の視点に立った具体的かつ専門的な検討を行う場が必要。

って、総額の削減よりは制度そのものの存廃、あるいは新しい財政調整制度こそが議論されなければならない。にもかかわらず、この制度を所管する総務省（旧自治省）はこのことを認めたがらないというか、制度を死守しようとする傾向が強い。地方分権推進委員会の提言も「地方交付税制度の役割は依然として重要」であるが、「算定については…見直しが必要」としている。この論法は、ひと昔まえに機関委任事務制度について使っていたのと同じである。まずは総務省に発想の転換を強く求めたい。そのうえで、自治体間の財政調整のあり方やその具体的方法について英知を結集して検討すべきである。

地方制度改革　——市町村合併と都道府県のあり方

　本稿の冒頭で、「受皿論」と「制度論」という対比を行い、第2次分権改革では両者を並行的に議論する必要があると述べた。その受皿論も内容は多岐にわたるが、ここでは、その一部に言及しておきたい。

　自己決定・自己責任を基本に独立して政策運営を行う単位として、現在の3300市町村では多すぎるし、独立運営が可能か疑わしい弱小自治体が存在することも確かである（表10）。このため、市町村合併を進めるという方向性については、ほぼ国民的なコンセンサスがあると考えられる。しかし、一歩各論に踏み込むと、現行特例措置のもと成り行きで進めるのか、あるいは市町村数にして1000とか、300とかの目標を定めて半ば強制的にでも進めるのか、意見は一致していない。仮に300だとしても、衆議院の小選挙区とは話が違うから、平均人口で北から順に括っていけばいいというものではない。人口密度や離島・山間地など地理的条件も考慮する必要がある。それに、規模が大きいほど能力が高まり地方自治がうまくいくという保証はない。その意味では、政令市、中核市、特例市といった（人口規模で事務配分を変えている）制度も見直す必要があるかもしれない。大き過ぎる自治体では、広域行政ならぬ、狭域行政の仕組みも考えるべきだろう。

　一方、都道府県のあり方についても過去にさまざまな議論が行われてきた。道州制や連邦制など言葉だけが一人歩きしている嫌いもあるが、市町村合併が大きく進めば、広域自治体である都道府県の存在も含めて見直す必要性が高まることは確かである。憲法上の制

約を別にすれば、全国一律に2層制の地方制度にしておく必要はないかもしれない。現在は東京だけが都制をとっているが、政令市制度よりうまく機能しているのであれば、他の大都市でも採用すればよい。都道府県の合併制度を整備しておくことも必要だろう（第2次行革審国・地方答申にあったが無視された）。道州制は定義をきちんとして議論しないと、その反対論者が実は連邦制論者であったりする。さらに、府県合併や道州制まで飛躍せず、まず都道府県の広域行政や連携の仕組みをうまく作るという方法もある。

　地方分権改革推進会議の場が適当かどうかは別にして、以上のような観点を含めた地方制度改革について、政府としていちど本格的な議論をする必要があるだろう。

表10 市町村数の変遷と合併の特徴

年　　月	市	町	村	計	備　考
1888年(明治21)	—	(71,314)		71,314	

「明治の大合併」
　近代的地方自治制度である「市制町村制」の施行に伴い、行政上の目的（教育、徴税、土木、救済、戸籍の事務処理）に合った規模と自治体としての町村の単位（江戸時代から引き継がれた自然集落）との隔たりをなくすために、町村合併標準提示（明21.6.13）に基づき、約300～500戸を標準規模として全国的に行われた町村合併。結果として、町村数は約5分の1に。

年　　月	市	町	村	計	備　考
1889年(明治22)	39	(15,820)		15,859	市制町村制施行
1922年(大正11)	91	1,242	10,982	12,315	
1945年10月	205	1,797	8,518	10,520	
1947年8月	210	1,784	8,511	10,505	地方自治法施行
1953年10月	286	1,966	7,616	9,868	町村合併促進法施行

「昭和の大合併」
　戦後、新制中学校の設置管理、市町村消防や自治体警察の創設の事務、社会福祉、保健衛生関係の新しい事務が市町村の事務とされ、行政事務の能率的処理のためには規模の合理化が必要とされた。1953年の町村合併促進法（第3条「町村はおおむね、8000人以上の住民を有するのを標準」）及びこれに続く1956年の新市町村建設促進法により、「町村数を約3分の1に減少することを目途」とする町村合併促進基本計画（1953.10.30 閣議決定）の達成を図ったもの。約8000人という数字は、新制中学校1校を効率的に設置管理していくために必要と考えられた人口。1953年から1961年までに、市町村数はほぼ3分の1に。

年　　月	市	町	村	計	備　考
1956年4月	495	1,870	2,303	4,668	新市町村建設促進法施行
1956年9月	498	1,903	1,574	3,975	町村合併促進法失効
1961年6月	556	1,935	981	3,472	新市町村建設促進法一部失効
1962年10月	558	1,982	913	3,453	市の合併の特例に関する法律施行
1965年4月	560	2,005	827	3,392	市町村の合併の特例に関する法律施行
1975年4月	643	1,974	640	3,257	市町村の合併の特例に関する法律の一部を改正する法律施行
1985年4月	651	2,001	601	3,253	市町村の合併の特例に関する法律の一部を改正する法律施行
1995年4月	663	1,994	577	3,234	市町村の合併の特例に関する法律の一部を改正する法律施行
1999年4月	671	1,990	568	3,229	地方分権の推進を図るための関係法律の整備等に関する法律一部施行
2001年5月	670	1,988	566	3,224	

出所：総務省ホームページ

Ⅵ 政府機構と公務員制度改革

拓殖大学教授　田中　一昭

1 内閣機能の強化と総合調整機能の強化

(1) 行政改革のたびごとに取り上げられる課題

　　内閣機能の強化と総合調整機能の強化が盛り込まれなかった行政改革はないといっても過言ではない。代表的な行革についての答申を拾うだけでも、「内閣の機能に関する改革意見」（昭和39年9月29日、第1次臨時行政調査会答申）、「内閣機能の強化」（昭和57年7月30日、第2次臨時行政調査会第3次答申）、「内閣機能の強化」（平成9年12月3日、行政改革会議最終報告）など、枚挙にいとまがない。なぜか。その理由は各答申のポイントを概観するだけで明らかであろう。

　　まず、第1臨調は、「わが国の行政制度においては、内閣は最高の行政機関として行政の統一性を保持する責任を有している。しかしながら行政の統一性の保持は、諸種の原因によって現在極めて困難な状況にあると認められる。われわれは、行政改革の中心がまず第一に内閣機能の強化を図ることにあると考え、この問題を検討することとした」とし、具体的に、内閣の運営の改善とともに、内閣の補佐機構の改革として、内閣府の設置、内閣補佐官の設置等を提言した。

　　また、第2臨調答申は、「行政の多様化、膨大化、国際化に伴い政府の行政施策の整合性、総合性の確保と行政課題に対する迅速な対応が極めて重要となっている。行政の整合性、総合性確保等のために、とりわけ強く要請されるのは行政運営の最終責任を負う内閣及び内閣総理大臣の指導性の強化であり、その補佐・助言機能の充実である」（第3次答申、第2章1）であるとし、内閣総理大臣に対する補佐・助言機能を強化するため内閣官房副長官及び内閣総理大臣秘書官の定数の弾力化とともに広く人材を求められるよう処遇についても弾力化すること、内閣の総合調整機能の強化のため無任所大臣制及び関係閣僚会議の積極的活用を図ること、内閣官房の企

画・調整機能の活性化を図ること、及び内閣総理大臣官邸機能の近代化を図ることを提言している。

さらに、行革会議最終報告は、「「行政各部」中心の行政（体制）観と行政事務の各省庁による分担管理原則は、（中略）その限界ないし機能障害を露呈しつつある。」、「内閣が「国務を総理する」任務を十分に発揮し、現代国家の要請する機能を果たすためには、内閣の「首長」である内閣総理大臣がその指導性を十分に発揮できるような仕組を整えることが必要である」と問題認識を明らかにした上で、そのため、「内閣が内閣総理大臣の政治の基本方針を共有して国政に当たる存在であることを明らかにするため、「内閣総理大臣の指導性」をその権能の面でも明確にする必要がある」とし、その実効を確保するため、「「内閣及び内閣総理大臣の補佐・支援体制」について、（中略）抜本的変革を加え、その強化を図る必要がある」として、内閣総理大臣の閣議における発議権の明確化、内閣官房の機能強化、内閣府の設置等を提言している。

(2) 縦割行政の弊害はなぜ起きるか

「組織の肥大化を防止しつつ、対外情勢と行政ニーズに対応でき総合的に運営できる行政組織を実現するとともに、縦割行政の弊害を排除する」（平成2年4月18日．第2次臨時行政改革推進審議会最終答申、第二、5）というのは、行政組織のあり方について、いつの時代にも適用すべき基本的な考え方である。したがって、多少表現は異なってはいても、行政改革が政策課題として取り上げられるときにはつねにこのことが前提とされていると思われる。逆に言えば、いつの時代にも、行政組織は肥大化し、対外情勢の変化や行政のニーズに対応せず、総合的に運営されないで、縦割行政の弊害が蔓延しているということであろう。行政のもつ宿痾なのであろうか。一般化して言えば、行政制度や行政組織は、市場原理が働くわけではないので、いったんできれば、改革するインセンティブに乏しく、加えて、いかなる場合にも既得権益が生ずるので新しい需要にのみ対処するインクリメンタリズム（増分主義）に陥り勝ちであるということである。

冒頭に述べたように、内閣機能の強化や内閣総理大臣の指導性の発揮が行政改革のたびごとに真っ先に取り上げられるのは、まさにこのためである。しかも、過去の実績からすれば、およそその改革

に成功したためしはない。それは、制度問題というよりはときの内閣総理大臣の「個性と考え方とによる」（第2臨調第3次答申第2章1）ものであるとする根強い考え方があるとともに、現行憲法上、制度化は困難であるとの見解による。前者については、説明するまでもないであろう。内閣に課せられている任務は高度かつ政治的な判断を要するものが多く、したがって、内閣機能の発揮は総理自身の政治的指導力の発揮であるとするものである。後者については、内閣法によれば、内閣を構成する各国務大臣は、各省の事務を分担管理することになっていて、このため、各大臣は国務大臣としてよりも各省大臣の立場に立ち、このことが縦割り行政の弊害を助長しているというのである（第1臨調答申）。内閣総理大臣が行政各部を指揮監督すればよいのではないかと思われるが、内閣法は、「内閣総理大臣は、閣議にかけて決定した方針に基づいて行政各部を指揮監督する」となっており、閣議は慣行上全会一致とされているので一人の閣僚の反対があっても決定できない。国務大臣の任命は内閣総理大臣が行うので、当該案件に反対する閣僚を更迭すればよいわけであるが、単独与党の場合であっても、派閥間バランス等から容易ではないし、ましてや、連立政権であれば、与党各党に配慮しなければ政権の維持運営はできないであろう。全会一致の慣行は、日本国憲法により、内閣は国会に対して連帯して責任を負うことを根拠にしている。

(3) この点について橋本行革をどう評価するか

　　第1臨調の答申は、取り上げた項目の答申内容に精粗はあるものの、時代の課題を網羅的に捉え、行政改革のテキストブックと言われるほどのものであったが、そのフォローアップの任務を担った行政監理委員会の努力にもかかわらず、政府による答申の実行はインクリメンタリズムそのもので、青少年行政や消費者行政の充実・強化は図られても、政府にとって「痛み」を伴う改革はおよそ実現されなかった。あまりに教科書的であったからなのではないか、世論形成が十分ではなかったのではないか、行政改革に対する内閣の姿勢が必ずしも積極的でなかったからなのではないか、そもそも高度成長期で行政改革を行わなければならないとする切実感が政府の内外に薄かったのではないか、政府に実行を迫る手続は十分であったのか、などの問題があったと思われる。とはいえ、網羅的であり、

テキストブック的であったからこそ、総務庁構想（内閣府に新設するとされていた）は、第2臨調の「総合管理機能の強化」（第3次及び第5次答申）において「総合管理庁」創設の提言となり、昭和59年に行政管理庁と総理府本府の人事局等主要部局を統合して実現する運びとなったのである。さらに、内閣府構想など、中身は相当違ってもこの度の中央省庁等改革に当たっては大いに参考とされ、「内閣府」の発足につながったのである。

　第2臨調は、第1次及び第2次のオイルショック後、わが国経済が高度成長から安定成長に変わった時期に発足した。「増税なき財政再建」を基本におき、実現可能性を重視し、行政を全般的に見直す役割を担った。ときの政権の全面的なバックアップを受け、国鉄改革など大きな成果を上げたが、内閣機能の強化については、先に述べたように、内閣総理大臣に対する補佐・助言機能の強化、内閣の総合調整機能の強化(無任所大臣制、関係閣僚会議の積極的活用)、内閣官房の企画・調整機能の活性化、内閣総理大臣官邸機能の近代化、並びに総合管理機能の強化（「総合管理庁（仮称）の設置」、第3次答申)、総合企画機能等の強化（「総合企画会議（調査・審議機関）の設置」、昭和58年3月14日第5次答申）等であり、どちらかといえば小ぶりな改革案である。強いて言えば、「総合企画会議」の構想は、今次行政改革における内閣府の「経済財政諮問会議」につながったといえようか。「実現可能性」を重視したマイナス面が出たと思われる。また、内閣機能の強化及び内閣総理大臣の指導性強化の問題に限っていえば、ときの内閣総理大臣が中曽根康弘氏であったことが影響していないであろうか。中曽根内閣総理大臣の強烈なリーダーシップから、問題点が必ずしも浮かび上がらなかったかとも思われる。ちなみに、第2臨調は、提言の多くが実現されなかった第1臨調の反省に立ち、緊急な事項から逐次答申し、答申後直ちに政府の実行を監視する方針をとった。5次にわたって答申するとともに、臨調が存続する間、臨調答申の実行を監視するやり方をとったのである。実績を見れば、この戦略は相当効果があったと思われる。さらには、臨調が終わった後、その内容を深度化するために3次にわたって存続期間各3年の臨時行政改革推進審議会が設置され、臨調答申の実現を引続き監視した。

　行革会議（平成8年11月設置）は、橋本龍太郎内閣総理大臣自らが会長となり、①21世紀における国家機能の在り方、②それを踏ま

えた中央省庁の再編の在り方、及び、③官邸の機能強化のための具体的方策を調査・審議することとされた。この度の改革を、明治維新、敗戦直後の改革に継ぐ第3の改革としてのとらえた認識は正しい。橋本総理は、長年自民党内で行革推進本部長を努め、第2臨調答申を実行に移し、土光敏夫第2臨調会長をして「行革族議員第1号」と言わしめ、自他ともに認める行革のプロである。自ら会長の座に就き、改革案を作り上げ、実行しようとしたのは他に例が無く、並の決意ではなかろうと見守っていた。内閣機能の強化は、メインのテーマの一つとされたのである。

　結果的に言えば、内閣総理大臣のリーダーシップの発揮は、閣議における「発議権」の確認にとどまり、閣議に基づかない「行政各部に対する指揮監督権」発動の壁は破ることはできなかった。日本国憲法第72条は、「内閣総理大臣は、内閣を代表して議案を国会に提出し、一般国務及び外交関係について国会に報告し、並びに行政各部を指揮監督する」と規定されていて、国語として素直に読めば、「内閣総理大臣は、」と点があるから、ストレートに最後の「並びに行政各部を指揮監督する」につながるはずであり、自由に行政各部を指揮監督できると読めるが、内閣法制局は（ということは、法制問題については内閣法制局が内閣を牛耳っているから、「日本政府は」ということになる）、「憲法は内閣という合議体に行政権を付与している。行政権は内閣に属するというのが憲法65条の規定です。決して内閣総理大臣に与えられているわけではない。（中略）内閣がその統括下にある行政各部を指揮・監督するということによって、行政権の行使について国会に責任を負う」（大森政輔前内閣法制局長官。田中・岡田編著「中央省庁改革」（日本評論社）90頁）とし、この考え方に基づき内閣法第6条の規定があって、内閣総理大臣は閣議を経たものでなければ、行政各部を指揮監督できない、とする。この考え方には筆者は疑問を持っている。憲法第72条は素直に読めばよく、国会に対して連帯して責任を負えない閣僚は辞任すればよいのである。発議権だけについて言えば、内閣法を改正してこのことを書き込んだことは、確認するという意味で悪いことではない。従来から、内閣総理大臣の施政方針演説とか所信表明演説は、事前に閣議にかけられるが、これはまさに内閣総理大臣の発議権の行使である。

　行革会議最終報告は、内閣及び内閣総理大臣を助ける機関として

の内閣官房を強化し、内閣府を新設することとした。内閣官房を「戦略の場」として捉え、「内閣の補助機関であるとともに、内閣の「首長」たる内閣総理大臣の活動を直接に補佐・支援する強力な企画・調整機関とし」、従前の機能に加え、①国政の基本方針の企画立案、②新たな省間調整システムにおける最高・最終の調整を行わせることとした。受け身の消極的なポジションから積極的な、能動的なポジションに位置づけたのである。内閣官房の組織の在り方については、行政の内外からの優れた人材の登用、内閣総理大臣の直接のスタッフ体制の充実（内閣総理大臣補佐官の増員、秘書官の派遣元省庁の固定化排除と定数の法定廃止）等を提示した。また、内閣府は、「知恵の場」として捉え、「内閣に置かれる機関とし、内閣総理大臣を長として、内閣官房の総合戦略機能を助け、横断的な企画・調整機能を担うとともに、内閣総理大臣が担当するにふさわしい実施事務を処理し、内閣総理大臣を主任の大臣とする外局に係る事務を行う機関とする」、「内閣官房長官が内閣府の事務を統轄し、職員の服務を統督する。また、新たな省庁間調整システムにおける横断的調整事務につき、必要に応じ、複数の特命大臣を置く」とされ、経済財政政策、総合科学技術政策等を担当し、「経済財政諮問会議など所要の合議体の機関を置く」とされた。その組織については、「「知恵の場」にふさわしく、経済財政政策、総合科学技術政策などの横断的な企画立案に当たる専門スタッフを糾合した組織とする」、このため、「内閣府の企画・調整部門には、民間や学界を含め広く行政の内外から優秀な人材を登用する人事ルールを確立する」とした。なお、「内閣及び内閣総理大臣の補佐・支援体制の強化の一環として、総務省を設置する」とした。総務省は、従前の総務庁、自治省及び郵政省を統合したものである。前2者の統合は国の総合的管理・調整事務と地方自治制度の企画立案事務の「総合」ということで組織編成上なんとか辻褄を合わせることができるが、郵政省を持ち込んだのは、省庁削減の数合わせそのものであり、およそナンセンスである。

　周知のように、橋本内閣は、最終報告後直ちに、報告をそのままなぞり、「最終報告に何も足さず、何も引かない」で、プログラム法とも呼び得る「中央省庁等改革基本法案」を国会に提出した。同法案は、平成10年6月、橋本内閣が下野する直前に成立した。基本法が成立したことにより、以降、所要の法律が逐次提出され、具体

第3部　各論・行政改革の軌跡と今後の課題

【参考図表】　内閣・内閣総理大臣の補佐・支援体制（イメージ図）

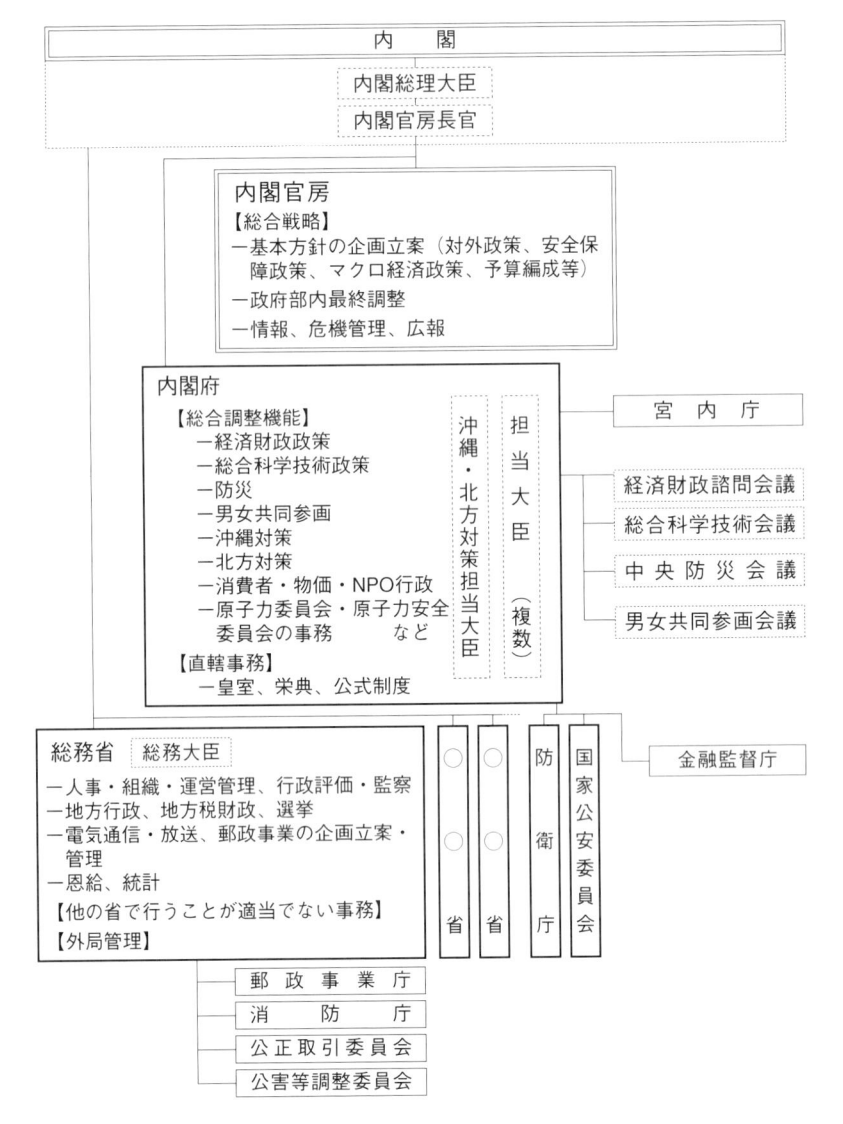

```
┌─────────────────────────────────────┐
│            内　　閣                    │
│      ┌──────────────┐                │
│      │  内閣総理大臣  │                │
│      │  内閣官房長官  │                │
│      └──────────────┘                │
└─────────────────────────────────────┘
```

内閣官房
【総合戦略】
- 基本方針の企画立案（対外政策、安全保障政策、マクロ経済政策、予算編成等）
- 政府部内最終調整
- 情報、危機管理、広報

内閣府
【総合調整機能】
- 経済財政政策
- 総合科学技術政策
- 防災
- 男女共同参画
- 沖縄対策
- 北方対策
- 消費者・物価・NPO行政
- 原子力委員会・原子力安全委員会の事務　など

【直轄事務】
- 皇室、栄典、公式制度

沖縄・北方対策担当大臣
担当大臣（複数）

宮内庁
経済財政諮問会議
総合科学技術会議
中央防災会議
男女共同参画会議
金融監督庁
防衛庁
国家公安委員会

総務省　総務大臣
- 人事・組織・運営管理、行政評価・監察
- 地方行政、地方税財政、選挙
- 電気通信・放送、郵政事業の企画立案・管理
- 恩給、統計
【他の省で行うことが適当でない事務】
【外局管理】

- 郵政事業庁
- 消防庁
- 公正取引委員会
- 公害等調整委員会

出所：行政改革会議最終報告

注：現在、担当大臣としては上記に書かれているほか、行政改革担当・規制改革担当大臣がおかれている。（事務局は、当初、行政改革（特殊法人、公務員、公益法人改革）は内閣官房の行政改革推進本部に置かれたが、平成13年6月、「特殊法人等改革基本法」が成立したので、特殊法人改革については特殊法人等改革推進本部に置かれることとなった。なお、規制改革は内閣府の総合規制改革会議事務室である）

的な点では、最終報告の意図との違いはあっても、基本的には最終報告が実現されたといってよい。内閣総理大臣が改革案を自らまとめ、政治責任をかけた効果といえるのではないか。ただ、平成13年1月6日に発足した中央省庁新体制、とりわけ、ここでの課題である内閣官房と内閣府が行政改革会議の意図した通りに機能しているかについては、話は別である。森前内閣のときには、今次改革によって、内閣及び内閣総理大臣の指導性が従前より発揮されたとは、思われない。例えば、経済財政諮問会議は100パーセント死んでいた。小泉内閣になって経済財政諮問会議は息を吹き返したが、内閣官房の期待された機能発揮はまだ見えないし、内閣総理大臣補佐官の活用は不十分だということ以前の問題で、任命自体がなされていない状況である。（内閣法第19条第1項により「5人以内」とされているが、平成13年12月1日現在、1名任命されているのみ）

2 機構の簡素化・弾力化－中央省庁の再編－

(1) 省庁再編論議の沿革

　平成13年1月6日、従前の1府22省庁（国務大臣を長とする省庁を指す）が、1府12省庁に再編された。戦後、占領下において、戦時体制の解体ということで省庁の再編が行われて以来、省の設置は、昭和35年に自治省が設置されたのみであり、以後は、昭和40年代に環境庁、国土庁、総務庁などいわば調整官庁が総理府の外局として設置されてきた。戦後50年間、総理府と12省の体制は、聖域とされてきたといってもよく、その意味ではこの度の再編は画期的な出来事と言わなければならない。

　そもそも機構改革は何のためにするのか。言うまでもなく、行政を適時的確に、効率的に、かつ、簡素で分かりやすく行うためである。省庁の再編についても、類似し、近接する事務事業については一つの省にまとめた方が総合性が確保され、意思決定が早くなり、組織も事務手続も合理化され、簡素化される。この点について、第1臨調は、省レベルの改革で内閣府構想は提示したものの、「中央省庁に関する改革意見」においては、省建てそのものには触れず、①トップマネージメント体制の強化、②企画事務と実施事務の分離、③企画部門における専門官制の導入、④実施事務の管理運営の改善

刷新、⑤共通管理部門の組織および機能の改変、⑥中央省庁の既存部局の整理・統廃合の促進および部局の新設・膨張の抑制、⑦内部組織編成権の政令移管、等を提言するにとどまっている。しかし、その考え方は以後の行政改革においてつねに参考とされてきたといえる。例えば、上記⑦は、第2臨調でも取り上げられ（第3次答申、第2章5「行政組織の自律機能の強化」など）、昭和59年7月には国家行政組織法が改正され、中央省庁の局等、従来その改廃が法律で規制されていたものが政令事項に落とされ、弾力的に改廃することが可能となった（省庁全体を通ずる局の総数は法律に留保）。また、行革会議最終報告においては、特に、上記②の考え方が展開され、事業性を持つ実施事務については独立行政法人として政府から切り離し、事業運営に、より計画性、弾力性を与えるとともに、第3者の評価を入れ、かつ透明性を確保する制度が作られることになった。

　第2臨調においては、省庁再編は取り上げられず、もっぱら内部部局等の「整理・再編合理化」の提言にとどまっている。機が熟さなかったというべきか、実現可能性を重視した結果か、はたまた機

【参考図表】　　　　　　中央省庁再編図（概要）

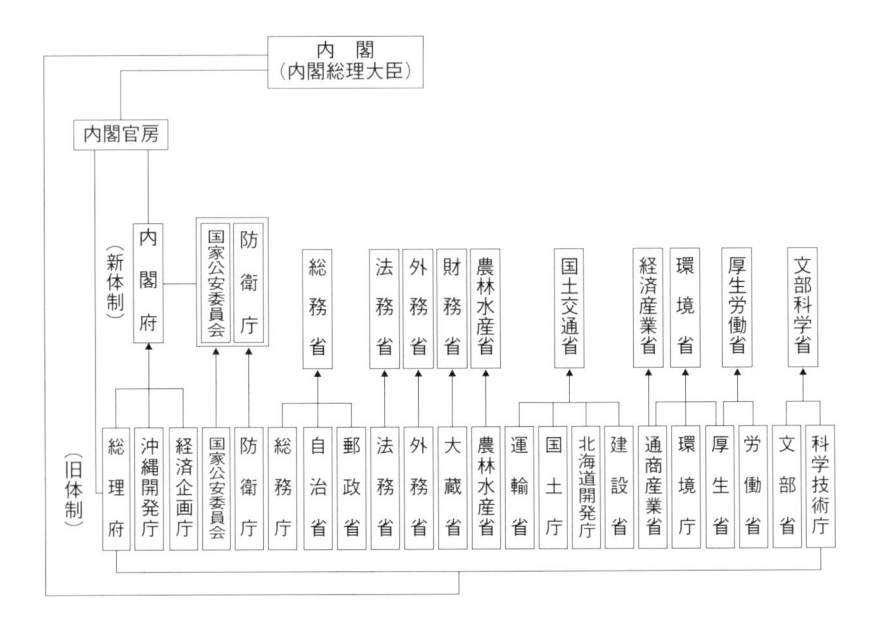

構問題担当の部会に官僚出身の専門委員が多数を占めた結果であるか。その後、第2次行革審が最終答申（平成2年4月18日）では、「社会経済情勢の変化や従来の省庁組織の枠を超えた行政ニーズに対応し、関係する行政の総合的、一体的な実施が必要であり、それに向けた中央省庁の再編・統合を進める」（第二、5）と、概括的に述べるにとどまっている。続く第3次行革審は、縦割行政の弊害の排除は、現下の急務であるとの認識の下、中央省庁の改革について言及し、「大くくり省庁体制」の在り方を「イメージ」として例示した。対外関係省、国民生活省、産業省、国土省、財政・経済省、教育科学文化省等への再編の提言である。しかし、あくまで「イメージ」であって、政府に実現を迫るものではなかった。とはいえ、この答申は、この度の橋本行革の中央省庁改革に大きな示唆を与えたのではないかと思われる（当時の水野清内閣総理大臣補佐官の証言による）。いまや中央省庁の再編は待ったなしの課題であること、再編は大くくり省庁で行くべきこと等である。

　行革会議の設置は、平成8年秋の総選挙の際の「省庁半減」の公約に基づくもので、各党競って省庁改革を選挙公約に掲げた。この年の1月政権の座に就いた橋本総理は、省庁幹部の不祥事の続発や政策ミス等の厳しい現実をにらみながら、長年暖めていた省庁再編実現のチャンスと見たのではないかと思われる。

(2) 行革：中央省庁再編の評価

　中央省庁等改革基本法第4条は、中央省庁再編に当たり、「国の行政が本来果たすべき機能を十全に発揮し、内外の主要な行政課題に的確かつ柔軟に対応し得るようにする」ため、3つの基本方針を提示した。①国の行政が担うべき主要な任務を基軸として、1つの省ができる限り総合性及び包括性を持った行政機能を担うこと（省庁の大くくり）、②基本的な政策目的または価値体系の対立する行政機能は、できる限り異なる省が担うこと（利益相反性への考慮）、及び、③各省の行政機能及び権限はできる限り均衡のとれたものにすること（省間のバランス）、である。

　省庁を大くくりするメリットは、①省間にまたがる所掌事務の共管競合を回避し、政策を巡って生じる対立を省間の折衝ではなく、一元化された管理統制の下で解決できる、②政策過程全般について、単一の省庁組織の中で制御でき、効率的、計画的な業務運営が可能

となる、③いわゆる縦割り行政の弊害を除去し、高い視点と広い視野からの政策立案・実行機能を発揮させることができる、等が挙げられるが、一方、①別組織であるならば省庁間折衝により争点が表面化するものが、省庁内部の管理統制の下で決着が図られ、透明性が低下するおそれがある、②政策立案部門と実施部門との明確な分離や地方支分部局への権限委譲が不徹底なまま省庁再編が行われ巨大化が進めば、的確な管理が行われず、行政に対する国民の接近の可能性、可視性が損なわれ、国民と行政の距離を広げることになる、等のデメリットもあり得る。

　現実の再編は、「羊羹の切り方を変えただけだ」と批判されるように、規制改革が不十分で、地方分権も不徹底な状況の中での再編は、省庁の数を減らしただけで巨大省庁を生んでしまった。上に述べた巨大省のもつデメリットが内在している。確かに、規制改革も以前に比べれば格段に進み、地方分権についても機関委任事務が廃止されはしたが、システム全体を捉えた制度改革はいまだしであり、税財政の分権には手がついていない。国務大臣を減らし（3）、事務次官（8）、局長（32）、課長を減らし（170）、国家公務員の定員も10年間で25パーセント削減することにはなったが、次官級の総括整理職が7増え、局長級分掌職は16、課長級の分掌職も課長を減らした半数を割り戻しているし、国家公務員の身分のままで独立行政法人に移った職員の数も削減に含む計算になっているのが実態だ。

　もちろん省庁という器を変えることだけでも意味はある。過去の例で言えば、通産省、厚生省、農水省など各省庁の施策の延長上で行われていた公害行政を、環境庁を作ることによってそこに極力集中し、「環境の維持・保全を目的とした組織」が誕生したのである（1971年）。国土交通省が誕生したことによって、例えば道路を含めた総合的な交通政策が展開される可能性が出たし、厚生労働省に統合することによって医療・福祉・労働を通じた施策の展開を期待できる。1府12省庁体制にこだわったためにいびつな総務省ができたが、総理府が廃止され、各省庁の所管に属さない事務は総務省が担うことになったため行き所のなくなった旧郵政省を抱え込んだのは仕方のない話ではある。また、行革の力学から言えば、1府12省庁体制にこだわったからこそここまでの省庁再編ができたとも言えるのである。そこを緩めていたら全体が瓦解するおそれがあった。いかなる改革でも一挙に完全なものを作ることは困難である。橋本

元総理が言うように、この改革は「はじめの終わり」に過ぎないのであって、引続き改革を推進する必要がある。

なお、今回の省庁再編で見逃せないソフト面の改革に「省間調整」と内閣官房及び内閣府の総合調整がある。各省庁は政策立案等に当たって、関係すると思われる省庁との調整に入るが、各省庁は当該省庁から相談を受けるまでもなく、関係すると思えば省庁は当該省庁に資料の提供や説明を求めることができる。調整不調の場合には、内閣官房・内閣府は総合調整を申し出、内閣官房が最終調整を行う権限を持つ。「行動する内閣官房」になったわけである。大くくり省庁となり、省内の意思決定が期待通りに迅速化するか、内閣府や内閣官房が総合調整力を発揮するかについては今後の運用を待つほ

【参考図表】　内閣官房・内閣府による総合調整、府省間相互の政策調整

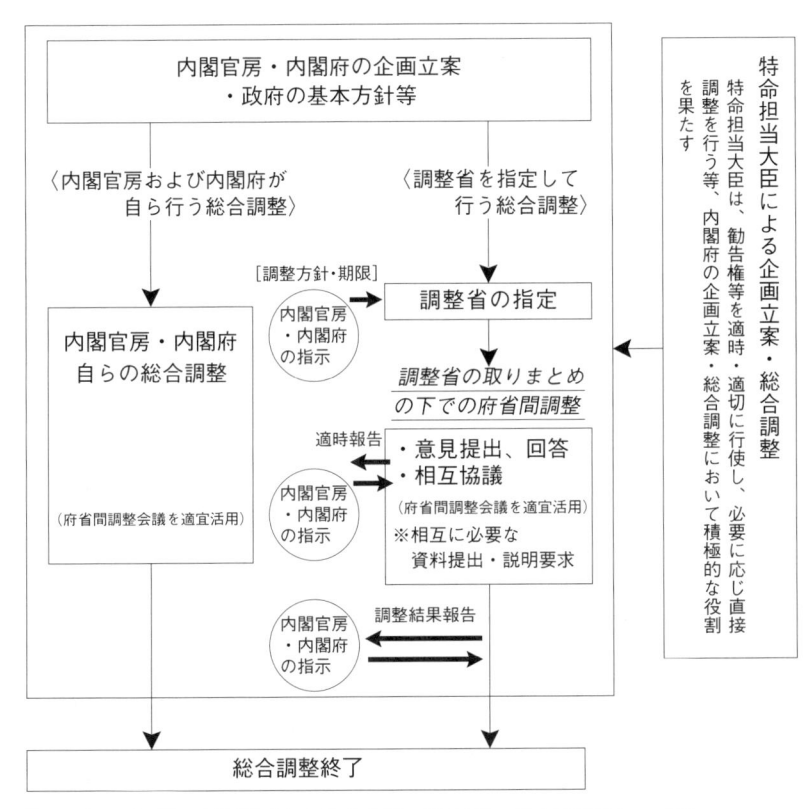

出所：田中一昭・岡田彰編著「中央省庁改革」（2000年　日本評論社）p.139

かはないが、特に後者は、登用された人材、とりわけ政治的任命職（内閣府の特命担当大臣等、内閣官房の内閣官房長官、副長官、副長官補等）の力量如何による。

　また、省庁再編を実効あるものとするには、行政を担う公務員に関する制度が新しい事態に対応するものでなければならないが、それについては後述する。

【参考図表】　　府省間相互の政策調整のフローチャート

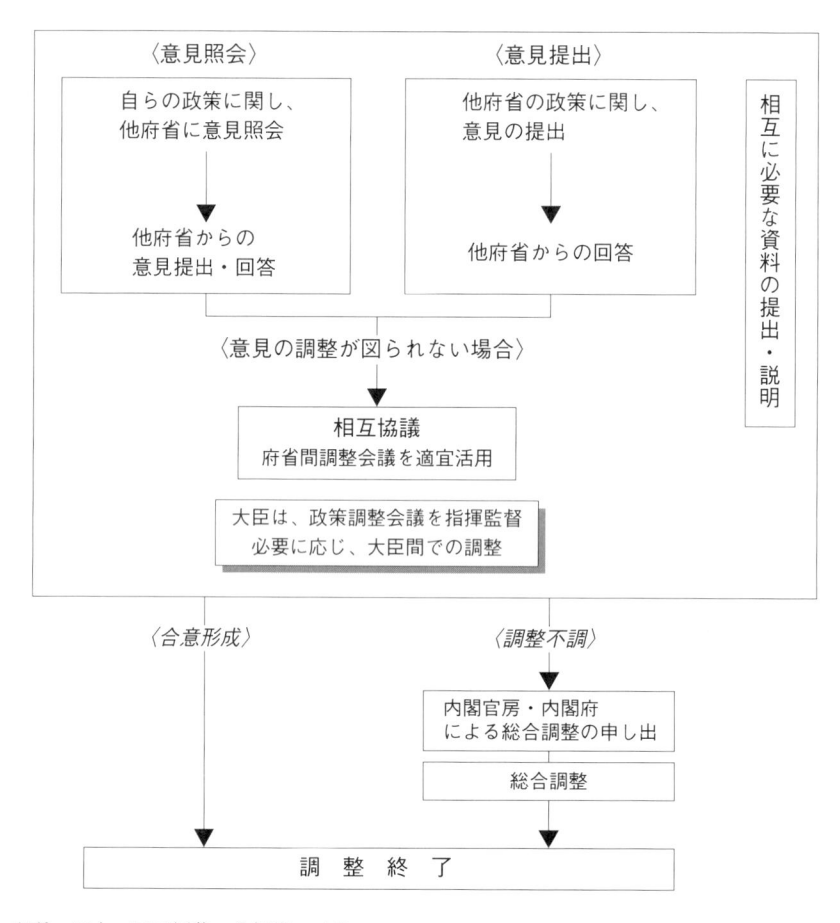

```
┌─────────────────────────────────────────────────────┐
│  〈意見照会〉              〈意見提出〉                        │
│  ┌──────────────┐      ┌──────────────┐      相│
│  │自らの政策に関し、│      │他府省の政策に関し、│      互│
│  │他府省に意見照会 │      │意見の提出      │      に│
│  └──────┬───────┘      └──────┬───────┘      必│
│         ↓                     ↓              要│
│  ┌──────────────┐      ┌──────────────┐      な│
│  │他府省からの    │      │他府省からの回答 │      資│
│  │意見提出・回答  │      │               │      料│
│  └──────┬───────┘      └──────┬───────┘      の│
│         └──────────┬──────────┘              提│
│           〈意見の調整が図られない場合〉            出│
│              ┌──────────────┐                 ・│
│              │   相互協議    │                 説│
│              │府省間調整会議を適宜活用│           明│
│              └──────┬───────┘                  │
│         ┌──────────────────────┐               │
│         │大臣は、政策調整会議を指揮監督│            │
│         │必要に応じ、大臣間での調整  │            │
│         └──────────────────────┘               │
└────────┬──────────────────┬───────────────────┘
   〈合意形成〉            〈調整不調〉
                    ┌──────────────┐
                    │内閣官房・内閣府 │
                    │による総合調整の申し出│
                    └──────┬───────┘
                    ┌──────────────┐
                    │   総合調整    │
                    └──────┬───────┘
         ┌──────────────────────┐
         │       調　整　終　了       │
         └──────────────────────┘
```

出所：田中・岡田編著　前掲書p.140

3 定員管理の手法と限界

(1) 国家公務員の定員管理の沿革－法制と手法－

　　国家公務員の定員は、平成12年度末で1,134,271人となっている。これは、大臣や国会、裁判所、自衛官をも含めたもので、これらを除いたいわゆる一般の公務員は840,333人（うち郵政事業などの現業が310,783人、非現業が529,550人）である。

　（参考）大臣、国会、裁判所、自衛官等は、293,938人で、うち262,073人が自衛官である。

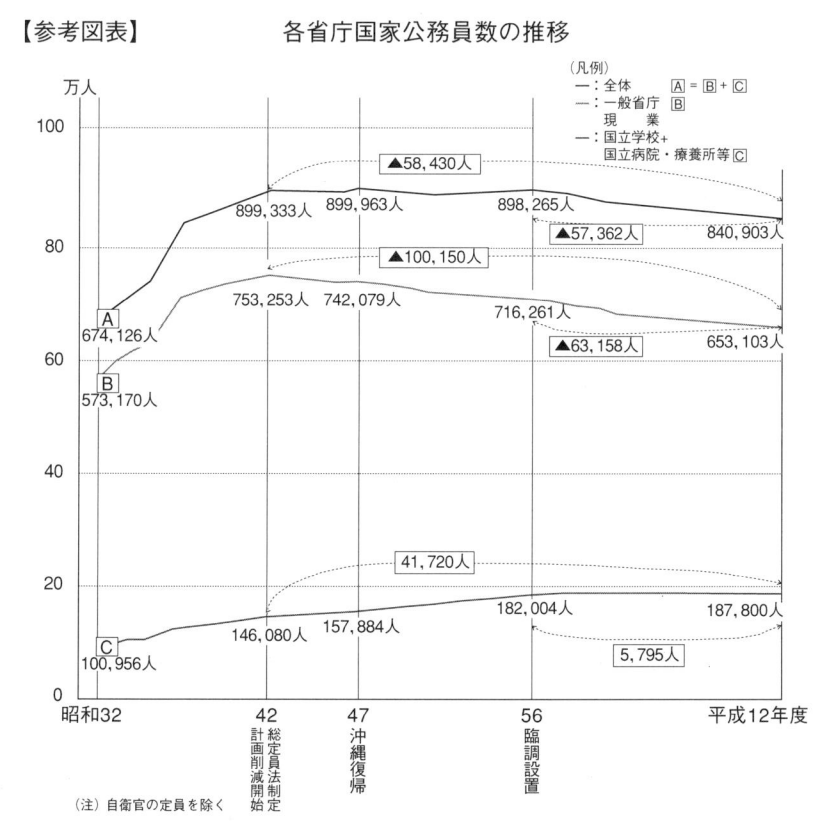

【参考図表】　　各省庁国家公務員数の推移

(凡例)
— ：全体　Ａ＝Ｂ＋Ｃ
— ：一般省庁　Ｂ
　　　現　　業
— ：国立学校＋
　　国立病院・療養所等　Ｃ

年度	Ａ（全体）	Ｂ（一般省庁）	Ｃ（国立学校等）
昭和32	674,126人	573,170人	100,956人
42（総定員法制定・計画削減開始）	899,333人	753,253人	146,080人
47（沖縄復帰）	899,963人	742,079人	157,884人
56（臨調設置）	898,265人	716,261人	182,004人
平成12年度	840,903人	653,103人	187,800人

▲58,430人　▲57,362人
▲100,150人　▲63,158人
41,720人　5,795人

（注）自衛官の定員を除く

出所：総務省資料

わが国では、戦前から戦後昭和24年5月までは、勅令又は政令等により定員が定められていたが、その後、国家行政組織法により法定されることになり、これを受けて行政機関職員定員法において各行政機関の定員が本省、外局別に定められることになった。その後、昭和36年4月から、各省庁設置法により同様に定められた。しかしながら、このように各省庁別に法律で決める定員管理方式では、省庁間の定員の再配置が行われがたく、新しい行政需要に対処するための増員措置により定員は増加の一途をたどるという問題があった。そこで、昭和44年5月、「行政機関の職員の定員に関する法律」（いわゆる「総定員法」）が制定され、今日に至っている。総定員法は、非現業の国家公務員数の最高限度を決め、当初は、昭和42年度末定員506,571人、途中、地方事務官制度の廃止等により、528,001人（平成12年4月1日施行）となっている。

国家公務員の定員管理の目的は、いまさら言うまでもないが、総数の膨張を抑制しつつ、行政需要の変化に対応して、既定の定員を見直し、その適正配置を図ることによって国民に信頼される効率的な業務処理体制を確立しようとするものである。総定員法により、最高限度を決めるだけでは適正な定員配置はできない。総定員の範囲内で適正な配置を行い、総定員自体を縮減していくことが望ましいことは言うまでもない。すなわち、総定員法を実質的に裏打ちするのが「定員削減計画」（閣議決定）であり、現在、第9次削減計画（平成9年～13年度）が進行中である。

ではそれはどういう仕組になっているか。第1臨調以来、「生首は切らない」というのが政府の方針である。公務員は大体30年で退職するから、年平均3.3パーセントの離職率になる。削減率は各省庁一律ではないが、離職率の範囲内で薄く削っていき、それをプールして新しい行政需要に対処しようというのである。増員数より削減数が多ければ、その差がネット減となる。削減計画策定の実際をやや詳しく説明しよう。9次にわたる計画は、各計画により、計画期間、削減率は多少異なるが、各省庁別に、職員を職種別に分類し、合理化・効率化等による定員削減の難易等を勘案し、かつ各省庁の定員事情等を踏まえて調整した上、一定の削減率（職種別）を乗じて算定する。昭和43年度から平成12年度まで、33年間に318,743人削減し、260,293人増員しているからネットで58,450人減っている計算になる。大して減っていないように思われるが、霞が関での民

族の移動は明らかに行われている。

(2) これからの定員管理

　行革会議最終報告は、「省庁再編の開始年である2001年には、総定員法を改正し、新たな定員削減計画を策定する。この計画においては、最初の10年間で少なくとも10％、できればそれを超える削減を実現する」とし、中央省庁等改革基本法はそれを踏まえつつ、さらに、「郵政公社の設立及び独立行政法人への移行により、その一層の削減を行うこと」とした。橋本内閣を継いだ小渕総理は、当時連立を組んでいた自由党の意見を入れ、基本法の規定を超え、25％の削減を図ることとした。

　森内閣はこの方針を踏襲し、「新たな府省の編成以降の定員管理について」（平成12年7月18日、閣議決定）を定め、平成13年1月6日から平成23年3月31日までの間を「計画期間」とし、この間に、「少なくとも10％の計画的削減、独立行政法人への移行、新規増員抑制等により、25％の純減を目指した定員削減に最大限努力する」こととした。

　その内容を若干立ち入って説明しよう。再編前の総定員は840,691人だから、25％は約21万人になる。独立行政法人化又は郵政公社化が予定されているものは370,693人（うち郵政事業297,026人）、これにまだ決まってはいないが国立学校約135,000人が独立行政法人に移行すれば、移行分は50万人を超え、削減数は約60％強となる。25％の純減はさほど困難な話ではないであろう。

　政府は、上記閣議決定で、計画期間のうち平成18年3月31日までの5年間における各省庁別削減計画を定め（平成18年3月31日までの「新たな定員削減計画」参照）、13年度以降毎年度、原則として1／5ずつ計画的に削減する。全体の削減目標数を43,130人（再編時465人、平成13年度以降42,665人。再編前の定員の5.13％に当たる）とした。独立行政法人等へ移行すれば、当該府省の削減目標のうち移行時点で未実施の削減目標数から移行した部門の削減目標数を控除したものが新たな削減目標数となる。このほか閣議決定は、府省内における人員の適正配置、省庁間配置転換等について推進することとしている。

　このことからも明らかなように、独立行政法人は大部分が国家公務員の身分を持つにもかかわらず、各省庁にとってはこれも削減数

に計上できるし、独立法人自体は、自ら効率化は図るとしても、従前のように義務的に削減することからは逃れることができる。「25％純減」というが、上述のように独立行政法人化したり公社化すると約60％になり、単純に計算すると、差引き35％は増員できることになってしまう。移行したものも国家公務員であるから、皮肉なことに「定員削減計画」という名の下に、従前の総定員の35％、約29万人が増員される計算もできる。その事態を避けるためには、独立行政法人等に移行する都度、移行数に合わせて総定員法を改正することだ。

【参考図表】 2006年3月31日までの「新たな定員削減計画」

行政機関名	基準となる定員	削減目標数 再編時の削減	2001年度以降の削減目標数
内閣の機関	425	0	7
内閣府	2,261	21	100
宮内庁	1,113	0	34
国家公安委員会	7,643	9	375
防衛庁	24,486	8	1,317
金融庁	771	5	19
総務省	303,874	55	15,486
うち郵政事業	297,026	39	15,074
公正取引委員会	564	2	18
公害等調整委員会	39	0	1
法務省	51,000	10	2,413
外務省	5,292	10	306
財務省	79,043	33	3,655
うち造幣事業	1,414	7	71
印刷事業	5,848	8	296
文部科学省	139,777	53	5,713
厚生労働省	100,586	69	4,490
農林水産省	41,972	40	4,235
うち国有林野事業	6,656	2	1,349
経済産業省	12,423	40	700
国土交通省	68,355	108	3,745
環境省	1,067	2	51
合　計	840,691	465	42,665
			43,130
基準となる定員との対比		0.06％	5.07％
			5.13％

出所：「新たな府省の編成以降の定員管理について」（平成12年7月18日閣議決定）別表

ちょうど4年前、第9次削減計画が決定された年のあるパーティで、総定員法の立案者であった山口光秀氏（元大蔵事務次官、総定員法立案時代は行政管理庁行政管理局管理官）が、総定員を決めたこの法律がかくも長期にわたり運用されていることに驚いていると述べられたことを記憶している。国会議員やマスコミは公務員数の純減を主張し、また、その一方では、要るところには人を付けろ、弾力的な運用をせよと定員管理当局（総務省行政管理局）を責め立ててきた。各省庁は累次の計画ごとに定員事情が厳しくなっている、もはや削れないと悲鳴を上げたものである。定員外職員が増えていることも問題だ。今までの仕組を変えたとたんに定員は増えることはあっても減ることはないであろう。

　問題は、総定員法の下で管理される定員が次第に減っていき、その外にある国家公務員の数が増えていくが、それが的確にコントロールされて行くかどうかである。独立行政法人通則法による管理のシステムが期待通りに機能するかどうか、公社化される郵政事業がどのように運営されるかが注目される。特に、後者については、公社がどのように仕組まれるかがポイントになる。

4 公務員制度の改革

(1) 第1臨調及び第2臨調における公務員制度改革

　公務員制度の改革見直しについては過去いく度か行政改革との関連で検討されてきた。本格的に行われたのが第1臨調の「公務員に関する改革意見」である。不幸にして実現は見なかったが、今日言われる大部分の課題に言及し、ようやくこの度の省庁再編時に実現したものもある。改革意見はまず、「国家公務員法は、国民に対し公務の民主的かつ能率的な運営を保障しているが、公務員の現状は、それと相当かけ離れている」とし、その原因として、制度と運用との遊離、人事施策の画一性、人事行政機構の不備と管理意欲の欠如、安んじて公務に専念せしめるような配慮の欠如、人事運用の閉鎖性、公務員倫理の未確立等をあげている。そして、①公務員の政治的中立性の維持（高級公務員の国会議員への立候補制限、一般職公務員の政府委員制の廃止等）、②人事管理の確立、③信賞必罰の励行と能力本位の昇進の実施、④公務員の処遇の改善、⑤人事運用におけ

る閉鎖性の排除（幹部要員の内閣による一括採用、人事交流と合同研修の積極化及び退職後の再就職あっせんの一元化等）を勧告した。公務員倫理法は、平成11年8月議員立法で成立したし、①の政府委員制についても、同じく議員立法により、平成11年7月「国会審議の活性化及び政府主導の政策決定システムの確立に関する法律」により廃止された。③の能力本位の昇進の実施は、行革会議最終報告でも取り上げられたが、今ようやく政府は手をつけた段階にある。

ついで第2臨調である。第3次及び第5次答申において公務員制度について言及している。採用、昇進、研修、給与、専門職制など幅広く取り上げているが、第1臨調答申と比べると、各論的、技術的である。実現可能性に重きを置いた結果であろうか。すなわち、第3次答申では、①公務員の在り方（公務員倫理、必要とされる能力・資質、幹部職員の在り方、人事管理の重要性、労使相互の意思疎通等）、②給与の在り方（民間賃金準拠の対象となる企業・事業所規模、給与配分、官民の退職金調査の在り方、成績主義の推進及び生涯給与の考え方等）、及び、③中央人事行政機関の機能の充実（総理府人事局について、政府の人事・労務担当部局としての役割の明確化及び総合調整機能の発揮）、④現行職階法の廃止の方向での見直し等である。また、第5次答申では、一般職公務員について、その基本的な考え方に始まり、既に述べたように、採用、昇進・研修等、専門職制、研究・教育公務員、職員の士気高揚等、定員管理等、給与の在り方、などに及び、なお、外務公務員制にも触れている。ただ、外務公務員制については、外交官試験の廃止までは言っていない。答申は、その意図したことがすべて意図通りに実行されたか否かは別として、形式的には概ね実行に移されたと見てよいのではないかと思われる。

そして、行革会議である。項を改めよう。

(2) 行革会議最終報告の公務員制度改革

組織を支えるのは「人」である。したがって、大きな行革を進めるときには必ずと言っていいほど公務員制度に言及してきた。既に見てきた通りである。同様に、「中央省庁再編」を実効あるものとするためには、行政を担う公務員に関する制度の改革が必須である。

国家公務員法が制定されて50年余を経た今日、公務員を巡っては、①本来国民を代表する政治が行うべき政策決定を官僚が行い、しか

も、政策決定に失敗が認められたにもかかわらず、官僚は責任を負うことがない（例えば、エイズ問題や住専処理問題）、②縦割行政が蔓延し、国全体を展望した一体的、整合的な行政運営が行われず、省あって国なしという状態が続いている（例えば、省益のため規制改革を阻んでいる）、③特殊法人や公益法人、果ては民間企業への天下り、④予算の無駄遣い、⑤伝統的なお役所仕事から抜けきらないこと（相変わらずの不透明さ、非効率、不親切、尊大な態度など）等が指摘されている（「公務員制度改革の基本方向に関する答申」1999年3月、公務員制度調査会。「人事行政」栗田久喜著　平成11年1月、ぎょうせい41～42頁）。

　行革会議最終報告は、まず、公務員制度の改革の基本的な方向として、①行政改革は、内閣機能の強化と省庁の再編とともに、人材・任用に係る制度の改革によって達成されるものであること、②省庁の再編成は、新たな人材の一括管理システムの導入に向けて踏み出す機会とすべきであること、及び、③内閣及び内閣総理大臣を補佐する内閣官房、内閣府を支える人材を確保するためのシステムを確立すること、を提示した。その上で、主要な改革の視点と方向を示した。

　第1は、「省庁の機能再編に対応した人事管理制度の構築」である。そのため、①政策の企画立案部門及び実施部門の人事制度について、それぞれの特性を生かし、人材の確保・育成、処遇を多様化する。この場合、実施部門のうち外局については、運用上、人事権の独立性を確立する、②政策の企画立案部門と実施部門の組織的分離がなされても、両部門が対等な立場で人事交流をすることが必要であり、円滑にかつ適正に行うためのルールを整備する。

　第2は、「新たな人材の一括管理システムの導入」である。具体的には、①課長など一定職以上の職員について政府全体として一括管理する、②一括管理の在り方を検討する、③一括採用は、一括管理システムの検討状況をも踏まえ、引続き検討する必要がある、としている。

　第3は、「内閣官房、内閣府の人材確保システムの確立」。具体的には、①内閣官房は、内閣総理大臣により直接選ばれた政治的任用スタッフによって運用されるべきものであること。行政の内外からすぐれた人材を登用し、処遇するためのルールを確立する、など、②外部から専門知識を有する人材を登用する場合の任期付任用制度

の導入を検討すべきであること、等。

　第4は、「多様な人材の確保と能力、実績等に応じた処遇の徹底」。

　第5は、「退職管理の適正化」。そのため、①これまでの人事慣行を見直すとともに、高齢者の能力発揮を重視した人事管理システムを構築すべきである、②公正・透明な再就職管理システムを導入することが必要であるとしている。

　さらに、中央人事行政機関の在り方について、

　第1は、「労働基本権の制約と中央人事行政機関」についてである。①公務員の労働基本権の在り方について幅広く専門的な検討を行う。その際、労働基本権制約の代償措置としての機能を有する人事院の在り方について併せ検討する必要がある、②現状を前提とする限り、中立第3者機関としての人事院の役割は重要である、③一方、中央人事行政機関としての内閣総理大臣の機能についてもその任務、権限をより総合的なものとする、等。

　第2に、「中央人事行政機関の機能分担」について、第3に、「内閣官房及び総務省の機能分担」について言及している。

　この最終報告及び「公務員制度改革の基本方向に関する答申」（公務員制度調査会、1999年3月）を踏まえ、中央省庁等改革推進本部（本部長：内閣総理大臣）は、「中央省庁等改革の推進に関する方針」（同本部決定、1999年4月）において、上に述べた最終報告の内容、例えば、新たな人材の一括管理システムの導入、多様で質の高い人材の確保等について改革を推進することとした。この方針に従い、以下に述べるように、政府は逐次改革を進めている。

　第1に、「国と民間企業との間の人事交流に関する法律」（1999年12月）が制定され、国家公務員を民間企業に派遣し、また、民間企業の人材を国家公務員として採用する制度が創設された。

　第2に、「再就職状況の公表に係る関係省庁官房長等申合せ」（2000年1月）が行われ、同年4月1日から、本省庁課長職以上の者（出先の相当職を含む）の再就職について当該職員の氏名、退職時官職、退職日、再就職先名、役職等を公表することとした。

　第3に、政府は、1999年9月、「国家公務員退職者等人材バンク推進連絡会議の設置について」（内閣官房長官決裁）及び「試行人材バンク運営要領」（国家公務員退職者等人材バンク推進連絡会議決定、2000年1月）を定め、運用を開始した。

　第4に、「一般職の任期付職員の採用及び給与の特例に関する法

律」（2000年12月）が成立し、2001年1月6日の省庁再編にかろうじて間に合った。

なお、外務公務員1種試験については、行革会議での審議中に、外務省の方から廃止を約束し、平成13年度から廃止されることになった。

以上は、まったく改革の一部に過ぎず、しかも、その効果は一に係って運用如何による。従来幾度となく行われた綱紀粛正についての閣議決定がおよそ無意味であったことを想起すれば、形を作っただけの改革におわるおそれが多分にあると言わなければならない。

政府は、石原伸晃行政改革担当大臣の下、引続き、内閣官房行革推進事務局において検討中である。本年3月に「公務員制度改革の大枠」を公表し、さらに、6月末、「公務員制度改革の基本設計」を公にした。そのポイントは以下の通りである。

まず、目標として、「中立公正で国民から信頼される、質の高い効率的な行政の実現」を掲げ、「職員1人1人の意識・行動原理の改革」を図るため、

①新たな人事管理システムの確立（能力等級制度の導入、給与制度の改革、新たな評価制度の導入）、
②人材の計画的育成・能力開発の推進（人材育成コース及び育成計画の活用、職員の自主性に配慮した能力開発の展開、女性の採用・登用の拡大）、
③多様な人材の確保（採用試験制度の見直し、民間からの人材の確保、公募制の積極的活用）、
④適正な退職管理・再就職ルールの確立（営利企業への再就職、特殊法人等及び公益法人への再就職、再就職状況の公表、退職手当制度の見直し）、
⑤超過勤務の縮減などによる勤務環境の改善、を行うとしている。

今後は、この基本設計に基づき検討を進め、改革に向けた法制化等の具体的な内容、集中改革期間（平成13年度～17年度）におけるスケジュールを明確化し、本年12月を目途に「公務員制度改革大綱（仮称）」を策定することとしている。

項目を見れば明らかなように、行革会議最終報告が提示したものはほぼ網羅されている。第1臨調答申、第2臨調答申事項もおおよそ含まれている。ただ1点、第1臨調が提言したキャリアの「一括採用」だけはない。行革会議最終報告が、「一括採用については、

一括管理システムの検討状況を踏まえ検討を進める必要がある」としたためである。筆者は、一括採用制度を導入しなければ、基本的に公務員問題は解決しないと考える。毎年700人から1000人程度、トータルでもせいぜい２万から２万５千人である。各省が採用しなければいい人が採れないと言うのも眉唾物である。当該人物と希望先の省庁と中央人事当局（採用元）とが話し合えば自ずから決まる話だ。

　上記④の「適正な退職管理・再就職ルールの確立」の仕組については、今後のその展開に注目する必要がある。

Ⅶ 行政手続・情報公開・政策評価

神奈川大学教授　後藤　仁
弁護士　　　　　三宅　弘

行政情報へのアクセス権

　行政改革は、行政当局の活動を、主権者である国民の手元に取り戻すためのものである。国民は、国の場合には国会と内閣を通じて、自治体の場合には議会と長を通じて、行政当局に業務と資金を信託する。国民の信頼に応えて行政当局が受託側の責任を果たしていれば、委託側の国民も安心して自らの生活を営んでいられる。しかし、信頼が失われて、委託を破約にすべきときが訪れたらどうなるのか。信託を設定したときと同じ代表制民主主義のルートを通じて、信託を解除することになるわけだが、しばしば手遅れに陥る。行政当局には、ふだんから緊張感をもって仕事を進め、たえざる自己改革に挑んでもらわなければならない。

　これは、単なる心がけの問題ではすまない。主権者国民の側に、行政当局への直接的制御の手がかりを確保しておく。必要とあれば、国民の側は、この手がかりをてこにし、行政当局の活動に対して、監視、関与、参画を強化しうる。そういう制御権の制度化が、行政改革には不可欠である。行政当局の側には、国民の要求に応えて仕事をする対応責任（responsibility）や、国民の不信の解消に努める説明責任（accountability）が重く課せられる。

　主権者国民による行政当局への制御権の中核となるのは、行政情報へのアクセス権である。情報を知ることなしには、監視も、関与も、参画も有効ではありえず、有意義なものになりえない。都合の悪い情報を隠したり、捨てたりしていては、対応責任や説明責任は絵空事になる。近年の行政改革のなかで、情報アクセス権に関しては、かなり顕著な前進が成し遂げられた。とくに、地方分権の流れを受けた自治体の奮闘が目立つ。地方分権により、行政当局の活動は、国民のより身近に置かれ、より制御しやすく、より分かりやすく見やすくなる。そのうえ、地方の現場での行政の公開性、透明性が高まれば、日本の民主主義は、国民のものとしての実質をバージ

ョンアップできるのである。

本稿では、この期間に法制化された情報アクセス権関連の次の5つの制度を取り上げ、制定経緯などにつき解説を加える。すなわち、

① 行政手続
② 規制の設定または改廃に係る意見提出手続き（パブリックコメント）
③ 政策評価
④ 情報公開
⑤ 文書管理

の5制度である。

1 行政手続

制定に至るまで

行政手続法は、1993年11月に公布、1994年10月に施行された。国が先行し、地方がただちに後を追った。1996年4月には、47全都道府県で、行政手続条例が制定、公布された。市区町村においても、1996年6月の時点で、約1割が条例化をおこなっていた。

制定後の運びは順調のようであるが、制定にいたるまではなかなかの難事業であった。はるか1952年に、議員提出法案として国家行政運営法案が提出されて以来、40年余の歳月が経過していた。この期間、臨時行政調査会は、法制定に貢献し続けてきた。

1964年9月、臨時行政調査会（第一臨調）は、「第一次行政処分の行政手続、事後救済手続、苦情処理手続および行政立法手続のすべてについて、統一的な行政手続法を制定することがもっとも適当である」とする答申をまとめた。この答申には、同調査会第三専門部会第2分科会が、短期集中論議で作成した、「行政手続法草案」が添付されていた。しかし、機熟さず、各省庁の抵抗もあり、法制定の気運は盛りあがらなかった。

その後、1965年以降、裁判所のいくつかの判例を通じて、行政当局に公正な手続をとるように求める行政手続の法理が形成されるようになるが、法制化の動きは停滞したままであった。そのようなときに、1981年、再度、臨時行政調査会（「第二臨調」）が設置される。第二臨調は、国と地方を通ずる広範な行政改革の一課題として、行

政に対する国民の信頼を確保するという観点から、行政手続の整備の問題を取り上げた。1983年の最終答申には、「近年の行政機能の高度化、複雑化に伴い、公正で民主的な行政運営を実施し、国民の権利、利益を擁護することの必要性が一層高まっている。又、行政の意思形成の過程において、できる限り国民の参政を実現するという観点からも行政手続の整備が求められている」と書き込まれている。また、「統一的な行政手続法を制定することがもっとも適当」との見解が示された。ただし、本格的検討は専門的調査審議機関を設置しておこなうべきであるとして、法制化は先送りされた。

担当の行政当局も、検討を進めていた。当時の行政管理庁は、第二臨調に先行、1980年8月に、私的研究会「行政手続法研究会」を発足させている。この研究会は、1983年11月に、「行政手続法要綱案」を研究会報告として公表した。これをうけ、1985年5月には、総務庁行政管理局長の下に第二次研究会が組織された。

一方、90年に発足した第3次行革審も、あらためて、行政手続法に取り組む。「公正・透明な行政手続法部会」が設けられ、この部会が1991年、「行政手続法要綱案（第一部会案）」を公表する。実質的にはこの要綱案に沿う形で、通常国会に行政手続法案が提出される。一度は、衆議院解散で廃案となるが、1991年11月の臨時国会で、ついに、可決、成立にいたるのである。

行政手続法を出発点に

こうして制定された国の行政手続法、それを追いかけてつくられた自治体の行政手続条例に、共通して取り込まれているのは、次のような内容である。

国民が、行政当局に許可、認可、免許等を求めて申請する。行政当局は、ときにこの申請を認め、申請者に利益を付与する処分をおこなう。しかし、ときには許認可等を拒否する処分をする。行政当局は、まず、処分にあたっての審査基準を、明確に定め、公表しなければならない。また、申請書の記載や添付書類に関して必要となる情報と、審査の進行状況や処分時期の見通しについて、行政当局は情報提供に努めなければならない。拒否処分をするときには、行政当局はその理由を示さなければならない。申請者以外の者の利害を考慮すべきであれば、必要に応じて公聴会の開催等に努めなければならない。

行政当局が、国民に義務を課し、あるいは権利を制限する処分、つまり不利益処分をおこなうときは、どうか。審理基準の公表、理由の提示にとどまらず、行政当局は、当該不利益処分の名あて人となるべき者が意見陳述をできるよう、聴聞、弁明の機会付与といった手続をとらなければならない。そして、聴聞に際しては、当事者等は、行政当局に対して、「当該事案についてした調査の結果に係る調書その他の当該不利益処分の原因となる事実を証する資料の閲覧を求めることができる」。この場合において、行政当局は、「第三者の利益を害するおそれがあるときその他正当な理由があるときでなければ、その閲覧を拒むことができない」。

　申請ではない届出に関しては、必要事項に不備がなく、必要な書類が添付された届出書が提出先機関事務所に到達すれば、届出をすべき手続上の義務は遂行されたとみなされる。行政当局は、届出に必要な情報の提供にこそ努めなければならない。

　行政当局は、公権力の行使以外にも、一定の行政目的を実現するために、国民に一定の作為又は不作為を求める指導や勧告や助言を、しばしば行なっている。いわゆる行政指導である。この行政指導は、国民の任意の協力によってのみ実現される。行政指導の相手方になったときには、苦情の申出が可能でなければならず、行政当局は、苦情に理由があれば行政指導の是正といった措置を講じなければならない。行政当局は、また、相手方が行政指導に従わなかったり、苦情を申出たからといって、不利益な取扱いをしてはならない。

　このように、行政手続法、行政手続条例というのは、行政当局が活動する際の手続を明確にし、行政運営における公正の確保と透明性の向上を図り、行政当局の恣意による権利侵害を防止し、国民の権利利益の保護に資するための法制なのである。

　当然のことながら、現行の法律、条例は、完璧なものではない。第一にいまの枠組みのなかで、改良すべき点がある。たとえば、国の法律には、文書の閲覧に関連して、写しつまり複写の交付に関する規定がない。これに対して、最も早く条例を公布した鳥取県が明文の規定で、写しの交付を認めている。また、公聴会の開催や意見書の受取り、協議会における協議などについて、福岡県条例が国の法律に上づみ規定を加えている。今後、国と自治体の知恵比べのなかで、改正が続くよう期待したい。とくに、行政当局による文書の閲覧拒否に対して、独立して争うことができないという解釈（総務

VII 行政手続・情報公開・政策評価

【参考図表】　　　行政手続法のフローチャート

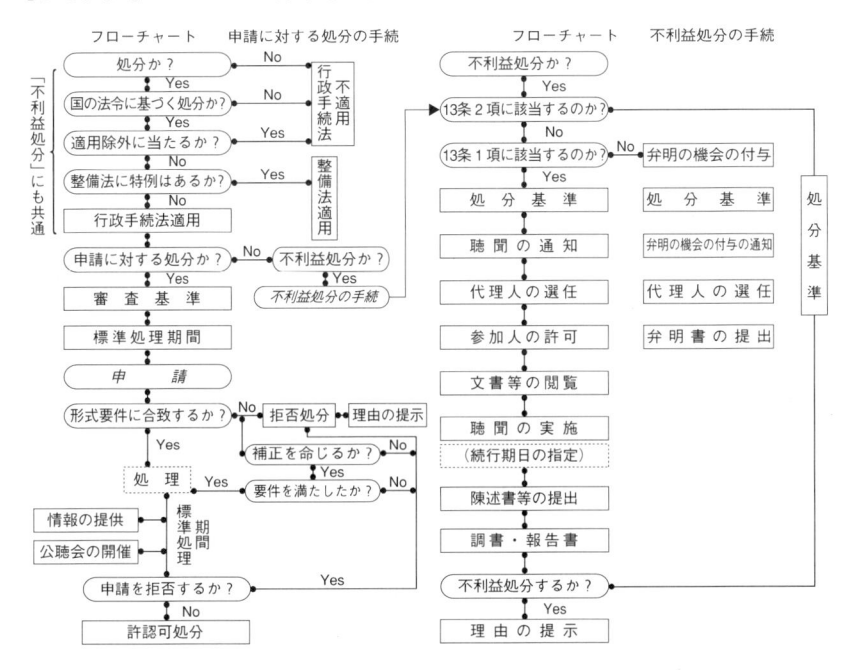

フローチャート　申請に対する処分の手続

```
                    ┌─ 処分か？ ──No──┐
                    │    │Yes         │ 行政手続
                    │  国の法令に基づく処分か？──No─┤ 不適用
「不利益処分」にも共通  │    │Yes         │
                    │  適用除外に当たるか？──Yes─┤
                    │    │No          │ 整備法
                    │  整備法に特例はあるか？──Yes─┤ 適用
                    │    │No          │
                    │  行政手続法適用   │
                    │                 │
                    │  申請に対する処分か？──No──不利益処分か？
                    │    │Yes                  │Yes
                    │  審査基準           不利益処分の手続
                    │    │
                    │  標準処理期間
                    │    │
                    │  申　　請
                    │    │
                    │  形式要件に合致するか？──No──拒否処分──理由の提示
                    │    │Yes              │
                    │  処　理──Yes──補正を命じるか？──No
                    │                  要件を満たしたか？──No
                    │    │Yes
                    │  情報の提供   標準処理期間
                    │  公聴会の開催
                    │    │
                    │  申請を拒否するか？──Yes
                    │    │No
                    │  許認可処分
```

フローチャート　不利益処分の手続

```
     不利益処分か？
        │Yes
     ┌─13条2項に該当するのか？
     │      │No
     │   13条1項に該当するのか？──No──弁明の機会の付与
     │      │Yes                          │
     │   処分基準              処分基準    │  処分基準
     │   聴聞の通知           弁明の機会の付与の通知
     │   代理人の選任          代理人の選任
     │   参加人の許可          弁明書の提出
     │   文書等の閲覧
     │   聴聞の実施
     │   (続行期日の指定)
     │   陳述書等の提出
     │   調書・報告書
     └─ 不利益処分するか？
           │Yes
        理由の提示
```

出所：経済広報センター編「はやわかり行政手続法」(1994年　学陽書房)　p.41及びp.61

行政指導について

（行政指導の一般原則）

第32条　行政指導にあたっては、行政指導に携わる者は、いやしくも当該行政機関の任務又は所掌事務の範囲を逸脱してはならないこと及び行政指導の内容があくまでも相手方の任意の協力によってのみ実現されるものであることに留意しなければならない。

2　行政指導に携わる者は、その相手方が行政指導に従わなかったことを理由として、不利益な取扱いをしてはならない。

（申請に関連する行政指導）

第33条　申請の取下げ又は内容の変更を求める行政指導にあっては、行政指導に携わる者は、申請者が当該行政指導に従う意思がない旨を表明したにもかかわらず当該行政指導を継続すること等により当該申請者の権利の行使を妨げることをしてはならない。

庁行政管理局編『逐条解説行政手続法』168頁）については、早急に再検討するように求めておきたい。

　第2に、現行法制が取り入れを断念した部分をどうするかである。第一臨調以来、統一的な行政手続法をということで来たのが、第二臨調ですでに、なにを統一法に入れるべきかをめぐって迷いが生じており、後の検討課題が大きく残され、結局現行法のまとまりとなった。この過程で取り残されたもののうちで、とりわけ重大なのは、政省令制定についての行政立法手続と、公共事業や土地利用規制にもからむ計画策定の手続である。例えば、当時の五十嵐建設相の見直し発言によって公共事業に関する全国的な焦点になり、先般、情報公開をめぐる裁判で原告側が勝訴した、小田急線連続立体交差事業問題。事業推進者側は、計画された高架方式と代替案として検討されるべきであった地下方式の双方にふれていた「連続立体事業調査報告書」すら公開しようとしなかった。公開されたのは、報告書非公開処分の取消を求めた裁判手続の結果であった。公正で民主的な計画策定手続の必要を実感した。

　こうした重大な積み残しがある以上、法改正への努力を続けなければならない。自治体も条例で新機軸を追及してほしい。ただし、同時に、別の法制で補うことも考えておいた方がいい。現に、行政立法手続については、パブリックコメント制度が、計画策定手続については政策評価法制が、すでに成立しているのである。

　さて、第3に、行政手続法は、行政活動の対象となる当事者かその周辺のものの権利を擁護するものである。だからこそ、意味がある。しかし、情報アクセス権の観点からいえば、それだけでは十分ではない。当事者をこえて、一般的な行政情報に対する開示請求権が、何人にも認められなければならない。行政手続法制を出発点に、その延長上に、情報公開法制が構築されなければならないのである。

2　規制の設定又は改廃に係る意見提出手続（パブリックコメント）

　すでに述べたように、現行の行政手続法制のなかには、政省令を制定する際の行政立法手続は組み込まれなかった。それが、規制緩和の流れのおかげで急浮上した。1997年3月には、「規制の設定又は改廃に係る意見提出手続」が閣議決定されている。いわゆるパブリックコメント制度の誕生である。

Ⅶ 行政手続・情報公開・政策評価

【参考図表】　　パブリック・コメント手続きの主な流れ

```
┌─────────────────────────────────────────┐
│  国の行政機関等が、規制に係る政令、府令、省令、告示、    │
│  行政手続法上の審査基準、処分基準等について、案を作成    │
└─────────────────────────────────────────┘
                    ⇩
┌─────────────────────────────────────────┐
│  国の行政機関等が、案と、一般の理解に資するための資料    │
│  を、次のような方法のうちから適切な方法を用いて公表し、  │
│  意見・情報を募集                                     │
│  ①　ホームページへの掲載                              │
│  ②　窓口での配付                                     │
│  ③　新聞・雑誌等による広報                            │
│  ④　広報誌掲載                                       │
│  ⑤　官報掲載                                         │
│  ⑥　報道発表                                         │
└─────────────────────────────────────────┘
                    ⇩
┌─────────────────────────────────────────┐
│  広く国民が意見・情報を提出                            │
│  （1か月程度を一つの目安とした行政機関の定める期間）    │
└─────────────────────────────────────────┘
            ⇩                    ⇩
┌──────────────────┐  ┌──────────────────┐
│ 国の行政機関等は、案  │  │ 国の行政機関等は、案  │
│ に取り入れるべき意見・│  │ に取り入れるべきでない│
│ 情報に基づき案を修正  │  │ 意見・情報について、  │
│                    │  │ その理由を取りまとめ  │
└──────────────────┘  └──────────────────┘
                    ⇩
┌─────────────────────────────────────────┐
│  国の行政機関等において、提出された意見・情報に対する    │
│  考え方を取りまとめ、提出された意見・情報と併せて公表    │
└─────────────────────────────────────────┘
                    ⇩
┌─────────────────────────────────────────┐
│  国の行政機関等が、最終的な意思決定を行い、政令等を公布  │
└─────────────────────────────────────────┘
```

出所：総務庁2000年度版「規制緩和白書」p.146

内閣の命令としての政令。内閣府の府令。各省の省令。これらは法律にもとづいていたり、法律を具体化したりしていて、しばしば法律のように扱われるが、本来の法律ではない。立法府である国会で、公開の議論を経て、定められたものではないからである。これまではもっぱら行政当局の内部で検討され、行政府において決定されてきた。行政立法と呼ばれる由縁である。

　その決定過程に、わずかにではあるが、変化が生じた。行政当局は、政省令についての自分たちの案をなるべく早い段階で、まだ修正がきく段階で公表し、余裕のある期間をとって、外部からの反応を待つ。国民の側は、一人の個人であっても、公衆（the public）の一員として、行政当局の案にコメントをつけられる。寄せられたコメントは集約され、その後の案の練り直しに活かされる。このとおりにいくかどうか、どうもはっきりした保証がないのが、現在のパブリックコメント制度の欠点だが、ともかく使いこなしてみることである。情報公開法の施行令をつくるときにも、この制度が適用された。いまも、かなり多くの政省令について、手続が実施中である。総務省のホームページから各府省へアクセスできるようになっているので、気軽に活用してみよう。

　この制度はめぐっても、地方は出遅れた。ただし、市民参加手続をめぐって苦闘をし、ノウハウを積み重ねてきている自治体が多いので、これから自治体での動きは加速されるはずである。神奈川県は2000年12月に、「県民意見反映手続要綱」をまとめている。総合計画や税制改革なども対象としているのが特徴である。自治体においては、市民との協働で進めなければうまくいかない仕事が増えてくる。行政内部の意思決定過程を、非常に早い段階から公開し、市民と一緒になにかを仕上げていくのだという姿勢に立たないかぎり、市民は行政当局をパートナーに選んでくれない。パブリックコメント制度の充実は、自治体にとって死活的に重要な意味をもっているのである。

　なお、議会と長とが協働し、条例制定に際して、市民の参画を求める制度、さらに進んで市民の立法活動を支援する制度を創設することも、自治体においては構想可能である。少し大胆に制度の展開を試みてほしい。

3 政策評価

自治体の行政改革

　政策評価制度については、自治体が国にやや先行して試行に入った。静岡県は、リエンジニアリング、業務過程の再設計という経営手法を1994年から導入し、TOP(Target Oriented Policy-evaluation Systems) なる目的志向型の政策評価システムを組み上げ、1997年からは業務棚卸表による政策評価を実施している。北海道が「時のアセスメント」と称する評価手法を導入したのも1997年であった。

　自治体は、これまで、自治体の業務の全領域と地域の全区域とに及び、かつ、短期、中期、長期の各レベルにわたる、総合計画の立案のために、多くのノウハウを開発してきた。政策と業務をこの総合計画の体系のなかに位置づけ、相互の関連性をおさえながら、それぞれの重要度を見きわめ、優先順位をつけていく。計画を定期的に改定し、改定に合わせて、体系をシャフルし、政策と業務の廃止、継続、新規設定をおこなう。まず計画に位置づけられるかどうかが、予算編成にも影響を及ぼす。計画の進化につれ、政策と業務の目的と目標が明確にされ、可能なものから数値化されていく。アウトプットやアウトカムをきちんと出せたものだけが、予算でインプットを獲得できる。さらに、これらの数値が、事前、中間、事後と、市民に公表されるようになる。市民の監視、関与、参画を得て計画づくりが進む。加えて、ここに、行政改革方針が織り込まれ、計画－予算－行政改革の三方を同時ににらんで、政策と業務が選別され、絞り込まれる。かくて、政策評価制度が実現される。

　三重県の場合などは、その典型例といえる。1995年に三重県知事に就任した北川知事は、1996年には早速、生活者起点の行政運営を起動させる。続いて1997年には、新しい総合計画を策定、1998年からは行政システム改革を本格化させる。そのなかで、事務事業評価制度が設けられ、評価内容は市民に公表される。なお、三重県は、発生主義会計の適用や貸借対照表の試作など、公会計制度改革に向けても、先進的に動いている。

政策評価法へ

　国における政策評価導入の直接のきっかけになったのは、1997年12月に出された、行政改革会議最終報告である。次いで、1998年6月成立の中央省庁等改革基本法に、政策評価機能の強化が盛り込まれる。1999年に入ると準備が急ピッチで進む。1月に、中央省庁等改革推進本部において中央省庁等改革に係る大綱が決定、そのなかで、政策評価に関する大綱も提示される。7月、中央省庁改革関連法の一環として、国家行政組織法一部改正法、内閣府設置法、総務省設置法が成立、政策評価の根拠規定が盛り込まれる。8月、政策評価の手法等に関する研究会の初会合がひらかれる。2000年になると、ほぼ原案がかたまる。6月、政策評価の手法等に関する研究会が、「政策評価の導入に向けた中間まとめ」を公表。7月、各省庁政策評価準備連絡会議において、「政策評価に関する標準的ガイドラインの案（概要・全文）」を了承し、公表。この案は9月にパブリックコメントにかけられる。同じ9月には、政策評価制度の法制化に関する研究会が初会合を開く。そして、12月「政策評価に関する標準的ガイドライン（案）（概要・全文）」の最終版が、各省庁政策評価準備連絡会議において了承、公表される。また、政策評価の手法等に関する研究会も、「政策評価制度の在り方に関する最終報告」を公表する。

　このような準備を経て、「行政機関が行う政策の評価に関する法律案」が、閣法として、2001年3月に、内閣から国会に提出される。衆議院で一部修正の上、法律案は、最終的に6月に参議院で可決、成立し、公布された。これが、通称、政策評価法である。

政策評価法の内容

　国会のホームページを用い、政策評価法の内容を一瞥しておこう。まず、第一条（目的）には、こう書かれている。「この法律は、行政機関が行う政策の評価に関する基本的事項等を定めることにより、政策の評価の客観的かつ厳格な実施を推進しその結果の政策への適切な反映を図るとともに、政策の評価に関する情報を公表し、もって効果的かつ効率的な行政の推進に資するとともに、政府の有するその諸活動について国民に説明する責務が全うされるようにすることを目的とする」。情報公開法と同様に、説明責任ということ

【参考図表】 政策評価制度の仕組み

目的
・国民に対する行政の説明責任（アカウンタビリティ）の徹底
・国民本位の効率的で質の高い行政の実現
・国民的視野に立った成果重視の行政への転換

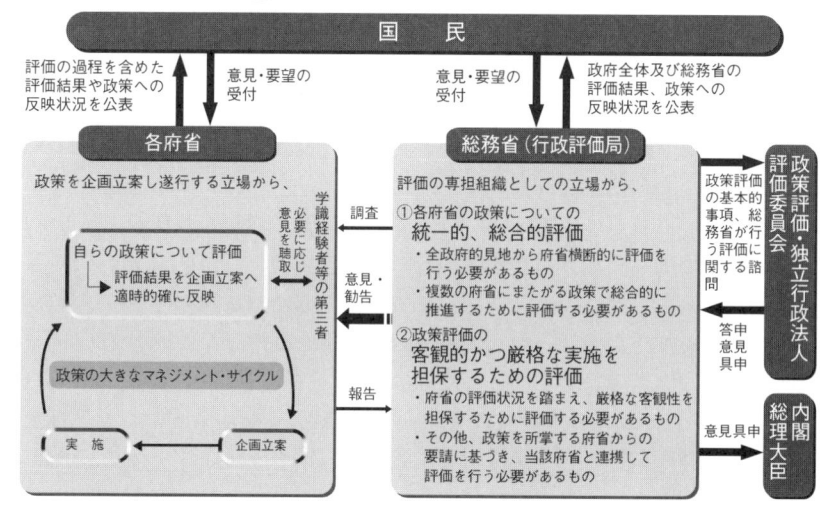

国民

- 評価の過程を含めた評価結果や政策への反映状況を公表
- 意見・要望の受付
- 意見・要望の受付
- 政府全体及び総務省の評価結果、政策への反映状況を公表

各府省（政策を企画立案し遂行する立場から、）
- 自らの政策について評価
- 評価結果を企画立案へ適時的確に反映
- 政策の大きなマネジメント・サイクル
- 実施 ← 企画立案

学識経験者等の第三者（必要に応じ意見を聴取）
調査／意見・勧告／報告

総務省（行政評価局）（評価の専担組織としての立場から、）
① 各府省の政策についての**統一的、総合的評価**
・全政府的見地から府省横断的に評価を行う必要があるもの
・複数の府省にまたがる政策で総合的に推進するために評価する必要があるもの

② 政策評価の**客観的かつ厳格な実施を担保するための評価**
・府省の評価状況を踏まえ、厳格な客観性を担保するために評価する必要があるもの
・その他、政策を所管する府省からの要請に基づき、当該府省と連携して評価を行う必要があるもの

政策評価・独立行政法人評価委員会
政策評価の基本的事項、総務省が行う評価に関する諮問
答申／意見具申

内閣総理大臣
意見具申

出所：総務省ホームページ

が強調されている点が注目に値する。情報公開法の目的部分と、読み比べてみるようおすすめしたい。

次に、「政策」の定義だが、行政機関が、その任務又は所掌事務の範囲内において、一定の行政目的を実現するために企画及び立案をする一連の行為についての方針、方策その他これらに類するものをいう、とある。要するに、国の各行政当局の中核的な仕事が、評価の対象となるのである。

実際に評価されるのは、政策効果である。政策効果はできる限り定量的に把握されなければならない。この政策効果の把握に関することを含め、政府全体の基本方針が定められる。各行政当局は、基本方針にもとづいて、それぞれの基本計画を定め、自ら評価し、評価の結果を当該政策に反映させる。複数の行政当局にまたがる政策の統一的、総合的評価は、総務省がおこなう。総務大臣は、そのための基本計画を定める。評価の結果を政策に反映させるために必要な措置をとるべきことを、総務大臣は各関係機関に勧告しなければならない。特別の場合には、総務大臣は内閣総理大臣に意見具申も

できる。予算の編成にあたっても、政策評価の結果の活用を図るよう、政府は努めなければならない。

　政策評価に関する政府、各行政当局、総務大臣の基本方針、基本計画は、すべて公表されなければならない。各行政当局と総務大臣は、政策評価をおこなったときは、評価書を作成しなければならず、かつこれを公表しなければならない。各行政当局は、さらに、政策結果の政策への反映状況について、総務大臣に通知するとともに、公表しなければならない。これらの公表にあたっては、インターネットも利用されうる。

　いくつかの政策については、事後評価が必要とされる。5年～10年の期間内に、当該政策がその実現を目指した効果の発揮のために不可欠な諸活動がおこなわれていないもの。さらに5年～10年の期間を加えた後も、当該政策がその実現を目指した効果が発揮されていないもの。そういった政策は、事後評価の対象になる。事後評価に関しては、実施計画が定められ、公表される。同様に、研究開発、公共事業、政府開発援助等に関する政策のうちいくつかは、事前評価をおこなわなければならない。事後、事前とも、政策評価には変りがないから、評価書を作成、公表しなければならないのは当然である。

　行政評価法の施行日は、2002年4月1日の予定である。情報アクセス権の観点からは、かなり画期的な法制であり、市民の側の政策立案、立法構想にも、公表事項を活用していきたいものである。

4　情報公開

情報公開法の意義

　ところで、政策評価法の目的では、説明責任が強調されていた。たしかに、自らの政策の効果を評価し、公表し、外部の目にさらしつつ、評価の結果を政策に反映できれば、対応責任だけではく、説明責任もかなりの部分果たしたことになる。しかし、対応責任と説明責任とは、微妙に次元を異にしている。説明責任とは、不信を、それも根深い不信を解きほぐしてはじめて、真骨頂を発揮したといえるものなのである。政策評価は、説明責任にとって重要な役割りを果たせるが、それだけでは説明責任をまっとうできない。

市民の側が行政当局に不信を抱いていれば、評価書をはじめとするいろいろな文書が公表されても、それが信用されない。なんらかの作為が加えられ、加工されているのではないかと疑われるのである。本当に誠実に仕事をやっているのかどうか、証拠となる生の業務記録を、そのまま公開してほしい。市民の側は、そういう思いで開示請求権を行使してくる。それに対して、行政当局の側は、自分に都合の悪い文書でも、知られたくない情報でも、原則そっくり公開する義務を負う。ここにはじめて説明責任は全うされ、信頼関係回復の緒がひらかれる。情報公開法制は、まさにそのための制度なのである。

2001年4月に、国の情報公開法がいよいよ施行された。この法律の価値は、使いこめば、使いこむほど高くなる。使いながらでなければ、どこまでが公開され、どこまでが不開示とされるのか、輪郭が見えてこない。どこまでつかえるのか、どこまで公開させられるのか、大いに活用してほしい。

もちろん、残された課題も多い。後続するはずであった、特別行政法人等の情報公開法や個人情報保護法は、2001年春の通常国会では未成立に終わってしまった。それらを含めて、情報公開関連法制は、今後、さらに充実させていかなければならない。

しかし、それにしても、一区切りである。情報公開法施行を機会に、やや長くなるが、これまでの経緯をひとわたりふり返ってみよう。

市民運動と自治体条例

日本では、まず、消費者運動や市民運動を担う人々が情報公開の制度化を強く求めた。1960年代半ばから、主婦連合会は「審議会の公開」や「議事録の公開」を要求したが、サリドマイドなどの薬害を告発する運動も1970年代には厚生省に対し、薬の副作用情報の公開を要求した。

サリドマイド事件は、行政情報を公開しなかったために惨禍を招いた典型的な薬害事例である。合成された化学物質であるサリドマイドが、これを服用した母親の胎内にいた胎児に傷害をもたらした。これについては、西独のレンツ博士が、1961年11月18日にサリドマイドの危険性を警告していたため、西独、北欧諸国、英国等では直ちに薬の回収がなされた。しかし、レンツ警告があってから厚生省

が回収を指示するまで10ヵ月の情報非公開の期間は、重大な意味を持った。わが国で生れたサリドマイド児の約48パーセントは、その母親がレンツ警告後に、警告を知らずにサリドマイドを服用し胎児に影響した、と推定されている。もし厚生省が、レンツ警告を入手した直後に、サリドマイドの危険性を国民に公表していたならば、妊婦はサリドマイドを服用せず、被害も最小限に食い止められたはずである。

最近でも、約2000人の血友病患者が輸入血液製剤によってエイズウイルス（HIV）に感染した「エイズ薬害」においても、情報非公開による悲劇が繰り返されている。アメリカでは、1982年7月に最初の血友病患者のエイズ症例が合衆国伝染病対策センター（Center for Diseases Control）によって報告され、同年末までには劇的なリスクがある旨の報告がなされた。日本においても、83年6月に製薬会社である日本トラベノール社が厚生省に対し「輸入した（非加熱）製剤の原料の供血者にエイズ症状が出たので製剤を出荷停止にしたい」と報告し、実際に一部の製剤が返送された。

1983年6月には、厚生省はエイズ研究班を設置し、この問題を研究したにもかかわらず、何の対策もとらなかった。特に、日本トラベノール社の報告は、エイズ研究班の委員にすら知らされていなかった。この研究班で何が配布され、何が討議されたかはベールに包まれたままであり、情報公開法のない日本では、市民がそれを知る方法はなかったのである。

日本消費者連盟は、1976年11月に、市民の側から初めて、情報公開法の制定を提唱した。さらに、情報公開制度が具体的に論ぜられたのは、米国の占領下にある沖縄を日本に返還するための交渉における密約が漏洩されたとして争われた、1972年4月のいわゆる沖縄密約漏洩事件をきっかけとする。ついで、首相が航空機の購入にあたり賄賂を得たとして争われた、いわゆるロッキード事件が発覚するや、政治腐敗の防止、行政の監視のためにも情報公開制度は必要であると認識されるようになった。

社団法人自由人権協会は、サリドマイド事件や沖縄密約漏洩事件を通じて情報公開の問題に関心を持ち、1979年9月には「情報公開法要綱」を発表し、日本における初めての具体的な情報公開法案を提案した。ついで、同協会は、81年5月に「情報公開モデル条例案」を発表した。

「情報公開法要綱」の発表をきっかけに、消費者運動や市民運動の団体では、新たに情報公開を実現するための市民運動を結成する機運が高まり、1980年3月、「情報公開法を求める市民運動」が結成された。そして、81年1月、「情報公開法を求める市民運動」は、「情報公開権利宣言」を発表し、情報公開法を求める理念・根拠を明らかにし、さらに、住民に密着した行政を行っている地方自治体においてこそまず情報公開制度を制定すべきであるとして、各地で情報公開条例の制定運動を広めることを提唱した。

情報公開制度を求める動きが急速に高揚していったのに呼応して、1982年3月、山形県金山町が、日本で初めての「金山町公文書公開条例」を制定した（同年4月1日から施行）。

次いで、1982年10月には神奈川県条例が制定（翌83年4月1日施行）され、さらに、埼玉県条例が制定（翌83年6月1日施行）された。84年3月には大阪府条例が制定され、翌年10月に東京都条例が制定され、情報公開条例の形式もおおむね決まっていった。情報公開制度は、2000年4月現在、3299中1426の地方自治体において制度化され、わが国の地方自治体においても大きな潮流となった。

国レベルの停滞

他方、国の情報公開の制度化の動きは長く停滞していた。

そもそも、政府による、情報公開の制度化への取り組みは、1979年に遡る。ロッキード事件等に端を発し政治倫理の確立が大きな課題となったこの時期、時の大平首相は、第88回国会（1979年9月）において、「われわれは政府のもっておる豊富な情報を差し支えのない限り公開することは、行政の公正を期するうえから必要だ」と答弁した。次いで、1979年11月、総選挙後の首相指名選挙の際には、自民党と新自由クラブとが、いわゆる「4項目の政策合意（メモ）」において、情報公開法の制定をとり上げた。そして、1980年1月の第91回国会冒頭の所信表明で、大平首相は、「最近、いわゆる情報の公開と管理についての論議が高まっている。政府は、今後とも情報の円滑な提供と適正な管理を図るため鋭意検討を行い、所要の改善措置を講じる所存」であることを明らかにし、さらに、この所信表明に対する代表質問に答えて、情報公開法については、「一般的行政手続法との整備との関係、わが国の行政機関における情報管理のあり方等との関係を十分検討する必要がある」とした。

【参考図表】　　　市区町村数及び市区町村条例等の制定率

2000年4月1日現在

	市区町村数					条例等の制定率				
	市	区	町	村	合計	市	区	町	村	合計
北海道	34		154	24	212	94.1%		26.6%	4.2%	34.9%
青森県	8		34	25	67	100.0%		32.4%	4.0%	29.9%
岩手県	13		30	16	59	100.0%		46.7%	31.3%	54.2%
宮城県	10		59	2	71	100.0%		42.4%	50.0%	50.7%
秋田県	9		50	10	69	100.0%		98.0%	90.0%	97.1%
山形県	13		27	4	44	100.0%		88.9%	50.0%	88.6%
福島県	10		52	28	90	100.0%		46.2%	25.0%	45.6%
茨城県	20		48	17	85	70.0%		39.6%	41.2%	47.1%
栃木県	12		35	2	49	100.0%		20.0%	0.0%	38.8%
群馬県	11		33	26	70	100.0%		27.3%	11.5%	32.9%
埼玉県	43		38	11	92	86.0%		31.6%	0.0%	53.3%
千葉県	31		44	5	80	93.5%		13.6%	0.0%	43.8%
東京都	27	23	5	8	63	100.0%	100.0%	0.0%	0.0%	79.4%
神奈川県	19		17	1	37	100.0%		52.9%	0.0%	75.7%
新潟県	20		57	35	112	90.0%		93.0%	85.7%	90.2%
富山県	9		18	8	35	88.9%		61.1%	0.0%	54.3%
石川県	8		27	6	41	100.0%		40.7%		46.3%
福井県	7		22	6	35	100.0%		13.6%	16.7%	31.4%
山梨県	7		37	20	64	28.6%		18.9%	10.0%	17.2%
長野県	17		36	67	120	100.0%		97.2%	100.0%	99.2%
岐阜県	14		55	30	99	92.9%		32.7%	10.0%	34.3%
静岡県	21		49	4	74	85.7%		24.5%	0.0%	40.5%
愛知県	31		47	10	88	83.9%		53.2%	50.0%	63.6%
三重県	13		47	9	69	92.3%		40.4%	11.1%	46.4%
滋賀県	7		42	1	50	100.0%		19.0%	0.0%	30.0%
京都府	12		31	1	44	75.0%		12.9%	0.0%	29.5%
大阪府	33		10	1	44	87.9%		60.0%	0.0%	79.5%
兵庫県	22		66	0	88	90.9%		18.2%		36.4%
奈良県	10		20	17	47	80.0%		35.0%	11.8%	36.2%
和歌山県	7		36	7	50	42.9%		30.6%	14.3%	30.0%
鳥取県	4		31	4	39	100.0%		64.5%	75.0%	69.2%
島根県	8		41	10	59	75.0%		17.1%	10.0%	23.7%
岡山県	10		56	12	78	80.0%		16.1%	8.3%	23.1%
広島県	13		67	6	86	100.0%		20.9%	16.7%	32.6%
山口県	14		37	5	56	100.0%		32.4%	20.0%	48.2%
徳島県	4		38	8	50	25.0%		13.2%	12.5%	14.0%
香川県	5		38	0	43	100.0%		5.3%		16.3%
愛媛県	12		44	14	70	83.3%		18.2%	7.1%	27.1%
高知県	9		25	19	53	66.7%		8.0%	0.0%	15.1%
福岡県	24		65	8	97	95.8%		40.0%	0.0%	50.5%
佐賀県	7		37	5	49	28.6%		10.8%	0.0%	12.2%
長崎県	8		70	1	79	62.5%		7.1%	0.0%	12.7%
熊本県	11		62	21	94	36.4%		9.7%	4.8%	11.7%
大分県	11		36	11	58	100.0%		27.8%	9.1%	37.9%
宮崎県	9		28	7	44	44.4%		0.0%	14.3%	11.4%
鹿児島県	14		73	9	96	42.9%		0.0%	0.0%	6.3%
沖縄県	10		16	27	53	20.0%		6.3%	0.0%	5.7%
合　計	671	23	1,990	568	3,252	85.4%	100%	31.3%	28.2%	42.4%

出所：自治省（当時）ホームページ

これを受けて、政府は、1980年5月27日、「情報提供に関する改善措置等について」を閣議了解し、同年10月1日からの中央省庁における情報提供等の改善措置が実施された。そして、閣議了解で今後の検討事項とされた情報管理の全般的見直しについて、政府は、官房長官の委嘱機関として学識経験者による「情報公開法制定化問題研究会」の設置を検討し、情報公開法をわが国に導入する場合の現行法体系との調整、諸外国の情報公開制度の運用実態と法律面の研究を行う予定であったが、第93回国会において、「臨時行政調査会設置法」（第二臨調）が成立したため、臨調答申を待つこととなり、「研究会」設置は見送られた。しかし、中曽根行政管理庁長官（当時）は、同年10月21日の衆院内閣委員会で、「情報の公開は…行政府としても独自に研究を進め、必要あらば立法の準備もやるべき性格のもの」と述べているし、翌81年の第94回国会衆議院予算委員会で宮沢官房長官（当時）が、「議会が国会全体についてチェックをし、コントロールする機能には限界がある。他方で行政そのものはますます複雑になるということから情報公開という問題が起こってきた。プライバシーの問題、公務員の守秘義務、コストの問題等があるが、（政府の）情報は、基本的には国民のものであるという考え方で法律の制定を検討すべきではないか」（81年2月28日）と述べるなど、このころまでは、政府においても情報公開法を制定しようという、強いリーダーシップがうかがえた。

　期待された第二臨調最終答申は、83年3月14日に発表された。しかし、そこでは、情報公開制度は「積極的かつ前向きに検討すべき課題である」と述べてはいるが、「他方、この制度は、我が国において、全く新たな分野の事柄であり、我が国における情報の取扱いやこれに関する議論の動向、情報公開制度を制定実施するための広範多岐にわたる関連諸制度との調整、制度の実効性や費用対効果の問題および制度実施に伴うデメリット等の諸点について考慮する必要がある」とし、結局、検討すべき課題であることを認めたにとどまっている。このころには政治倫理確立の熱も冷え、政府内部でも積極的に情報公開法の制定を進めようとする動きは見受けられなくなってしまった。その後の歴代首相は、この臨調最終答申にもとづく答弁を繰り返すだけであった。情報公開法の制定に熱意を示していた大平首相の急逝は、わが国の民主主義の発展を遅らせたといっても過言ではない。

1990年9月、総務庁行政管理局は、「情報公開制度に関する主要課題についての中間的整理」と題する報告書、いわゆる「中間的整理」を公表した。これは、1983年3月14日に第二次臨時行政調査会最終答申を受けて、総務庁が84年3月から開催した「情報公開問題研究会」において、情報公開制度化についての諸問題の調査研究を取りまとめたものである。臨調最終答申以来7年目にして、ようやく「中間的整理」にたどりついたというわけである。

　臨調最終答申では、「行政の運営は、原則として公開の精神で行い、非公開とするものは必最小限とする旨を基本方針として確立する」とし、「情報公開制度は積極的かつ前向きに検討すべき課題である」ことを明言していた。しかし、公表された「中間的整理」は、最終答申以降7年を経過したものであるにもかかわらず、およそ、情報公開制度を「積極的かつ前向きに検討」したものではなく、非公開を必要最小限とする基本方針の確立に程遠いものであった。特に、この十数年間での、国民の間での情報公開制度を求める期待の高まりや地方自治体での制度化の進展とその定着、さらには国際社会での情報公開制度化の流れに照らすと情報公開の制度化に極めて慎重なものであった。

政党の動き

　しかし、日本の国民は、諸外国や地方公共団体の公開実例によって既に、情報公開制度が民主主義のために不可欠なものであることを知っていた。

　しかし、政府が、「中間的整理」程度の報告書しか公表できず、また、自由と民主主義を党是とする自民党が一度も情報公開法案を提案したことがない。日本の野党が、民社党を皮切りに、既に1980年から情報公開法案を発表し、その法制化に努力してきたが、それにもかかわらずである。

　野党による法案の発表は、1979年9月、自由人権協会が「情報公開法要綱」を発表し、翌80年3月「情報公開法を求める市民運動」が発足して法制定をめざして運動を開始し、また朝日新聞が79年10月12日の社説で「情報公開法の制定を望む」を掲げたのを皮切りに、紙面で「情報公開（開かれた政府）」の大キャンペーンを展開するという、世論の動きに呼応するものであった。

・80年5月民社党が公文書公開法案を国会に提出

・80年6月公明党が公文書の公開に関する法律案要綱を発表
・81年4月日本共産党が行政機関の公文書の公開に関する法律案を国会に提出
・81年5月日本社会党が情報公開法案を国会に提出、公明党・民社党・新自由クラブ・社会民主連合（いわゆる中道四党）が公文書公開法案を国会に提出
・85年2月日本社会党が情報公開法を国会に提出
・89年11月公明党が行政情報の公開に関する法律案を国会に提出

　このように、幾度も情報公開の法律案が国会に提出されてきたが、いずれも国会解散により廃案となるなど、その成立は不成功に終わった。

　政権担当者にとって情報公開法は歓迎できないものであり、米国でも大統領は情報自由法の立法に拒否権を発動したことがあるが、議院内閣制のもとで一党が安定した政権をとり続ける限り、国会での法案通過が困難なのは当然であった。

　しかしながら、89年7月の参議院選挙の結果、参議院では、与野党の逆転現象が生じ、野党が結束すれば、情報公開法が参議院を通過する可能性が強まった。

　こうした状況において、参議院選挙を通じてリクルート徹底究明による政治改革を公約した連合参議院が、同年9月、社会党・公明党・民社党・社会民主連合に呼びかけ、野党共同提案による情報公開法案を参議院先議で提案して政治改革の柱として情報公開法の早期制定をめざすこととなった。

　その後、この5会派は、議員・事務局レベルでも法案作りに入り、参議院法制局に法案作成を依頼し、「行政機関の保有する情報の公開に関する法律（案）」としての成案をまとめた。そして、1992年7月の参議院選挙で議席を得た日本新党をも共同提案者に加えて、ようやく1993年6月、通常国会において、社会党、公明党、民社党、民主改革連合、日本新党が「行政情報の公開に関する法律案」を参議院に提出した。しかし、92年6月の解散により、廃案となった。政治改革を最大の争点とした国会で、政・官・業の癒着構造を断ち切るために、社会民主連合を含め、野党6会派が3年越しで立案した法案が一度の審議もなく廃案となったのである。

政権交替を機会に

　1993年7月に、自民党一党支配が終わりを告げ、連立政権における新しい細川護熙首相（当時）は熊本県知事として情報公開条例を制定した実績を持ち、情報公開法の制定に意欲を示していた。93年11月に行政手続法も制定され、経済界からも、いわば情報統制の規制緩和を求めて、情報公開法を求める機運が高まった。経済同友会は、1994年12月、「国民全体を通じた政策論議を活発化するには、情報偏在を排し、共通の基盤に立つことが不可欠である。この目的に資するべく、行政情報公開法を制定し、速やかに情報開示の仕組みづくりに着手すべきである」と提言した（経済同友会「これからの政治・行政・経済のあり方」6頁）。

　細川政権においては、93年12月に連立与党内に「情報公開法制定のためのプロジェクト」が発足し、翌94年2月には、行政情報公開制度の「本格的検討」を明記した「行革大綱」を閣議決定した。これを受けて、翌3月には、総務庁に「行政情報公開制度検討室」が設置され、さらに、「行政機関の保有する情報の公開に係る制度に関する事項を調査する」ことを所掌事務の一つとする、行政改革委員会設置法案が国会に提出された（同法2条2項）。

　細川政権の退陣により、羽田政権がこの法案に従い情報公開について調査研究することを期待されたが、特に進展はなく、94年6月、村山政権に代った。

　村山政権発足に先立ち、日本社会党と新党さきがけの政策合意の中では、「情報公開法の早期制定」を明記しており、さらに両党と自由民主党の政策合意においても自民党はこの点について異を唱えなかった。

　そして、自民、社会、さきがけの連立与党は、行政改革委員会設置法案2条2項を、前記の「情報の公開に係る制度に関する事項を調査審議する」から、「情報を公開するための法律の制定その他の制度の整備に関する事項を調査審議する」に修正し、さらに同条4項として、「行政機関の保有する情報を公開するための法律の制定その他の整備に関する前項の意見具申は、2年以内に行う」ことを義務づけた。

　政府は、国会における行政改革委員会設置法案の可決承認を受けて、94年12月に、「行政改革委員会」を設置した。この委員会が2

年間で、情報公開法の制定のために意見をまとめ、政府に具申することとなった。

そして、95年3月には、「行政改革委員会」の下に「行政情報公開部会」が設置された。96年4月には、同部会で中間答申をまとめ、国民に情報公開大綱の部会案を公表し、さらに、96年12月には、「行政改革委員会」本体が橋本首相に情報公開法の制定を意見具申した。野党でも要綱案を参考に法案を提出した。与党でも法案が98年3月にまとまり、最終的に98年3月28日に「行政機関の保有する情報の公開に関する法律案」(政府法案)が国会に提案された。

その後、国会で審議され、参議院で修正されたうえで、衆議院本会議では、1999年5月7日、修正後の情報公開法案を可決した。自由人権協会の「情報公開法要綱」の発表以来、20年目にして、ついに情報公開法が制定されたことになる。

条例裁判の成果

法律よりも先に制定された情報公開条例における原則公開の解釈は、「情報公開法を求める市民運動」における公開実例の収集調査と情報非公開処分取り消し訴訟の裁判例を積み重ねることによって少しずつ確立されてきた。

「情報公開法を求める市民運動」における公開実例の収集調査は、その成果を引き継いだ情報公開クリアリングハウスの『情報公開100の事例』として結実している。他方、情報非公開処分取消訴訟の裁判例の展開も原則公開の解釈の確立に寄与してきた。

日本で最初の情報公開訴訟は、埼玉県の行政情報公開条例について主婦が提起したものであった。

この情報公開条例がスタートした1983年6月1日に、富士見市に住む主婦が埼玉県都市計画地方審議会の議事録の公開を求めた。主婦が県都計審の議事録の公開を求めたのは、富士見市に建設が予定されたゴミ焼却場に関し、都計審でどのような審議がなされたのかを知りたかったからである。ゴミ焼却場建設予定地は、子どもの通う富士見市の勝瀬中学校の隣にあり、周囲には保育園、小学校2校、高校があり、事実上の文教地区の真ん中に位置している。ゴミ焼却場から排出される煙の中には、水銀やダイオキシンも含まれており、子どもたちの健康が危険にさらされるおそれがあった。この主婦らは、ゴミ焼却場の建設に反対し、意見書を富士見市に提出したが、

この意見書が県の都計審でどのように討議されたかを知りたいと考え、議事録の公開を求めたのであった。これに対し、県公文書センターは、公開できない理由は明示せず、ただ、「埼玉県行政情報公開条例6条2項1号に該当するため」という理由により、「都市計画審議会の事務局の説明（議事録）」の非公開決定処分をした。これに対し、主婦は、浦和地方裁判所に対し非公開決定処分の取消請求を提起した。

1984年6月11日の判決は、わが国の情報公開制度の制定史上、初めての判決となった（浦和地裁昭和59年6月11日判決・判例時報1120号3頁）。

全部公開の判決に対し、埼玉県は控訴を断念し、判決は確定した。そこでこの主婦は、都計審の議事録の事務局説明部分を閲覧し、さらに、改めて同議事録の審議内容部分をも公開請求し、この公開決定を受け、審議内容をも閲覧することができた。この判決によって、情報公開条例の非公開事由は厳格に解釈されなければならないことが明らかとなった。

情報公開制度が税金の使途を監視するうえでの重要な道具であることが明らかとなったのは、市民オンブズマンによる食糧費情報の公開裁判であった。

食糧費の情報公開については、最高裁判所1994年2月8日判決を先例とする運用が全国に広まった（最高裁平成6年2月8日判決・民集48巻2号255頁）。

この最高裁判決は、大阪府側に、「当該懇談会等が企画調整等事務又は交渉等事務に当たり、しかも、それが事業の施行のために必要な事項についての関係者との内密の協議を目的として行われたものであり、かつ、本件文書に記録された情報について、その記録内容自体から、あるいは他の関連情報と照合することにより、懇談会等の相手方等が了知される可能性があることを主張、立証する必要がある」ことを判示し、この「判断を可能とする程度に具体的な事実を主張、立証しない限り、本件文書の公開による前記のようなおそれ（当該又は同種の事務の公正かつ適切な施行に著しい支障を及ぼすおそれ－大阪府条例8条4号、5号）があると断ずることはできない」旨、判示している。実施機関に非公開事由該当事実の具体的な主張、立証を課した点において、極めて重要な判決である。

大阪府側は、大阪府条例8条4号、5号該当の具体的な事実の立

証ができなかったが、この最高裁判決の後に水道部会議費情報を公開し、支障を及ぼす情報がなかったことを裏付けている。既に内部告発によって暴露されていた「ナイトラウンジゆう子」で飲み食いしたとされる領収証も公開されたが、大阪には「ナイトラウンジゆう子」という店はない。架空の領収証であることが公になった。

　食糧費について、この最高際判決の影響を受けて、全国で情報公開請求が相次ぎ、税金濫費の根深さを浮き彫りにした。全国の情報公開請求に基づいて、1995年7月25日までの調査においては、公開を拒否した東京都など7都県を除く40道府県分で、総額52億9433万円の集計額が明らかとなり、「巨額な食糧費の『氷山の一角』」が垣間見られたが、税金濫費の根深さを浮き彫りにするものとして、社会的に痛烈な批判を受けた。1980年に大阪に生れた市民オンブズマンは、全国的組織になり、食糧費、出張旅費について、1997年2月3日には、「『第1回全国情報公開度ランキング』調査結果」を発表し、以後、毎年調査結果を発表している。

　このように日本全国の自治体において食糧費が公開されるようになったことについては、大阪府水道会議費最高裁判決によるところが大きい。この最高裁判決により、自治体の各部局の公金の支出について、公開しても「事務事業の公正若しくは円滑な執行に支障が生じるおそれ」があることを実施機関の側で立証することができないことが、明確に示されたからである。もっとも、大阪府知事交際費についての最高裁第1小法廷平成6年1月27日判決は、「相手方の氏名等の公表、披露が当然予定されているような場合等は別として」「相手方の氏名等が明らかにされることになれば、懇談については、相手方の不快、不信の感情を抱かせ、今後府の行うこの種の会合への出席を避けるなどの事態が生ずることも考えられ」「一般に、交際費の支出の要否、内容等は、府の相手方とのかかわり等をしん酌して個別に決定されるという性質を有するものであることから、不満や不快の念を抱く者が出ることが容易に予想される」ものと認定し、知事の交際費情報は公表、披露されるもの以外非公開でよいとしている。

司法改革へ

　しかし、この最高裁判決は、情報公開を推進する自治体では無視されている。青森県、神奈川県、宮城県、沖縄県、大阪府、東京都

における相手方氏名を含む原則公開への運用の変更は、最高裁の判断や情報公開条例の改正を待たずになされたものである。最近では、栃木県は、知事選挙で現職知事が敗れ、新知事が誕生すると、情報公開条例の条文を何ら改正することなく、知事交際費を、一部の「相手方」氏名を除き原則公開とした。長野県でも、新知事は、条例改正を待たずに、高知県らと同様に、ホームページ上で知事交際費情報を個人の肩書きを含め公表している。

このように、この最高裁判決を無視した都道府県知事交際費の情報公開から判断するに、最高裁判所は、司法による行政の監視という社会的要請を自ら放棄し、国民の司法に寄せる信頼と期待に答えていないといえる。このような最高裁判所は、裁判官の過半数が高等裁判所裁判官と検察官とから選任されているという、裁判官の選任のあり方に問題があると考えられる。司法改革の一環として、最高裁判所判事の任命諮問委員会を設置し、最高裁判所裁判官に弁護士出身者の数を増やす他、40代、50代の人物、女性、学者等民間の適切な人物を登用し、開かれた最高裁判所にすることが必要である。自由人権協会は、司法制度改革審議会に対し、そのような意見書を提出したが、審議会は、最終報告において「最高裁判所裁判官の地位の重要性に配慮しつつ、その選任過程について透明性・客観性を確保するための適切な措置を検討すべきである」ことを提言している。

情報公開法の活用

さて、日本においても、2001年4月2日に、情報公開法が施行された。すべての行政機関の行政文書を対象とし、何人も、その開示を請求することができる。日本にいてアメリカの連邦政府に情報自由法に基づく請求が可能であるのと同様に、海外から日本政府に対する開示請求も可能である。もっとも、請求書に請求手数料として300円の印紙を貼る必要があるので、海外からの請求が事実上難しいかもしれない。また、実際に窓口では、関連した資料を個別文書として取り扱い、高額の請求手数料を請求した例もあり、運用上改善すべきである。

請求に対しては、まず「行政文書」にあたるかどうかを判断する。個人的なメモは対象外だが、決裁、供覧前でも、「組織的に用いるもの」であれば対象に含まれる。外務省の元要人外国訪問支援室長

Ⅶ 行政手続・情報公開・政策評価

【参考図表】　　　　　情報公開制度の仕組み

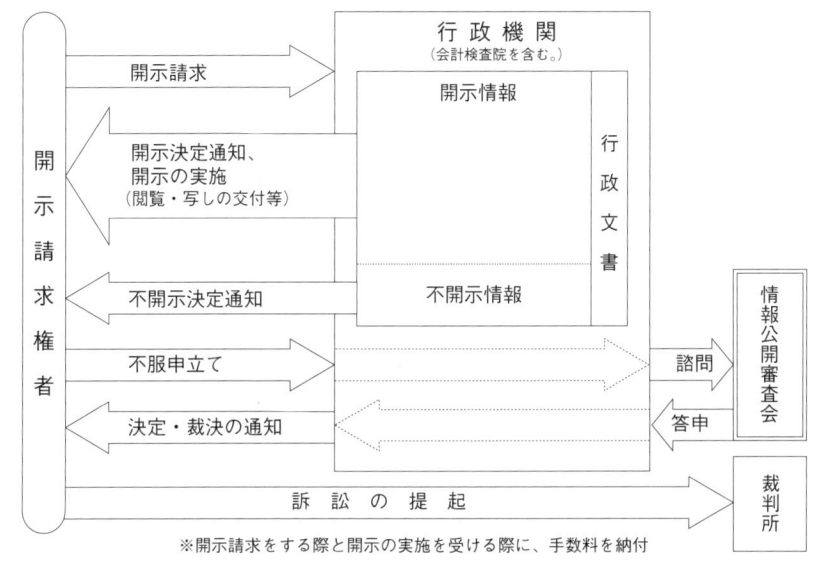

```
              開示請求
開        ─────────────→        行政機関
示                              （会計検査院を含む。）
請        開示決定通知、           ┌──────────────┐
求        開示の実施              │   開示情報      │         行
権       ←─────────             │                │         政
者       （閲覧・写しの交付等）      │                │         文
                                │                │         書
          不開示決定通知          │   不開示情報     │
         ←─────────             └──────────────┘
          不服申立て                                      諮問    情報公開
         ─────────────→                                ────→   審査会
          決定・裁決の通知                                答申
         ←─────────                                    ←────
          訴訟の提起
         ─────────────────────────────────→           裁判所
```
※開示請求をする際と開示の実施を受ける際に、手数料を納付

出所：総務省ホームページ

　が外交機密費（報償費）を流用した疑惑が明らかになり、政府の機密費の不透明な実態が指摘されている。機密費の領収証等は、決裁、供覧がなくとも「行政文書」であるから、市民による機密費の情報公開請求は、疑惑の解明に役立つはずである。

　次に「不開示情報」に該当するか判断する。地方公共団体の情報公開条例においては、非公開事由、非開示事由、適用除外事項と呼ばれている条項である。「不開示情報」にあたらなければ、必ずその情報を開示しなければならない。開示請求から決定までの期間は原則は30日以内であるが、行政機関は事務処理の都合などを理由に最大60日まで延長することができる。

　不開示とされたときは、直接、裁判所に訴えることもできるが、行政不服審査法に基づいて不服申立てをすることも予定されている。申立てを受けた行政機関は、総理府におかれる情報公開審査会に当否を諮問したうえで、不服申立てに対する決定または裁決をしなければならない。審査会では、行政機関に対し、情報を項目別に整理し、非公開の理由を項目ごとに説明する文書を提出するよう命じる手続（ボーン・インデックス）や、行政文書を提出させて、当

事者やその代理人を排除して非公開審理（インカメラ審理）をすることができる。しかし、韓国の情報公開法のように、裁判所において非公開審理をできる旨の規定がないのは不十分な点である。

行政情報の開示手続において、行政情報の開示・不開示は、法人・個人について、行政機関が作成した情報や、第三者から行政機関が取得した情報にも及ぶものであり、行政機関における法人・個人情報の取扱いが問われることとなる。

その際、アメリカの情報自由法の30年に及ぶ運用実例や、同法の影響を受けて制定されてきた、日本の情報公開条例の運用が、とりわけ先に述べた判例の解釈が情報公開法の参考となる。また、法律の施行4年後に見直しをすることが予定されている。

情報公開法制定後は、これを使い、「異質なものへの理解と寛容」に結びつく情報開示の成果もあげることができる。たとえば、最近の歴史教科書問題でも、政府情報の相互交流により、共有の事実関係に基づく相互の理解と寛容をつちかうことによって解決の方向が見出せよう。また、天皇陵の関係資料をはじめ作成から3年以上たった行政文書を保存する宮内庁書陵部が情報公開法の対象外の機関とされたが、これも問題である。宮内庁に保存された重要な資料も広く公開されることによって、アジアをはじめ、世界に「開かれた皇室」となるはずである。

かつて、「大日本帝国の『実在』よりも戦後民主主義の『虚妄』の方に賭ける」と論ぜられた（丸山真男『増補版　現代政治の思想と行動』（1964年、未来社）585頁）。しかし、今では情報公開制度によって、民主主義を、確実に「実在」化していくことができる。民主主義が「虚妄」とならないよう政府保有情報の開示を求め続ける。さらに、まずはアジア諸国にも日本と同様の情報公開法の制定を求める。情報公開の相互請求により、できる限り、次世代の人々と共に橋を渡り、日本とアジアの民主主義の成熟を通して、「異質の理解と寛容」をさらに実践することができる。日本は、バブル経済の崩壊後、10年以上の長きにわたり、政治、経済、教育に至るまで、閉塞状態を脱することができない。アジア危機以降のアジア諸国においても、経済は同じ状態であろう。しかし、情報公開こそが起死回生の突破口となるはずである。私たちは、情報公開制度を相互に活用し、知り得た情報を共有する、「開かれた市民社会」をめざして共に生きる好機にある。

5　文書管理

文書管理の重要性

　　さて、情報公開法制の死命を制するのは、実は、文書管理実務である。いま、一人の市民個人が、情報公開法を利用すべく、いくつかの行政機関を訪れている場面を想定してみよう。ただの、普通の市民個人である。しかし、立派な開示請求権者である。政治の言葉と行政の仕事に不信を感じていて、説明責任を求めている。それでも、心の奥底では、信頼関係の回復を念願している。

　　この市民個人は、いよいよ開示請求にとりかかる。ところが、こういう返事ばかりが返ってくる。そんな文書はありません。どこかにあったのですが、見つかりません。前はありましたけれど、捨ててしまいました。これでは、開示請求権は行使しようがない。説明責任などといっているが、やっぱり行政当局に都合の悪い情報は隠されてしまっている。市民個人の不信はかえって深まってしまう。つまり、制度の趣旨と正反対の事態となるのである。

　　日頃の業務の記録がきちんととられている。適切に分類され、ファイルされている。一定期間の保存期間が付され、ファイル類はしかるべきところに保存されている。請求があれば、すぐ所在が分り、取り出せる。これら文書管理の基本というべきものがうまく働いていてはじめて、情報公開法制は生きてくる。

　　情報公開法は、わざわざ第37条を設け、文書の適正管理の責務を明らかにし、文書管理に関する定めを設け公表するよう行政当局に求め、政令において、文書の分類、作成、保存、廃棄に関する基準等を定めることとしている。これを受けて、施行令第16条が、各種基準、ファイルの帳簿の調製、監督体制、定めとファイル管理簿の公表などについて規定している。さらに、施行令の閣議決定が行われた2000年2月と同じ月内に、各行政当局において可能なかぎり統一的な行政文書の管理を行うため「行政文書の管理方策に関するガイドラインについて」（各省庁事務連絡会議申合せ）がまとめられた。このような仕組みは、かつて日本の行政当局には存在していなかった。情報公開法制は、文書管理実務を一新する契機ともなり、そのことで自らの支柱を構築したのである。

公文書館制度

　ここで公文書館制度について付言しておく。保存期間が満了した行政文書はどうなるのだろうか。組織的に現に用いられる文書、現用の文書ではなくなる。したがって情報公開法の対象でもなくなる。では、どうなる。廃棄される。しかし、全部廃棄してしまっていいのだろうか。文書作成当局にとっては任務を終えた文書でも、後代に引継ぐべく残さなければいけないものがあるのではないか。もし全部廃棄してしまえば、当代の記録が歴史には欠落することになる。現用から引退し非現用となった文書のうちあるものは、歴史資料としてしかるべきところに移管し、そこで保存、公開すべきである。

　では、そのしかるべきところとは、どこか。国立公文書館である。1999年5月に情報公開法が成立して間もなく、1999年6月、参議院先議の議員立法で、国立公文書館法が成立した。この法律は、1999年12月には、独立行政法人としての国立公文書館の設置法の形に改正され、2001年4月1日に施行されている。情報公開法施行令第16条のなかには、保存期間満了後の廃棄にあたって、国立公文書館法第15条第2項の規定により内閣総理大臣に移管することとするものは除く旨の規定が入っている。同条第4項の規定により、内閣総理大臣は移管を受けた公文書館等を国立公文書館に移管するものとされている。さらに、「行政文書の管理方策に関するガイドラインについて」の第4行政文書の移管又は廃棄においても、内閣総理大臣（国立公文書館）への移管に関してふれられている。

　2001年4月1日の国立公文書館法施行を前に、移管基準等も目に見える姿に仕上がってきた。2001年3月30日、歴史資料として重要な公文書等の適切な保存のための措置について」が閣議決定された。同日、この閣議決定の実施について、各府省庁官房長等申合せがなされた。やはり、同日、同じ閣議決定等の運用について、各府省庁文書課長申合せもなされている。とくに文書課長レベルの申合せには別表がついており、行政文書の管理方策に関するガイドライン別表による整理がなされている。貴重な歴史資料が廃棄されることがなく、国立公文書館に移管され、そこで保存され、公開されることを、心から願うものである。

電子文書

　最後に、電子文書、電子記録の問題を取り上げる。情報公開法の特徴の一つは、行政文書の定義を広くとっていることである。決裁等事案決定手続にのらないもの、のっている途中のものを対象文書に含め、さらに、電子文書も対象に入れている。

　日本社会における電子化、デジタル化の波は、これからも各所に及んでいく。すでに、高度情報通信ネットワーク社会形成基本法（IT基本法）が2000年11月に成立、2001年1月に施行されている。高度情報通信社会ネットワーク社会推進戦略本部は、2001年1月にe-Japan戦略を、2001年3月にe-Japan重点計画を発表した。

　とくに、商取引の分野での電子化、デジタル化の進展は急速である。商業登記法等の一部を改正する法律が2000年4月に公布、2000年10月に施行、電子署名及び認証業務に関する法律が2000年5月に公布、2001年4月に施行と、法準備もおこなわれてきている。「書面の交付等に関する情報通信の技術の利用のための関係法律の整備に関する法律（IT一括法）」も2000年10月に成立し、11月に公布された。

　このような状況下に、国では電子政府を、自治体では電子自治体を目指した動きが展開している。国では、1994年12月に閣議決定された行政情報化推進基本計画が、1997年12月の閣議決定で改定され、共通実施計画が毎年つくられている。1998年9月には、共通課題研究会が発足、2000年3月に、「インターネットによる行政手続の実現のために」という報告をまとめた。実務的に非常に有用な報告である。自治体では三重県や横須賀市ががんばっている。

　行政手続法制における申請、届出。パブリックコメントの募集と応募。行政評価の公表。情報公開法制での開示。いずれ、これらがみな電子化、デジタル化され、ネットワークに乗るようになる。その準備に真剣に取り組むべきときなのである。

（注：本稿は、情報公開の部分を三宅弁護士が、それ以外の部分を後藤教授が分担執筆）

講演者・執筆者略歴

【講演者】

亀井正夫　住友電気工業相談役、㈶社会経済生産性本部会長

81年4月第2臨調第1特別部会部会長8月第3部会部会長、83年6月国鉄再建監理委員会委員長、89年7月から90年4月まで第2次行革審参与、92年4月民間政治臨調を結成し会長に就任。99年7月からは21世紀臨調会長。

橋本龍太郎　元首相、自民党行政改革推進本部最高顧問

80年8月、自民党行財政調査会長。その後86年運輸大臣、89年大蔵大臣、94年通産大臣、96年1月から98年7月まで内閣総理大臣。さらに2000年12月から翌年4月まで行革担当大臣、2001年5月自民党行政改革推進本部最高顧問。

加藤寛　千葉商科大学学長、慶応義塾大学名誉教授

81年4月第2臨調第2特別部会長、8月第4部会部会長、83年6月国鉄再建監理委員会委員長代理、87年6月から第2次行革審参与・87年から税制調査会委員、90年から2000年まで同会長。『国鉄・電電・専売再生の構図』『郵貯は崩壊する』『官業改革論』など。

諸井虔　太平洋セメント相談役、地方制度調査会会長

87年2月から第2次行革審参与、92年10月から93年10月まで第3次行革審専門委員、95年7月から2001年7月まで地方分権推進委員会委員長、96年11月から98年6月まで行政改革会議委員。2001年11月から地方制度調査会会長。

宮内義彦　オリックス会長、総合規制改革会議議長

91年2月から第3次行革審豊かなくらし部会専門委員、95年4月行政改革委員会規制緩和小委員会参与、翌96年4月から小委員会座長、98年1月規制緩和委員会委員長、99年4月規制改革委員会委員長、2001年4月から総合規制改革会議議長。

塩野宏　東亜大学通信制大学院教授、東京大学名誉教授、国地方係争処理委員会委員長

91年1月から94年6月まで第3次行革審公正・透明な行政手続部会部会長代理、95年3月から96年12月まで行政改革委員会情報公開部会部会長代理、99年7月から2000年7月まで行政改革推進本部特殊法人情報公開検討委員会委員長、2001年4月国地方係争処理委員会委員長。『行政過程とその統制』『行政組織法の諸問題』『行政法』『条解行政手続法』『21世紀の地方自治を語る』『法治主義の諸相』など。

牛尾治朗　ウシオ電機会長、経済財政諮問会議議員

81年4月土光臨調第1特別部会部会長代理、8月から83年3月まで第1部会、第2部会会長代理、83年7月から86年7月まで第1次行革審顧問。95年から99年まで経済同友会代表幹事。2001年1月経済財政諮問会議議員。

松田昌士　東日本旅客鉄道会長

81年国鉄職員局能力開発課長兼職場管理担当調査役、その後経営計画室主幹、85年3月北海道総局総合企画部長、86年2月国鉄再建実施推進本部事務局長、87年4月東日本旅客鉄道常務、総合企画本部長、93年6月社長、2000年6月会長。

中曽根康弘　元首相

80年7月から82年11月まで行政管理庁長官、82年11月から87年11月まで内閣総理大臣。

石原伸晃　行政改革・規制改革担当大臣

81年日本テレビ政治部記者。90年2月から衆議院議員。94年自由民主党財政部会長、96年通商産業政務次官、97年自由民主党税制調査会幹事、98年衆議院金融安定化に関する特別委員会理事。2001年4月から行政改革・規制改革担当大臣。

【執筆者】

曽根泰教 慶応義塾大学大学院政策・メディア研究科教授 「新しい日本をつくる国民会議（21世紀臨調）」政治会議主査

「決定の政治経済学」『現代の政治理論』『大政変』『増税無用論』『日本の政治は蘇るか』「体制改革としての司法改革」「いま『首相公選』を考える」『この政治空白の時代』など。

田中直毅 経済評論家 21世紀政策研究所理事長 郵政三事業の在り方を考える懇談会座長

1994年から96年まで行政改革委員会委員。「最後の十年 日本経済の構想」『日本政治の構想』『新しい産業社会の構想』『ビッグバン後の日本経済』『スーパーストラクチャー 新しい世界の見方・考え方』『市場と政府 21世紀日本経済の設計」「構造改革とは何か」など。

草野 厚 慶応大学総合政策学部教授

「日米オレンジ交渉」「国鉄改革」「大店法経済規制の構造」「日本の論争 既得権益の功罪」「政策過程分析入門」「官僚組織の病理学」など。

宮脇 淳 北海道大学教授 政策評価・独立行政法人評価委員会専門委員、郵政事業の公社化に関する研究会委員

「財政投融資の改革」「財政システム改革」「行財政改革の逆機能」「公共経営の創造」など。

鈴木良男 旭リサーチセンター社長、総合規制改革会議委員

81年3月から83年3月まで第2臨調専門調査員、91年1月から92年6月まで第3次行革審公正・透明な行政手続部会専門委員、92年1月から6月まで同豊かなくらし部会専門委員、94年11月から規制緩和検討委員会専門委員、95年4月から行政改革委員会規制緩和小委員会参与、98年1月規制緩和委員会委員長代理、99年4月規制改革委員会委員長代理、2001年4月から現職 「規制緩和はなぜできないのか」「日本の司法 ここが問題」など。

松原 聡 東洋大学教授、郵政三事業の在り方を考える懇談会委員

特殊法人情報公開検討委員会参与、電気通信審議会専門委員など歴任。「民営化と規制緩和」「特殊法人改革」「日本リストラ」「郵政民営化でこう変わる」「既得権の構造」など。

栗山和郎 ㈳関西経済連合会理事・企画調査部長

宇野関経連会長の第3次行革審会長代理就任に伴い、その専従スタッフを務める。「補助金の現状と問題点－整理合理化のための経済分析－」『地方庁』構想に関する研究報告書」「都道府県連合制度に関する提言」「提言：財政責任の伴う地方分権を」（いずれも関西経済連合会）など。

田中一昭 拓殖大学教授 行革断行評議会委員

81年3月臨調事務局第4部会主任調査員、その後総務庁行政監察局長、行政改革委員会事務局長。「行政改革」「中央省庁改革」など。

後藤 仁 神奈川大学教授

95年3月から96年12月まで行政改革委員会情報公開部会専門委員。「政府改革」「論点地方分権」など。

三宅 弘 弁護士 情報公開クリアリングハウス理事

日弁連情報公開対策委員会事務局長、自由人権協会理事、情報公開法を求める市民運動運営委員など歴任。「情報公開法の手引き」「情報公開ガイドブック」など。

【編著者】

並河信乃 ㈳行革国民会議理事事務局長

81年3月から85年3月まで土光臨調・行革審会長秘書。91年1月から92年6月まで第3次行革審豊かなくらし部会専門委員。「霞ヶ関がはばむ日本の改革」「分権社会の創造」「行政改革の仕組み」など。

検証 行政改革

発行日	2002年1月21日
編著者	並河 信乃
発行人	片岡 幸三
印刷所	今井印刷株式会社
発行所	イマジン出版株式会社Ⓒ

〒112-0013　東京都文京区音羽1-5-8
TEL 03-3942-2520　FAX 03-3942-2623

ISBN4-87299-282-2　C2031　￥2800E
落丁・乱丁の場合は当社にてお取り替えいたします。

イマジン出版の図書出版案内

〒112-0013 東京都文京区音羽1-5-8
TEL 03(3942)2520　FAX 03(3942)2623

自治・分権の視点から市町村合併の課題をわかりやすく解説

自治・分権と市町村合併

丸山康人（四日市大学地域政策研究所教授）編・著
定価（本体2200円＋税）A5判・210ページ

- 第1部　今なぜ市町村合併なのか
- 第2部　市町村合併を考える4つの手がかり
- 第3部　市町村合併の実際を見る
- 追い詰められての合併、押し付けられての合併を脱し、「住民主権」・「自治体の自立」をめざす議論に必携の書。真の自治体づくりに必要な行財政運営や自治能力の獲得、利用者（住民）に分権を進める自治体のあり方など、実践からの提言を紹介。市町村合併の仕組みや準備作業もわかりやすく解説。

最新刊

分権時代の条例づくり、全国112条例を収録

2001年版 地方自治体新条例集

自治体議会政策学会監修
イマジン自治情報センター編集
定価（本体5000円＋税）A5判・416頁

- 全国の自治体が'00年中に制定した先進的・特徴的な各種条例をまちづくり・福祉・環境など分かりやすく政策的に分類収録・政策展開に必携の図書。

政府刊行物新聞などで紹介

1999年版
2000年版 **地方自治体新条例集** 既刊

わかりやすく自治体財政を読み解く
財政の初歩からバランスシートの作成まですぐわかる

改訂 自治体財政はやわかり

――予算・決算、バランスシートから行政評価の作成まで――

兼村高文（明海大学教授）
星野泉（明治大学助教授）著
定価（本体2500円＋税）A5判・256頁

- 自治体予算の役割と仕組み、決算の読み方、会計の仕組みと改革の方向、内部監査・外部監査の現状や課題を解説。
- 自治体予算の診断方法や財政運営の分析、バランスシートの読み方と作り方、行政評価・政策評価の意味と目的、使い方などを解説。

毎日新聞、政府刊行物新聞で好評

よい施設を選ぶチェックリストつき！

まんがと図解でわかる介護保険

――申請・認定・利用の方法――

青木菜知子 著　中平早月 画
イマジン自治情報センター編
定価（本体1200円＋税）A5判・112頁

- '00年4月サービス開始の介護保険制度。3人の老姉妹の日常生活が介護保険でどう変わるか。具体的事例から介護保険の上手な利用方法がわかる。施設選びに、自己点検に、役立つチェックリストもついています。

毎日新聞などで紹介

イギリスの自治体（パリッシュ）を初めて解説

パリッシュにみる自治の機能

――イギリス地方自治の基盤――

竹下譲（神奈川大学教授）著
定価（本体2500円＋税）A5判・274頁

- イギリスの住民自治・議会制民主主義の原点"パリッシュ"をわかりやすく解説。
- 「パリッシュは、イギリスの本物の地方自治を最高に実践している自治体である。パリッシュが手にした自治は、みずからの手で獲得してきたもの‥‥。」（本書より）

自治専門誌「都市問題」などで好評

あふれる愛のまなざしで高齢者を看取る！
ゆれる介護の現場が胸に迫ります。役に立つ一口メモ。

介護・七転び八起き

――ヘルパーの現場から――

高橋道子 著　イマジン自治情報センター 編
定価（本体1500円＋税）A5判・176頁

- 介護保険制度で揺れる現場。ひたすら人間を基点に、ゆとりとくつろぎの介護をめざして、著者は今日も高齢者、障害者と向かい合う。失敗から学んだ介護のノウハウ。いやされる介護とは。地域福祉を実践する著者が、制度以前の問題をなげかける。

読売・産経新聞などで好評

イギリス・フランス・イタリア・ドイツ・アメリカ・デンマーク・フィンランド・ノルウェー・韓国

世界の地方自治制度

竹下譲（神奈川大学教授）監修・著
定価（本体2200円＋税）A5判・242頁

- 分権自治の時代に知っておきたい世界の自治制度を一冊にまとめた編集。
- 住民との合意づくりのヒントが多数掲載。自治体関係者必読の書。

産経新聞・自治専門誌「都市問題」で好評

変わる自治体・変える自治体

論点・地方分権

――地方分権推進委員会の流れを受けて――

並河信乃（行革国民会議）竹下譲（神奈川大学教授）後藤仁（神奈川大学教授）共著
定価（本体2000円＋税）A5判・224頁

- 地方分権推進法の成立・地方自治法の改正や介護保険制度の導入など追る分権・自治の流れと自治体改革をわかりやすく解説。

自治体における環境マネジメントシステムガイドブック

環境自治体ISO14001をめざして

(財)東京市町村自治調査会　イマジン自治情報センター編集
定価（本体2200円＋税）A5判・200頁

- 自治体のISO14001の取得に関する初めての自治体関係者向け実務書。ISO14001を取得した最新の自治体の実例を収録掲載。

ご購入は政府刊行物取扱店及び書店または下記へお申し込みください。

〒102-0083
東京都千代田区麹町2-3-9-501

イマジン自治情報センター

TEL.03-3221-9455
FAX.03-3288-1019

インターネットでのご注文は http://www.imagine-j.co.jp/